九州大学
人文学叢書
13

石器の生産・消費からみた弥生社会

森　貴教

九州大学出版会

目　　次

図表一覧

凡　　例

序　章　本書の目的 …………………………………………………………………… 1

第1章　研究の現状と課題 …………………………………………………………… 3

第1節　北部九州弥生社会の展開過程に関する研究動向 ………………………… 4

　　1．北部九州という地域の設定 … 4

　　2．遺跡・遺構に基づく弥生社会の展開過程に関する研究 … 5

　　3．弥生社会の成層化と首長層の生成に関する研究 … 9

第2節　朝鮮半島南部青銅器・初期鉄器時代における石器研究の動向 ………… 10

第3節　弥生時代石器研究の動向 ………………………………………………… 12

　　1．石器生産に関する研究 … 12

　　2．石器の流通・消費形態に関する研究 … 20

　　3．農工具の鉄器化に関する研究 … 24

第4節　本書で解決すべき問題の所在 …………………………………………… 26

第5節　資料・方法・理論 ………………………………………………………… 27

　　1．本書で扱う資料 … 27

　　2．方法の検討 … 30

　　3．理論（用語と理論的枠組みの整理） … 33

第2章　朝鮮半島南部における石器生産・消費形態と弥生社会への影響 ……… 39

第1節　本章の課題 ………………………………………………………………… 39

第2節　柱状片刃石斧の分類と編年 ……………………………………………… 39

　　1．資料と方法 … 39

　　2．柱状片刃石斧の分類 … 41

　　3．有溝石斧の分類 … 43

　　4．編年・段階設定 … 44

第3節　柱状片刃石斧生産の展開 ………………………………………………… 47

　　1．嶺南1・2期 … 47

２．嶺南3・4期…48

第4節　弥生時代開始期前後における片刃石斧の流入……………………………………50
　　１．資料と方法…50
　　２．片刃石斧の具体例…50
　　３．朝鮮半島南部青銅器時代の類例との比較…53
　　４．弥生時代開始期前後における片刃石斧の流入の背景…54

第5節　朝鮮半島南部における農耕文化の展開と石器生産……………………………………55
　　１．朝鮮半島南部における有溝石斧出現の意義…55
　　２．石斧生産遺跡の類型化…55
　　３．弥生時代開始期前後における片刃石斧の流入と弥生文化への影響…56

第3章　弥生時代北部九州における石器生産と消費形態……………………………………57
第1節　両刃石斧の生産………………………………………………………………………57
　　１．本節の課題…57
　　２．資料と方法…58
　　３．今山系石斧の製作…60
　　４．北部九州における在地系石斧製作 ── 五徳畑ケ田遺跡を対象として ── …66
　　５．今山系石斧の規格性の検討…68
　　６．今山遺跡における石斧生産と分業化の過程…70

第2節　両刃石斧の消費形態…………………………………………………………………73
　　１．本節の課題…73
　　２．資料と方法…73
　　３．石材構成と研磨からみた両刃石斧の入手形態…74
　　４．再加工からみた今山系石斧の消費形態…84
　　５．今山系石斧の消費形態の背景…86

第3節　片刃石斧の生産と消費形態…………………………………………………………88
　　１．本節の課題…88
　　２．資料と方法…89
　　３．北部九州における片刃石斧の検討（仮説A-②の検証）…92
　　４．北九州地域（遠賀川以東地域）における片刃石斧の検討（仮説A-①の検証）…95
　　５．層灰岩製片刃石斧の消費形態…99
　　６．層灰岩製片刃石斧の生産・消費形態の背景…105

第4節　石庖丁の生産と消費形態……………………………………………………………110
　　１．本節の課題…110
　　２．資料と方法…110
　　３．立岩系石庖丁の製作…110

4．石材構成からみた石庖丁の入手形態 … 116

　　5．法量からみた立岩系石庖丁の消費形態 … 121

　　6．立岩系石庖丁の生産・消費形態の背景 … 129

　第5節　石器器種間の相互関係と通時的変化に関するまとめ ……………………… 131

第4章　農工具の鉄器化と石器生産・消費形態……………………………………… 133

　第1節　研究の現状と課題……………………………………………………………… 133

　　1．研　究　史 … 133

　　2．本章の課題 … 135

　第2節　砥石使用形態からみた鉄器化………………………………………………… 136

　　1．資料と方法 … 136

　　2．朝鮮半島南部初期鉄器時代における砥石使用形態 … 139

　　3．弥生時代後半期における砥石使用形態 … 140

　　4．青灰色泥岩製定形砥石の分布 … 145

　　5．弥生時代における鉄器化の評価 … 147

　　6．鍛冶技術の導入と交易ネットワークの変化 … 148

　第3節　木製斧柄からみた工具の鉄器化……………………………………………… 150

　　1．資料と方法 … 150

　　2．斧柄の形態分類 … 151

　　3．斧柄量比の時期的変遷 … 156

　　4．斧柄形態・斧身装着部の法量変化 … 157

　　5．工具の鉄器化と石斧生産の関係 … 159

　第4節　農工具の鉄器化と石器生産・消費形態の変遷過程………………………… 160

　　1．鉄器生産の動向と工具変遷の諸段階 … 160

　　2．北部九州における弥生後期の集落動向 —— 弥生中期から後期へ —— … 167

　第5節　農工具の鉄器化と弥生時代後半期における社会変容……………………… 169

第5章　考察：石器生産と消費形態からみた北部九州弥生社会の特質 ………… 171

　第1節　石器生産と消費形態の時期的変遷と画期の評価…………………………… 171

　　1．朝鮮半島南部青銅器・初期鉄器時代 … 171

　　2．北部九州弥生時代 … 172

　第2節　日韓の地域間比較と北部九州弥生社会の特質……………………………… 175

　　1．農耕文化の伝播と石器生産・消費形態 —— 朝鮮半島南部との比較 —— … 175

　　2．石器生産・消費形態の評価と北部九州弥生社会の特質 … 176

終　章　石器生産と消費形態からみた北部九州弥生社会の展開過程…………… 197

参考文献……………………………………………………………… 203

初出一覧……………………………………………………………… 218

あとがき……………………………………………………………… 219

索　引………………………………………………………………… 221

図表一覧

図 1- 1	北部九州圏（下條 1986b）	4
図 1- 2	漢鏡の再分配システム（岡村 1999）	5
図 1- 3	扁平片刃石斧の素材獲得模式図（福田 2005）	16
図 1- 4	片刃石斧の製作技術の分類（左：縦目・右：横目）（中 2010）	16
図 1- 5	弥生中期の流通モデル（広瀬 1997）	19
図 1- 6	弥生中期社会の流通をめぐる二つのモデル（寺前 2006）	20
図 1- 7	今山系石斧・立岩系石庖丁などの分布状況（下條ほか 1972）	21
図 1- 8	今山系石斧・立岩系石庖丁の分布範囲（下條 1989）	22
図 1- 9	今山系石斧の行政区画別出土遺跡数（梅﨑 2000）	23
図 1-10	対象地域と地域区分（S = 1/1,000,000）	29
図 1-11	北部九州地域における玄武岩産地（松本ほか 1992 を一部改変）	32
図 1-12	石器のライフ・ヒストリー概念図（澤田 2003）	34
図 2- 1	朝鮮半島南部の対象遺跡と地域区分（S = 1/3,000,000）	40
図 2- 2	晋州・大坪里遺跡（S = 1/50,000）（高旻延・Bale 2008 より改変引用）	40
図 2- 3	柱状片刃石斧・有溝石斧の各部名称（各報告書・佐原 1994 より改変引用）	41
図 2- 4	非計量的属性の変異（縮尺任意・各報告書を再トレース）	42
図 2- 5	有溝石斧 Ia 類の横断面形重複図（S = 1/1）（N = 9）	44
図 2- 6	柱状片刃石斧・有溝石斧の法量	44
図 2- 7	柱状片刃石斧の形態変遷（S = 1/5）	45
図 2- 8	有溝石斧の形態変遷（S = 1/5）	46
図 2- 9	柱状片刃石斧の分布図（S = 1/3,000,000）	48
図 2-10	有溝石斧の分布図（S = 1/3,000,000）	48
図 2-11	朝鮮半島南部・嶺南地域における石斧生産の変遷（遺構 S = 1/200，石器 S = 1/6・1/4）	49
図 2-12	福岡市雀居遺跡・唐津市大江前遺跡の無抉柱状片刃石斧（S = 1/3）	51
図 2-13	朝鮮半島南部青銅器時代の柱状片刃石斧の類例（S = 1/3）	51
図 2-14	中間市砂山遺跡の大型扁平片刃石斧（S = 1/3）	52
図 2-15	扁平片刃石斧の幅の比較	52
図 2-16	朝鮮半島南部青銅器時代の大型扁平片刃石斧の類例（S = 1/3）	54
図 3- 1	石斧生産のモデル	59
図 3- 2	今山系石斧の製作技法分類（S = 1/4）	60
図 3- 3	今山遺跡における石斧未成品の法量と製作技法構成	61
図 3- 4	今山系石斧製作技法の時期的変遷	62
図 3- 5	今山系石斧完成品の法量と製作技法構成	63
図 3- 6	I 期の各地域における製作技法構成	64
図 3- 7	II 期の各地域における製作技法構成	64
図 3- 8	石斧着柄方法（佐原 1994）	64
図 3- 9	今山系石斧完成品にみられる着柄痕跡（S = 1/4）	65
図 3-10	五徳畑ケ田遺跡の両刃石斧の石材構成	67
図 3-11	五徳畑ケ田遺跡の石斧未成品・完成品の法量	67
図 3-12	今山系石斧の法量の時期的変遷（左：幅・右：厚さ）	69
図 3-13	今山系石斧の幅変異（左：I 期・右：II 期）	69
図 3-14	今山系石斧の厚さ変異（左：I 期・右：II 期）	69
図 3-15	古今津湾周辺の地理的環境と石斧生産遺跡（S = 1/60,000）	71
図 3-16	両刃石斧の石材構成（左）と数量（右）の時期的変遷	74

図 3-17	今山系石斧と他石材製石斧（S = 1/4）	75
図 3-18	Ⅰ期における両刃石斧の分布状況（S = 1/1,000,000）	77
図 3-19	Ⅰ期における両刃石斧の地域別石材構成（左）と数量（右）	77
図 3-20	Ⅰ期における研磨調整の地域間比較	80
図 3-21	Ⅰ期における研磨調整の遺跡間比較	80
図 3-22	Ⅱ期における両刃石斧の分布状況（S = 1/1,000,000）	81
図 3-23	Ⅱ期における両刃石斧の地域別石材構成（左）と数量（右）	81
図 3-24	Ⅱ期における研磨調整の地域間比較	83
図 3-25	今山系石斧の形態分類（S = 1/4）	85
図 3-26	基部 1 類の外形重複図（S = 1/4）（N = 26）	85
図 3-27	今山系石斧の再加工の状況	85
図 3-28	平戸市里田原遺跡における今山系石斧（基部 3 類）（S = 1/4）	85
図 3-29	朝鮮半島南部の扁平片刃石斧（S = 1/3）（1：燕岩山・2：大清）	88
図 3-30	本節で対象とする遺跡と地域区分（S = 1/800,000）	89
図 3-31	東北部九州における遺跡分布図（S = 1/400,000，図 3-30 の北九州市域・京都平野地域に対応）	90
図 3-32	北部九州地域における層灰岩製片刃石斧未成品・剥片類（S = 1/3）	93
図 3-33	片刃石斧の分布状況（Ⅱ期）	94
図 3-34	層灰岩製片刃石斧の器種別分布状況（Ⅱ期）	94
図 3-35	柱状片刃石斧未成品の石材構成	95
図 3-36	扁平片刃石斧未成品の石材構成	95
図 3-37	柱状片刃石斧完成品の石材構成	96
図 3-38	扁平片刃石斧完成品の石材構成	96
図 3-39	鑿形石斧完成品の石材構成	96
図 3-40	松本遺跡における層灰岩製片刃石斧（S = 1/3）	97
図 3-41	北九州市域における層灰岩製扁平片刃石斧未成品（S = 1/3）	97
図 3-42	北部九州地域における片刃石斧の法量（Ⅱ期）	99
図 3-43	高津尾遺跡における安山岩質凝灰岩製扁平片刃石斧の法量	99
図 3-44	計測項目（左：扁平片刃石斧・右：鑿形石斧）	100
図 3-45	刃部縦断面形の分類（S = 1/2）	100
図 3-46	鑿の刃の変形過程（大工道具研究会編 2010）	100
図 3-47	層灰岩製扁平片刃石斧の変形に伴う属性変異（長さ×刃角）	101
図 3-48	層灰岩製鑿形石斧の変形に伴う属性変異（長さ×刃角）	101
図 3-49	変形に伴う属性変異（長さ×刃部縦断面形）（左：扁平片刃石斧・右：鑿形石斧）	101
図 3-50	層灰岩製片刃石斧の形態分類（S = 1/3）	102
図 3-51	層灰岩製扁平片刃石斧の再加工の状況（玄界灘沿岸―響灘―周防灘）	103
図 3-52	層灰岩製扁平片刃石斧の再加工の状況（玄界灘沿岸―有明海沿岸―二日市地峡帯）	103
図 3-53	青谷上寺地遺跡における鹿角製柄付鉄鑿（S = 1/3）	104
図 3-54	層灰岩製片刃石斧と鋳造鉄斧・破片（S = 1/3）	106
図 3-55	鋳造鉄斧とその破片の流通（加藤 2008）	107
図 3-56	対馬島の表層地質図（S = 1/500,000）	109
図 3-57	朝鮮半島東南部の表層地質図（S = 1/4,000,000）	109
図 3-58	立岩遺跡群の遺跡分布（下條 1991 を改変，S = 1/15,000）	111
図 3-59	立岩遺跡群・周辺遺跡における石庖丁・石庖丁未成品の出土状況	112
図 3-60	石庖丁の形態分類（立岩遺跡群，S = 1/3）	113
図 3-61	立岩遺跡群出土石庖丁の形態	114
図 3-62	立岩遺跡群出土石庖丁の穿孔技法	114
図 3-63	立岩系石庖丁の穿孔技法（Ⅱ・Ⅲ期）	115
図 3-64	立岩系石庖丁の穿孔技法（Ⅳ・Ⅴ期）	115
図 3-65	石庖丁の石材構成（左）と数量（右）の時期的変遷	117
図 3-66	石庖丁形態の時期的変遷（立岩系石庖丁）	117
図 3-67	石庖丁形態の時期的変遷（他石材製石庖丁）	117

図 3-68	石庖丁の分布状況（II 期前半）	118
図 3-69	石庖丁使用石材の地域間比較（II 期前半）	118
図 3-70	石庖丁の分布状況（II 期後半）	119
図 3-71	石庖丁使用石材の地域間比較（II 期後半）	119
図 3-72	石庖丁の分布状況（III 期）	119
図 3-73	石庖丁使用石材の地域間比較（III 期）	119
図 3-74	石庖丁の分布状況（IV 期）	120
図 3-75	石庖丁使用石材の地域間比較（IV 期）	120
図 3-76	石庖丁の分布状況（V 期）	120
図 3-77	石庖丁使用石材の地域間比較（V 期）	120
図 3-78	石庖丁の計測位置（立岩系石庖丁・III 期）	122
図 3-79	背孔長の時期的変遷	123
図 3-80	外径の時期的変遷	123
図 3-81	背孔長と外径の関係	123
図 3-82	孔間長の時期的変遷	124
図 3-83	厚さの時期的変遷	124
図 3-84	立岩系石庖丁の形態変遷（S = 1/4）	125
図 3-85	背孔長と刃部幅の関係	126
図 3-86	縮小指数の地域間比較	126
図 3-87	外径の地域間比較	126
図 3-88	石勺遺跡出土の立岩系石庖丁（S = 2/3）	128
図 3-89	石勺遺跡出土立岩系石庖丁の消費過程モデル（S = 2/3）	128
図 4-1	行橋市下稗田遺跡における砥石目組成の変遷（村田 2002）	134
図 4-2	本節で対象とする遺跡（S = 1/1,000,000）	137
図 4-3	砥石目と研ぎ刃先の凹凸の深さ（村松 1973）	138
図 4-4	砥石の形態分類（S = 1/4）（カラカミ遺跡出土砥石）	139
図 4-5	形態と砥石目の関係（亀山洞遺跡）	139
図 4-6	溝状痕と砥石目の関係（亀山洞遺跡）	139
図 4-7	佐賀貝塚出土砥石の砥石目度数分布	140
図 4-8	砥石目と形態の関係	141
図 4-9	砥石目と使用石材の関係	141
図 4-10	砥石目と使用痕の関係	143
図 4-11	砥石重量の度数分布	143
図 4-12	砥石法量の散布図	144
図 4-13	青灰色泥岩製砥石の出土遺跡（S = 1/2,000,000）	146
図 4-14	青灰色泥岩製定形砥石の類例（S = 1/4）	146
図 4-15	棒状鉄製品と砥石（S = 1/4）	149
図 4-16	斧柄出土遺跡分布図（S = 1/1,000,000）	150
図 4-17	斧柄の形態分類（S = 1/10）	151
図 4-18	縦斧 I 類・IV 類（S = 1/10）	152
図 4-19	横斧 I 類・II 類（S = 1/8）	153
図 4-20	縦斧 II 類・III 類（左）・横斧 III 類（右）（S = 1/10, 1/8）	154
図 4-21	斧柄組成の時期的変遷（縦斧）	157
図 4-22	斧柄組成の時期的変遷（横斧）	157
図 4-23	横斧着柄角度の度数分布	158
図 4-24	着柄角度計測位置	158
図 4-25	装着部法量の散布図（縦斧 III 類）	158
図 4-26	計測位置（縦斧 III 類）	158
図 4-27	装着部法量の散布図（横斧 III 類）	158
図 4-28	計測位置（横斧 III 類）	158
図 4-29	鉄・鉄器生産フローチャート（笹田 2013）	161

図 4-30　野方遺跡群の集落構造（宮本 2012）……………………………………… 164
図 4-31　博多湾沿岸地域における集落変遷（小澤 2013）………………………… 168
図 5-1　玄界灘沿岸における人口増加率の推移（小澤 2000b）…………………… 177
図 5-2　鍬の木取りと原木径（村上由2014）……………………………………… 178
図 5-3　鉄素材出土遺跡分布図（S = 1/1,000,000）……………………………… 185
図 5-4　鉄素材の類例（S = 1/3）…………………………………………………… 186
図 5-5　鉄素材の類例と赤井手遺跡第 5 号土坑（S = 1/3, 1/40）……………… 187
図 5-6　比恵遺跡群第 125 次調査出土石権（S = 1/2）…………………………… 190
図 5-7　キージングによるタイプ 4 居住集団（溝口 2006）……………………… 192
図 5-8　I 期における石器生産・消費システムのモデル………………………… 192
図 5-9　II 期における石器生産・消費システムのモデル……………………… 193
図 5-10　III 期以降における石器生産・消費システムのモデル……………… 194
図 6-1　弥生時代における鉄器の導入と普及の過程（北口 2012）……………… 200

表 1-1　本書の時期設定…………………………………………………………………… 27
表 2-1-1　後主面形×基端部形態……………………………………………………… 42
表 2-1-2　後主面形×刃部形態………………………………………………………… 42
表 2-1-3　後主面形×横断面形………………………………………………………… 42
表 2-2-1　基端部形態×刃部形態……………………………………………………… 43
表 2-2-2　基端部形態×横断面形……………………………………………………… 43
表 2-2-3　基端部形態×抉入部形態…………………………………………………… 43
表 2-2-4　刃部形態×横断面形………………………………………………………… 43
表 2-2-5　刃部形態×抉入部形態……………………………………………………… 43
表 2-2-6　抉入部形態×横断面形……………………………………………………… 43
表 2-3　抉入部形態の地域差…………………………………………………………… 43
表 3-1　片刃石斧の葉理方向（上段：貝元・下段：下稗田）……………………… 95
表 3-2　立岩遺跡群・周辺遺跡における遺構検出数……………………………… 111
表 3-3　背孔長の t 検定（t 値両側確率）…………………………………………… 123
表 3-4　外径の t 検定（t 値両側確率）……………………………………………… 123
表 3-5　孔間長の t 検定（t 値両側確率）…………………………………………… 124
表 3-6　厚さの t 検定（t 値両側確率）……………………………………………… 124
表 4-1　比恵・那珂遺跡群における砥石目組成（渡辺 2007）…………………… 135
表 4-2　遺構に伴う斧柄出土例と所属時期………………………………………… 155
表 5-1　朝鮮半島南部における石器生産・消費システムの変遷………………… 176
表 5-2　弥生時代における主要樹種の変遷（村上由2014）……………………… 178
表 5-3　弥生時代における鉄素材集成表…………………………………………… 188
表 5-4　北部九州における石器生産・消費システムの変遷……………………… 194

写真 3-1　石庖丁穿孔技法の差異（すべて立岩遺跡群出土・赤紫色泥岩製，縮尺任意）……… 114
写真 4-1　溝状痕（× 7.3）（カラカミ遺跡出土砥石）……………………………… 138
写真 4-2　錆状付着物（× 10.0）（カラカミ遺跡出土砥石）……………………… 138
写真 4-3　対馬産砥石の石材（S = 1/2）…………………………………………… 146

凡　　例

・本文中では先行研究（著作・論文など）の引用の場合を除き，「時代」を省略して記述する。ただし，朝鮮半
　島南部の青銅器時代については「青銅器」，「青銅器文化」との区別が煩雑になるため「時代」を付す。
　例）弥生時代中期後半　→　弥生中期後半
・著作・論文はとくにことわらない限り初出の刊行年を示す。
・遺跡名は各章の初出時に所在地を付し，以降省略する場合がある。所在地名称は平成の市町村合併（2005・
　2006 年）後の市町村名を使用する。
・図表番号は各章ごとの通し番号とする。
　例）図 3-○は第 3 章の図版であることを示す。
・注番号は各章ごとの通し番号とし，注釈はページ下部に記述する。
・人名の敬称は省略する。

序　章
本書の目的

　日本列島における初期農耕社会はどのように展開したのか。朝鮮半島南部から水田稲作農耕を受容したのち，いかに社会構造が変容したのか。本書では，石製農工具の生産・消費に関する通時的な分析によって，この課題の一側面について考古学的に明らかにしたい。

　列島の歴史において，人類による最初の自然環境の破壊が開始されたのが弥生時代といわれている。狩猟・漁撈・植物採集など「自然資源の獲得」を生業活動の基盤としていた縄文時代から，水田稲作農耕による本格的な「食糧生産」を生業活動の基盤とする弥生時代への変化は，単なる生業の転換のみならず，集団関係や社会構造にも大きな変革をもたらした。

　また，弥生時代は一定程度金属器が使用されはじめた時代でもある。青銅器や鉄器は縄文時代にはなく，原材料（素材）も日本列島には存在しない。また原材料のみならず製作技術の習得を必要とした。本書で扱う農工具には主に鉄器が用いられたが，その導入は石器を生産・消費していた弥生社会にどのような影響を与えたのだろうか。

　地理的に日本列島は東北アジアの東端に位置し，中国・中原地域に対して周辺の二次的農耕社会である。北部九州は列島においては朝鮮半島南部に最も近く，最初期に農耕が伝播した。列島における弥生文化の展開を考えるうえで最も重要な地域であるといえる。

　生業を支える道具としての石器（主に中国東北地方から朝鮮半島南部に系譜をたどれる，大陸系磨製石器と呼ばれる石器群）は，水稲農耕社会に必要不可欠の文化要素であり，鉄器が普及する以前の段階では，基幹をなす物資であった。そのため，弥生時代の社会はこうした石器やその素材となる石材の流通に規定される部分も大きかったと考える。また斧類を主とする木工具は，弥生時代に朝鮮半島南部からもたらされた新来の道具のなかで，社会において「常に基層的で中心的位置を占めた」といえる。それは弥生時代が水田稲作農耕を主とする生産活動・生活において，全面的に木材の利・活用に依存していたと考えられるからである。

　土地や水田の開発，諸施設の構築や道具の製作など，水田稲作農耕を安定的かつ恒常的に営むために集団は共同性を高めていくことが必要となり，石製農工具の生産・消費は次第に体系化されていったと考えられる。そして，生産遺跡の特定化（石器器種と石材の強い固定化）といった分業化の進展を促し，こうした現象は列島の初期農耕社会の展開過程と連動するものとみられる。

　本書では，弥生時代の北部九州地域における石器生産・消費の変遷過程について複数の器種で検討する。複数の石器器種を扱うことで，生産・消費の在り方の背後にある地域間関係や社

会構造について踏み込むことが可能になると考える。また，時期的な変遷過程の要因について具体的に解明するために，朝鮮半島南部との比較検討および農工具の材質転換（鉄器化）との関係を探る。変遷のメカニズムや朝鮮半島南部との交流関係などの歴史的背景をふまえて，列島の初期農耕社会の展開過程における石器生産・消費システムの特質について考察し，農耕の伝播・展開と社会システムの変容過程の一端を解明する。

第 1 章

研究の現状と課題

　弥生時代は朝鮮半島から日本列島へ水田稲作農耕が伝来し，その後列島の各地で稲作農耕が定着することで，本格的な農耕文化が開始した時代である。弥生文化は，中国大陸・朝鮮半島からの外的影響と縄文時代・文化からの内的要因が複合的に作用して成立したことがこれまでの研究で明らかになっている。また，弥生時代の後半期には北部九州の各地域に，『魏志』倭人伝に記述された「国」のような地域的なまとまりが形成され，厚葬墓が出現し，中国大陸・朝鮮半島との交渉など様々な点で大きな変化が生じた。東アジア的な視点でみると，弥生時代は中国の春秋戦国時代から三国時代に時期的に併行し，特に前漢期（前 206 年〜後 8 年）以降は巨大な帝国の周縁の二次的（後発的）な農耕社会としての性格がさらに鮮明化していったとみられる。

　弥生時代を特徴づける最も大きな要素は水田稲作農耕の出現である。農耕の定着化に伴う生産力の増大は，人口の増加を促し人間集団の土地に対する関係を縄文時代から大きく変えた。農耕のためには，可耕地の開発や水田の維持・管理，生産物の保管や分配，水利をめぐって隣接諸集団との利害調整が必要となる。集団内の階層化の進展，集団間の格差の増大といった利害関係の対立が発生すると，その調整と統合の必要性が増大した。さらに列島内・外における人・物・情報の移動・交換・流通範囲が飛躍的に拡大し，社会集団の統合規模が拡大すると，集団の統合方法の高度化が必要となり，部族社会から首長制社会へと移行したと考えられる。

　また，弥生時代は青銅器や鉄器といった金属器が使用されはじめる時代である。青銅器や鉄器の原材料（素材）や青銅鏡など，列島内で調達できないものが社会の維持に必要不可欠になると，中国大陸・朝鮮半島との長距離交易ネットワークの重要性が高まったとみられる。楽浪郡の成立以降，長距離交易によって鉄素材や青銅鏡が入手されるようになった。

　本書では，石器の生産・消費が水田稲作農耕の伝来・展開，鉄器の普及過程とどのように関係したのか，その変遷の要因やメカニズムはどのようなものであったのかという問題に対し，朝鮮半島南部との比較をふまえて通時的に明らかにする。本章ではまず，北部九州の弥生時代社会の展開過程，朝鮮半島南部青銅器時代・初期鉄器時代の石器研究，弥生時代の石器研究の先行研究についてそれぞれ検討し，解決すべき問題の所在を明らかにする。

第1節　北部九州弥生社会の展開過程に関する研究動向

1. 北部九州という地域の設定

　北部九州地域，特に玄界灘沿岸は，日本列島のなかで最も朝鮮半島南部に近く，水田稲作農耕が最初期に伝来したほか，青銅器や鉄器，玉類などの中国大陸・朝鮮半島に由来する文物が多く舶載された地域である。また，大型成人甕棺墓という特徴的な墓制がみられる。

　下條信行は甕棺墓と今山系石斧の分布範囲がおおむね重なることを指摘し（下條 1975b），その範囲を「北部九州圏」と評価した（下條 1986b）（図1-1）。つまり，埋葬に関わる同一の風習と経済的な交流が普遍的に認められる地域を「文化圏」として把握したのである。

　武末純一は大型成人甕棺墓地帯を，「伊都国」と「奴国」を頂点とする北部九州の国々のまとまりとし，「ツクシ政権」と呼んだ。そして「伊都国」・「奴国」の優位性は，中国大陸・朝鮮半島から舶載された文物を独占的に入手できたことが要因であったと指摘した（武末 2002）。厚葬墓と副葬された前漢鏡や武器形青銅器，鉄戈などの分布によって地域圏を設定し，『魏志』倭人伝に記述された「国」が見出されてきた。岡村秀典は，漢鏡の分布状況から「奴国」や「伊都国」を頂点とする空間的な階層構造と漢鏡の再分配システムを想定した（岡村 1999）（図

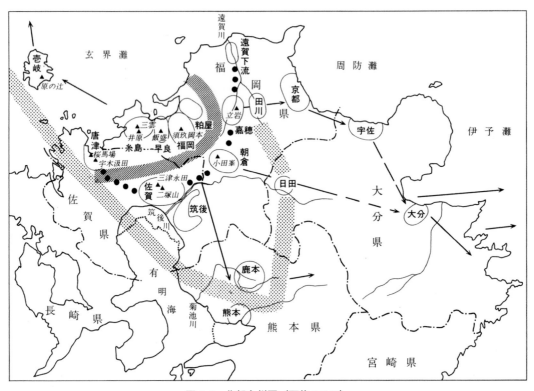

図1-1　北部九州圏（下條 1986b）

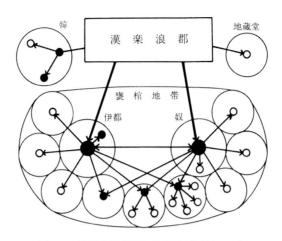

図 1-2　漢鏡の再分配システム（岡村 1999）

1-2）。また，髙倉洋彰は，集落・墳墓を対象として墓構造の複雑化や副葬品の種類などから階層性を見出し，史書との比較から「国」の成立と境域，「王」の出現を指摘した（髙倉 1992）。中園聡は甕棺墓の副葬品の分析から北部九州における空間的な階層関係を明らかにし，弥生中期後半に周辺部エリートを巻き込んで序列化し，「ミニ漢帝国」と呼べる状況が成立したと指摘する（中園 2004, p. 590）。特にそうした序列化の空間的な広がりが，「自然地形という外枠」を越えている点が強調されている。

　北部九州を地域圏として把握する研究は，弥生中期後半の墓制や副葬品にみられる各地域の階層性が前提とされてきた。ただし，どのように「北部九州圏」，あるいは「国」とされる地域的・政治的まとまりが生成されたのかについては，弥生中期後半以前から通時的に検討する必要があり課題となっている。

2. 遺跡・遺構に基づく弥生社会の展開過程に関する研究

　1970〜90年代の墓地の分析は，特に青銅器（漢鏡や武器形青銅器など）・鉄器などの副葬品から空間的な階層関係を把握する方法が主体を占めている。これは甕棺墓という，弥生前期から中期における北部九州の特徴的な墓制が，調査時の検出のしやすさや時期決定の容易さによって分析対象となってきたからである。一方，居住域を対象とした研究は資料的な不備もあり，先行する墓地を対象とした研究に牽引されながら展開してきた。しかし近年，その後の発掘調査の進展をふまえ，各地域単位での集落動態の詳細な検討が進んでいる。さらに，人骨資料をもとにした骨考古学・人類学的な親族構造研究も進展している。ここでは墓地，集落それぞれについて弥生社会の研究史について検討する。

（1）墓地を対象とした研究

　これまで墓地・墓群の空間構造や形成過程，墓ごとの副葬品の内容や数量などが比較検討され，主に階層化の過程の復元に接近してきた。

高倉洋彰は墓群構成単位を抽出して，集団関係とその発展過程を論じた。弥生前期の墓地は血縁集団のみにより形成される家族墓的集団墓（伯玄社タイプ）であり，中期には家族集団同士が地縁的に結合して形成される集団墓が成立し（汲田タイプ），そのなかから他の集団より優位に立つ特定集団が析出され（立岩タイプ），特定家族墓を経て特定個人墓（宮の前タイプa〜c）の析出に至るという変遷過程を提示した（髙倉1973）。

寺沢薫は，北部九州地域では弥生前期末から中期初頭の段階に「王墓」が出現し，「国（大共同体群）―クニ（大共同体）―基礎地域（小共同体）―ムラ（村落）」という重層的な階層関係が成立していたという見解を示す（寺沢2000）。ただし用いられる用語や概念は独特であり検討の余地がある。

墓域の形成過程に関する研究として，溝口孝司の一連の研究（溝口2000・2001；Mizoguchi 2013など）が重要である。溝口は，墓地が当時の社会構造や成層化の基礎単位の内容を直接的に反映するものではなく，葬送儀礼への関与を通じて生者達のセルフ＝アイデンティティを支え，それを相互に確認した「場」として理解する立場で検討を進めている（溝口2001）。そして，弥生時代の墓域空間構造の変遷を以下のように提示した。

弥生前期後半から中期前半においては，葬送儀礼を通じての共同性を集約すると同時に「リーダー」の析出を促す装置として「列墓」が洗練化される。そして地域社会を構成する複数の基礎集団から個人的能力により選抜された人物が埋葬された「区画墓Ⅰ」が新たな墓地空間構造の構成原理として生成される（溝口2001）。この「区画墓Ⅰ」は特定の地域集団の中心的集落に設けられることから，社会統合の最大領域は平野単位程度のものであったとする（溝口前掲, p. 145）。

弥生中期後半には，埋葬系列の小単位の集積で構成される「系列形成指向墓」や，既存の墓に近接して意図的に新たな墓を配置することによって形成される「区画墓Ⅱ」が生成される。ただし，厚葬墓への被葬者を出す実体的集団結合単位が「貴族層」として安定・固定化し，「直系化」していたとは考えがたく，被葬者間の関係はまだ固定的に階層化されたものではなかったとされる（溝口前掲, p. 150）。春日市須玖岡本遺跡D地点と糸島市三雲南小路遺跡が，ほぼ同時期に営まれていることから，北部九州一円をカバーする一元的な成層ピラミッド構造・統合領域は形成されていなかったと指摘する。

筑紫野市隈・西小田遺跡群第3地点の被葬者のミトコンドリアDNA分析の成果によれば，列状墓被葬者よりも区画墓被葬者の方がDNA塩基配列の変異数が多いとされ（篠田・國貞1993），区画墓の被葬者の方が通婚圏が広かったと指摘されている。このことをふまえて田中良之は，区画墓の被葬者は，拠点集落および周辺集落を含む地域から選ばれた，主に男性によって構成された可能性を指摘した（田中良2000）。溝口も，区画墓の被葬者は世帯や家族集団ではなく，地域社会を構成する基礎集団から個人的能力（獲得的地位）によって選抜された人々であったとする（溝口2000）。

中期後半になると，須玖岡本遺跡D地点，三雲南小路遺跡，立岩堀田遺跡などで前漢鏡や青銅器を副葬した厚葬墓が出現する。須玖と三雲を頂点として，副葬品の量・種類の減少とい

うかたちで周辺部へと裾野を広げる階層ピラミッド状の構造が認められる（下條1991）。周溝などで墓域が区画された少数被葬者の厚葬墓や，中心主体部の墓坑が大きく墳丘を有するものも存在することから，有力氏族内の有力者の墓地である可能性がある（田中良2000）。

　ただし，このような副葬品の質・量において突出した厚葬墓であっても，外来品のコントロールによる優劣関係に過ぎず（田中良前掲, p. 148），いずれも累代的に継続しない単発的な存在であり，財や権利を継承する単位としては未成熟な段階であることが指摘されている（溝口2000）。この見解に対して，中園聡は糸島地域の厚葬墓には連続性がたどれることを評価し，この段階から首長制社会とみる（中園2004, p. 592）。

（2）集落を対象とした研究

　弥生時代の集落研究で最初期にあげられるのは，『日本歴史教程』の編集・執筆に関わっていた，渡部義通をはじめとするいわゆる『教程』グループの研究である。このなかで三沢章（和島誠一）は，マルクス主義的社会発展段階論の枠組みにおいて，社会発展の道筋を考古資料において実証的に裏づける作業を担った（渡部義ほか1936）。そして，福岡市比恵遺跡の発掘調査成果などをもとに，「一単位として集落の内部に分岐する」小集団の析出を考古資料上で指摘し，弥生時代における「世帯共同体」成立という渡部の主張を跡づけた（和島1948）。

　和島の整理を受け，近藤義郎は1959年に「共同体と単位集団」を著し，以後の考古学界に大きな影響を与えた。近藤は，住居数棟と倉庫などの共有施設からなる小単位を考古学的に示し，これが弥生社会集団の基礎的な構成単位＝「単位集団」とした。そして，これらが水田稲作農耕における協業を軸として複数で集合し，大集落，あるいは小地域社会を形成するとし，これを「集合体」と呼んだ。近藤が提示したこの「単位集団」概念は，遺構として考古学的に認識可能なパターンをもとに集落を捉え，集落の構造を具体的に解明できる点で有効であり，以後の弥生社会研究に大きな影響を与えている。

　近藤の論は，考古資料をマルクス主義的視点から解釈したものとして位置づけられるが，「共同体」概念の幅広さが問題となっていた（小澤2009, p. 168）。これに対し，高倉洋彰は平野単位の統合を地域的統一集団，その内部における集落群を地域集団として，レイヤーごとに把握した。弥生前期には単独の血縁集団から集落が構成されていたが，水田稲作農耕における協業などを通じてこれらが地縁的に結合して地域集団を形成し，さらに水利権の調整をめぐって近隣の地域集団同士が結合して地域的統一集団が形成されたとした。

　こうした単位（家族）集団―共同体（地域集団）―地域的統一集団という階層的な社会集団の把握は，その後の下條信行（1986b・1991）や寺沢薫（2000）の見解と通底する考え方である。

　ところで，近藤は1972年以降，自身の「単位集団」概念を大きく変化させている（岩永1991・1992参照）。近藤は，同時代の日本古代史学界の影響を受け，それまで国家成立直前とみていた弥生社会の理解を大きく変更した。まず「農業共同体」としていた「集合体」について「氏族的共同体」と変更した。これは氏族共同体から家父長制社会の移行過程に生じるもの

とされる「農業共同体」が，無階級社会の弥生時代においては論理的に矛盾する概念となったことを受けたためで，同じ理由から「世帯共同体」についても家父長制家族の母胎となる近縁小集団から，氏族的共同体を構成する家族体へと変更した。その結果，「単位集団（家族体）―集合体（氏族共同体）―地域的統一集団（部族）」という階層的構造で集団を把握するようになった（近藤・今井 1972）。ここでは岩永省三の指摘に従い，1972 年以前の論考を近藤「旧」単位集団論と呼ぶ。

近藤の「旧」単位集団論を受け，都出比呂志は集団概念の曖昧さを整理しつつ集団関係の発展をマルクス主義社会論により述べている。これによると，相互に結びついた複数の世帯からなる小集団を社会の基礎的単位とし，土地の所有や農業経営の基礎的単位として機能するものが「単位集団」の実態であり，「世帯共同体」であると考えた（都出 1970, pp. 41-42）。さらに，弥生時代の前半期は分村を軸とした血縁関係により相互に結びついていたが，次第に灌漑水利や鉄器入手などを通じて再編成され，土地と水利を基軸とする地縁的編成としての「農業共同体」が形成されたとする（都出前掲, p. 49）。

また都出は，旧石器時代から古墳時代中期まで，「小経営単位」と述べる数棟の住居群に居住する小血縁集団が一貫して社会の基礎的単位であったと主張する。いわゆる「小経営体論」である（都出 1989）。

以上のように社会集団の構成を地縁的結合，具体的には住居群などの考古学的に観察される単位をもとに分析する考え方に対し，田中良之は親族構造を重視して，出自関係を中心とした血縁に基づく系譜集団のまとまり（クラン clan やリネージ lineage）が社会の重要な構成要素であることを指摘した（田中良2000・2008）。そして，遺跡出土人骨の歯冠計測値から血縁関係を復元し，新進化主義の枠組みから先史時代の社会発展を考察している。近年はストロンチウム同位体分析により，婚姻その他の機会における個々人の移動の復元に接近し，弥生中期の北部九州における婚後居住規定・親族関係についてより詳細に明らかにしている（田中良ほか2011）。こうした親族関係の分析に基づき，弥生時代の社会が部族社会から首長制社会へと移行する過程が提示されている。

小澤佳憲は，田中の見解を参照しつつ，弥生時代の北部九州の集落動態について詳細に検討し，以下の 4 点を特徴としてあげた。1）単独で集落を構成することができる，2）複数の集団が集合して大規模な集落を形成することができる，3）規模は一定ではない，4）集団同士の結合が比較的容易に起こりうる，というものである（小澤 2008, p. 27）。そして，集団の規模が可変的であることを指摘した。このような集団の概念は，住居数棟と倉庫などの共有施設からなる小単位を「単位集団」として集落構造を捉える近藤や，土地の所有や農業経営の基礎的単位を「小経営単位」とする都出の見解とは大きく異なるものである。

小澤が指摘する，集落群を横断して統合するクランはソダリティであり，居住集団としては現れえない。現在，一定空間内に広がる集団を結びつける社会関係について，それが形成される過程やメカニズムを具体的に明らかにすることが課題となっている。本書で扱う石器をはじめとする器物の生産と消費形態の分析は，こうした課題の解明に寄与するものと考

える。

3. 弥生社会の成層化と首長層の生成に関する研究

　弥生時代における社会の成層化の過程（進行の要因とメカニズム）についての説明は，日本
考古学においてはマルクス主義的社会発展段階論を一般理論の参照枠として接近されてきた。
このモデルにおいては，「生産力」と「生産関係」の間の矛盾が社会構成体の変動・発展の基
底的動因になったと説明される。そして，水田稲作農耕の定着・普及に伴う生産力の発展，矛
盾の拡大，集団間の抗争などを通じて階級社会が形成されるという図式が描かれてきた。

　近藤義郎は，余剰生産物の管理・分配等をめぐって，日常的協業の単位としての「単位集
団」と共同体的性格を有する「集合体」との間に矛盾が引き起こされ，「単位集団」間の利害
を調整する機構として「首長」が生み出されたと説明する。そして，水田の維持・管理，水利
調整において利害を共有する単位の拡大や石器石材等の外部依存財の調達をめぐって，「集合
体」は部族的結合を強めるが，その内部においては氏族間関係の序列化（成層化）が進行した
とする。まとめると，可耕地の拡大や人口増加といった生産力の拡大が引き起こした複雑な利
害関係を調整し，共同体的集団規制を掌握する代表者として首長権が確立した，というモデル
である（近藤1966）。

　橋口達也は，水田稲作に適した土地の開発をめぐって他集団と頻繁に衝突，抗争を繰り返し
た結果，より強い集落の結束とより有能な指導者を必要として首長層が生み出されたとする。
そして，単なる水稲耕作という生産活動の発展のみでは首長層は生み出されず，水田の開発と
それに起因する土地，水をめぐる衝突，戦闘のなかからしか生み出されえなかったことを強調
する（橋口1987・1999）。すなわち，制限された資源としての可耕地を求めて抗争が繰り返さ
れ，集団間の序列化が進み，首長層が生成したという理解である。

　橋口が述べるこうした社会階層の進化過程は，松木武彦が紹介したR.カーネイロの戦争モ
デルが当てはまるだろう（松木1996, p. 244）。カーネイロは，自然環境や経済的・社会的諸条
件によって周囲を封じられた，いうなれば逃げ場のない状況（サーカムスクリプション）のな
かで，人口に対する資源量や生産力が逼迫した場合に，政治的統合ないし国家形成を導く武力
抗争が発生すると述べている。生産力の発展に伴って拡大する余剰の再配分，生産関係の間の
矛盾を軸に社会進化を説明するマルクス主義的理解に対し，人口圧と資源欠乏という対極的な
条件をそれらの主導力として強調するという点で，近藤義郎が示したモデルとは異なるものと
いえる。

　マルクス・エンゲルス学説の直接的適用からは距離を置きつつある近年の日本考古学の社会
発展論に，別の方面から一定の影響を与えているのは，北米を発信源とする新進化主義人類学
の理論的枠組みである。

　特に1990年代以降，都出比呂志によって新進化主義の国家形成論が検討され，古墳時代を
「初期国家」，弥生時代をその前段階の首長制社会とする見解が示され（都出1996），以後の研
究に大きな影響を与えている。ここでは広域の物資流通，およびそれを把握・差配する機能が

10

果たした役割の重要性が注目されている。

　松木武彦は，弥生中期の互恵的な自給自足型の経済システムから，弥生後期になると列島では生み出すことができない鉄器を用いる外部資源依存型の経済システムへと移行したという理解を示した。そして，外部からもたらされる資源（鉄素材）の争奪をとおして，集団が序列化し，政治的に統合され，初期国家が形成されるという変化モデルを提示している（松木1996）。禰宜田佳男も，弥生後期になると鉄を軸とした新しい流通システムへと変わり，首長間の格差はさらに拡大していったとする（禰宜田1998, p. 93）。

　ただし，このようなモデルに対して村上恭通は，「鉄器普及の社会変容への関与は認めざるを得ない」としながらも，流通したとされる考古資料の検討が不十分で，考古学的事実からは参照されないと批判する（村上恭2000）。

　考古資料に基づく実証的な分析によって，弥生時代における器物の生産・消費システムの変化，古墳時代の前段階としての弥生時代の特質を明らかにすることが課題となっている。

第2節　朝鮮半島南部青銅器・初期鉄器時代における石器研究の動向

　朝鮮半島南部の青銅器時代・初期鉄器時代の石器研究は，磨製石剣に関する研究を除けば青銅器や土器に比べて低調であるが，近年の発掘調査の急増に伴う資料の増加によって徐々に活発化し，既存の研究の再検討，再評価が進んでいる。

　なかでも磨製石斧に関しては中国東北地方からの文化伝播を示す一要素と位置づけられ，各器種の系譜や型式，分布と地域性に関する議論を中心に研究が進展している（裵眞晟2001；大島2003；孫晙鎬2006ほか）。

　特に議論が多いのが第2章で扱う有溝石斧（抉入部を有する柱状片刃石斧[1]）で，これは有溝石斧が松菊里型住居や三角形石庖丁などとともに，青銅器時代後期の松菊里文化（類型[2]）の広がりを示す物質文化の一つとして捉えられてきたことが最も大きな理由といえる（韓国考古学会編2011）。朝鮮半島南部では松菊里文化段階における稲作農耕の本格化が，木材加工技術の体系化，石製工具の発達を促したと解釈される（孫晙鎬2006, p. 102）。

　朝鮮半島南部における片刃石斧に関する近年のまとまった研究成果としては裵眞晟のものが

1）柱状片刃石斧という名称は，韓国の研究ではこれまで抉入部（溝）のないものに限定して用いられており，抉入柱状片刃石斧は一般的に有溝石斧と呼称されている。

2）庄田慎矢による「類型論」に関する研究史の整理（庄田2009a, pp. 3-5）を参考にした。朝鮮半島南部青銅器時代の編年の枠組みは，韓国においては「類型論」によって語られてきた。韓国考古学における「類型」には2種類があり，一つは李清圭によるもの，もう一つは朴淳發がDavid L. ClarkeによるCultural Assemblageの概念を導入したものである。前者は「一定の〈無文土器群〉を標識とした土器・石器などの遺物複合群」と定義され，「一定の住民集団と関連づけて考えられる」とした。後者は「同質的文化伝統を持ちながら考古学的同時間帯を包括できる製作・使用集団によって製作・使用された一連の遺構および遺物群」と定義されている。後者も類型＝人間集団という前提が敷かれている。このような「類型」を一定の人間集団と結びつけて把握する論は，李盛周により痛烈に批判されている（李盛周2006）。本書では，あくまでも編年上の物質文化複合体の分析概念として「類型」の語を用いている。

ある。氏は柱状片刃石斧と有溝石斧について，それぞれの石斧のもつ属性の相関関係をもとに型式学的に分類し編年をおこなった。そして柱状片刃石斧の小型化と後主面（刃部側の面）の形態変化（屈曲度の増加）が有溝石斧の発生の契機とし，青銅器時代後期[3]を柱状片刃石斧の変遷上の画期として評価した（裵眞晟 2001）。また最近では全眞賢により，南江流域の扁平片刃石斧の時期的変遷が検討され，木材加工技術の発展の観点から社会変化が考察されている（全眞賢 2012）。

　韓国においては理化学的な石器の産地同定分析や遺跡周辺の地質調査が僅少であり，石器の生産・消費形態に関する分析は現状では困難な状況である（孫晙鎬 2010）。こうした研究の現状から，各地域単位で岩石サンプルを製作し，それを基準として各遺跡における石材利用を検討するという方法が提起されている（黃昌漢 2007）。

　石器生産に関しては，李印學による保寧・寬倉里遺跡，華川・龍岩里遺跡，春川・泉田里遺跡，唐津・自開里遺跡などの近年調査された大規模な集落遺跡の分析が注目できる。ここでは石器未成品の製作工程を分類し，製作工具（敲石・砥石）と併せて遺構ごとの出土傾向を捉え，集落内での石器生産の様相を具体的に明らかにしている（李印學 2010）。その他，黃昌漢により石器製作遺跡の分布と地質学的な整理からホルンフェルス製磨製石剣の生産が考察されている（黃昌漢 2011）。ホルンフェルスは朝鮮半島南部，特に嶺南地域の青銅器時代において器種を横断して広く利用される石材であることから，非常に示唆的である。

　また，石器組成の分析から青銅器時代の生業活動や遺跡の特性を探る研究が成果を上げている。最近の孫晙鎬の分析によると，青銅器時代前期後半から集落間の協業の発生や相互の関係性が強くなり，青銅器時代後期に多様な性格の集落が登場するようになるという。青銅器時代前期から後期にかけての石器組成の変化の内容として，①武器の増加，②収穫具の減少，③掘削具および伐採斧の減少とこれに相対する加工斧の増加，④石器加工具の増加と食料加工具および紡織具の減少，の4点が挙げられている。こうした変化の解釈として，③については水田稲作農耕の普及と畑作の相対的な減少，水田稲作農耕の集約化による生産量の増大，④については多様な生業活動のなかで農業の比重が高まった結果と指摘している（孫晙鎬 2014 ［中村訳 2014］）。

　以上のように，石器の型式学的分類と編年，大規模集落における石器生産の把握，石器組成の通時的変化など，石器研究の主題は多様化している。

　3）裵眞晟（2001）では無文土器時代中期と呼称している。先松菊里式段階・弥生早期に併行する時期である。

第3節　弥生時代石器研究の動向

1．石器生産に関する研究

（1）今山遺跡における石斧生産に関する研究史

　弥生時代における石器生産に関しては，弥生時代研究の萌芽期（1910年代）から，弥生時代の社会像を復元するうえでの重要性が認識され議論されてきた。戦後においては，特に史的唯物論の枠組みから，弥生社会における下部構造（生産力・生産関係）に着目されるなかで言及されてきた経緯がある。

　北部九州における石斧生産に関する研究は，中山平次郎による福岡市西区今津貝塚出土の玄武岩製石斧未成品の学界への報告（中山1916）を嚆矢とする。中山は，今津貝塚や今山遺跡における両刃石斧の生産について，「磨製石斧が当時已に各人自製の器物に非ずして，分業發達の一端として専業者の生産品となつて居た」とし，石斧を「分業的生産品」（中山1925, p. 25）と評価した。弥生時代（当時，中山が設定した中間時代）研究の萌芽期において，今津貝塚や今山遺跡といった北部九州における「特定の遺跡」で石斧が量産される事実から，そこでの石斧製作活動が，歴史的に特異な状況として析出され，重要性を高く評価する立場が生まれたといえる。

　中山による報告以降，弥生時代における「専業」，「社会的分業」を評価するうえで今山遺跡での石斧生産と福岡県飯塚市立岩遺跡群での石庖丁生産は常に重要視され，藤間生大，原田大六，藤田等らは大枠で中山の論考を踏襲し，史的唯物論の枠組みからその存在を積極的に評価している（藤間1949・1950；原田1954・1976；藤田1956）。藤間らはその根拠として，①石斧の未成品が今津貝塚および今山遺跡からしか出土しないこと，②その未成品が多量であること，③製品が北部九州一円に分布していること，④周辺に可耕地がないことを挙げている。また，これらの根拠の前提条件として，石斧製作が「可成複雑で誰にでも簡単に作れるものではない」（渡部義ほか1936, p. 185：ルビは筆者）ものであるという認識が確立している[4]。

　一方，田辺昭三は生産を専門におこなう「工人」の集団が出現するためには，なおいくつかの社会的・経済的条件が必要であったとし（田辺1956），「弥生社会のなかでもっともはやく専業集団を形成するのは，伝統的な石器製作の部門ではなく，青銅・鉄などの金属器生産を担当する工人のグループ」である（田辺1961, pp. 84-85），と評価している。

　中山による先駆的な研究以降，石斧製作の規模や内容の評価に研究者間で若干の差異はみられるものの，石斧製作を専門的におこなう製作者集団により，今山で両刃石斧が製作されたと基本的に評価されてきた。その一方，田辺は今山を「北九州一円の各地域共同体に共通した良

　4）下條信行のいう「他村への供給を目的とした専業的石器製作」（下條1975a, p. 146）を説明するうえでの前提でもある。

第 1 章　研究の現状と課題　　13

好な採石場」（田辺 1980, p. 77）と位置づけており，その評価には大きな差異がある。

　今山遺跡での石斧製作が，特定の製作者集団によっておこなわれていなかったと評価する研究者として，田辺のほかに近藤義郎がいる。近藤は，今山を「近隣の親縁諸集団による共同の製作場」（近藤 1983, p. 69）とし，田辺がいうような，今山が共同利用されているという考えを首肯しているとみられる[5]。ただし，石材産地の共同利用の規模や程度，すなわち製作者の位置づけについては，田辺（1980）と近藤（1983）で若干の差異があると考えられる。

　下條信行は中山の研究以降の資料蓄積をふまえ，今山系石斧の生産および流通について体系的に整理し，以後の研究に大きな影響を与えている（下條 1975a・b・1976 など）。

　下條は，北部九州における弥生前期末からの遺跡数の増大，つまり集落や可耕地の開発に伴って今山系石斧の需要が増大し，古今津湾沿岸に石斧の製作遺跡が形成されたとした。その要因として，①石斧に適合する硬質で緻密な石材が存在すること，②石材原産地と集落とが至近ないし隣接した距離にあるため，石斧の製作において好適地であったこと，③玄界灘沿岸の諸地域とも海路や陸路を通じ，容易に結びつくことができる交通上の利点を占めていたことを挙げている。また，在地系石斧と比較するなかで，今山系石斧が重く大型につくられ，かつほぼ等質的に製作されている，とした（下條 1975b）。これらのことから，「石斧製作は体系的に，斉一化されて行われたであろう」（下條前掲, p. 11）とし，「専業的立場を得た石斧製作者集団」の存在を想定する（下條前掲, p. 13）。また，今山系石斧の生産によって対価的に得られたであろう富を物語るような，中国鏡や銅剣・銅矛・銅戈などが今山付近でまったく出土していない[6]ことは，今山が『魏志』倭人伝にいう「伊都国」[7]の中に位置したことから，糸島平野の首長の手に「吸収された結果」である，と想定している（下條 1975a, pp. 146-147）。

　また，下條は先述した田辺（1980），近藤（1983）が主張するような，今山が共同利用されていたという考えに対し，①今山遺跡では弥生前期初頭から継続的に石斧製作がおこなわれていること，②弥生前期から中期において石斧形態が継起性を有していること，③今山遺跡出土の土器は北部九州の典型的な土器で構成されていること，④今山直南の砂丘上に数十基の甕棺が存在すること，といった理由から，「土着の今山人の手によって今山経営が行われた」（下條 1985a, p. 56）としている。

　このような，「専業的立場を得た石斧製作者集団」の存在を想定する下條（1975b）に対し，

　5）近藤は，考古学研究会第 21 回総会研究報告（於岡山大学）の質疑応答において，今山における石斧製作について，「一個や二個の単位集団があそこで作ったんじゃなくて，糸島郡とか早良とか，あるいは今津湾に面する平野にある人たちが行く」（下條 1975b, p. 21）と述べている。

　6）ただし今山遺跡に近い今宿遺跡第 14 地点において，土坑と考えられる遺構から銅剣（細形銅剣の再加工品）とヒスイ製勾玉が出土している。時期は隣接する第 13 地点出土の甕棺から，弥生中期後半が考えられる（折尾編 1981, p. 9）。

　7）今山遺跡における石斧生産は弥生中期初頭を盛期とするが（米倉編 2005, p. 183），「伊都国」の「首長」（三雲南小路遺跡 1 号墓の被葬者）自体は弥生中期後半になり明確化する（髙倉 1992 など）。したがって，「伊都国」が成立する時期と今山系石斧が生産されている時期には時期差が存在する。また，今後仮に石斧生産が盛行している時期に遡る墓が糸島地域（いわゆる「伊都国」の地域）において発見されたとしても，ただちに「首長」が石斧生産や流通を差配していたと結論づけることはできないと考える。

佐原真は，弥生時代以降においても常時専門工人（full-time specialist）が存在していないことから，演繹的に今山遺跡での石斧製作に代表される，弥生時代における一部の石器製作は，定時専門工人（part-time specialist）によるものと評価している（佐原 1975, p. 154）。

(2) 今山系石斧の製作技法に関する研究史

磨製石斧の製作技術[8]についてはじめて言及したのも中山平次郎である。中山は，今津貝塚において自身が採集した石斧未成品の詳細な観察から，磨製石斧の製作工程について「（一）原料荒割り（二）整形的打缺き（三）器面敲打（四）器面琢磨の四段手工」（中山 1916, p. 28：ルビは筆者）と復元した。これは現在においても有効な磨製石斧の製作工程の分類であるが，現在まで8次にわたる今山遺跡の発掘調査の成果から，疑問点も提起されている。

折尾学は今山遺跡第3次調査出土の石斧未成品の観察から，中山のいう原料荒割り（粗割，第Ⅰ工程）と整形的打缺き（打裂，第Ⅱ工程）の製作工程について，その作業内容が任意性に富むことから分類は困難であると評価した。また，石斧未成品の自然面（礫面）の観察結果から，素材選択の段階では自然転礫の選別に力点が置かれていたとしている。さらに剝離作業や敲打作業の内容は，素材の剝離方向が計算されない，つまり不定方向に割れるという玄武岩のもつ岩石的特性によって，製作者の任意性が大きく影響していると評価した（折尾編 1981, p. 61）。

井澤洋一は今山遺跡第6次調査の成果を受けて，第3地点では円礫，第5地点では板状割石もしくは円礫，第10地点では玄武岩の柱状節理[9]が倒壊した角礫が石斧の素材であったと想定した（井澤編 1984, p. 10）。そして，素材形状により製作工程に差異がみられるとした。地点ごとに素材形状が異なり，製作工程に影響したと考えられることは石斧生産の在り方を考えるうえで非常に重要である。

なお，中山は今山系石斧の製作において技法が遺跡ごとに異なる，という重要な指摘をしている（中山 1932）。中山は今山系石斧について，敲打による整形が非常に丁寧な今津貝塚での製作と，剝離技術を主に用いて成形する今山遺跡での製作があり，このような石斧製作技法の差異を民族差と捉えている。さらに，石斧の製作技術のみではなく，弥生土器についても「第一系」（今山遺跡で主体）と「第二系」（今津貝塚で主体）があり，やはり両者が別の集団に属するものであると評価している[10]。現在は，中山のいう第一系弥生式土器が弥生中期の須玖式

8）ここでいう技術とは，「労働主体が，ある一定の物的な労働手段を用いて，なんらかの労働対象（物，人，情報）に働きかける過程」のパターンである（飯尾 1991, p. 21）。製作技術という場合には，様々な技術のうち，物の製作に関する事象を指す。また，製作技法は物の製作に関する技術の下位概念として，製作者が様々な状況下において意識的・無意識的に選択する手法を指す。

9）熔岩などの流動体が冷却し固化すると，表面に蜂の巣に似た六角に近い形のひび割れが生じる。さらに表面から直角に内部に向かって固化し，六角柱のような岩石柱の集合が形成される。これが柱状節理で，地表に流出した熔岩流でしばしば観察される（鈴木 2005, pp. 358-359）。

10）中山の考古学的な執筆活動は 1935（昭和 10）年で停止しており，終生弥生土器や石斧製作技法にみられる2系統の差異について，使用民族の相違に帰していたとみられる（小田 1988）。

土器，第二系弥生式土器が弥生前期の板付式土器（いわゆる遠賀川式土器）とされ，これらの土器の形態的な差異は時間的な差（型式差）として認識されている。

　中山が指摘した石斧の製作技法の差異に関して原田大六は，先述したその後の土器研究をふまえ「今津の工人達が今山に移住した結果」と解釈した（原田 1954, p. 15）。また，下條信行によると，弥生前期末までは今津貝塚，呑山遺跡，今山遺跡の 3 遺跡は独立した製作址であり，そこではそれぞれ異なる製作技法がみられるという（下條 1975b）。そして，今津貝塚の石斧製作は「不必要な点に無駄な労力を消費している」（下條前掲, p. 12）とし，反対に今山遺跡における石斧の製作技法は最も合理的であったと評価した。下條は，このような技法の差異は石斧の需要量の差に起因するものと捉えている（下條 1975a）。

（3）弥生時代の片刃石斧に関する研究史

　次に，弥生時代における片刃石斧の研究動向について概観する。まず，研究の初期においては片刃石斧をめぐって機能・用途論が重視される傾向にあった。例えば柱状片刃石斧に関して，藤森栄一は木工具としての用途（藤森 1943），原田大六は土掘具としての用途を推定するなど（原田 1963a・b），意見の対立がみられた。その後，使用実験や民族例をふまえて木工具説が支持され（松原 1971），長崎県平戸市里田原遺跡から多数の木器未成品とともに柱状片刃石斧用の木製膝柄が出土したことで，木工具として確定した（正林 1976）。

　弥生時代における片刃石斧が中国大陸や朝鮮半島に由来する物質文化であることについては，採集品の比較によって古くから指摘されてきたが（中谷 1929：山内 1932 など），多くは形態的な類似性を指摘することにとどまっていた。型式学的検討に基づいて系譜関係や地域的な展開過程についてはじめて具体的に論じたのが下條信行である。下條は，大陸系磨製石器の枠組みのなかで柱状片刃石斧・扁平片刃石斧・鑿形石斧の 3 器種を捉え，それぞれ型式分類をおこない，各型式の成立と列島における展開について考察している（下條 1996・1997・2009 ほか）。朝鮮半島南部からの定型化した大陸系磨製石器の流入と列島各地域における形態の弛緩，変容過程を示し，農耕文化の受容の在り方と地域的な展開について述べている。

　近年，福田一志は長崎県壱岐市原の辻遺跡における片刃石斧について検討し，石器器面に認められる石の目（以下，葉理方向[11]と呼称）が石庖丁や石鎌などの他の器種とは異なっている点，および器種ごとに共通性がみられる点を指摘している（福田 2005）。また，片刃石斧類の製作に伴うと考えられる剝片類について検討している。未成品に残存する剝離痕の詳細な観察から，片刃石斧の製作では，石材の葉理に遮られることにより加撃方向に障害がおこり，多くのヒンジが形成され寸詰まりの横長剝片が生じることが示されている（福田前掲）（図 1-3）。これまで北部九州を中心とした地域の片刃石斧の多くが，主面に縦方向の縞目を有することは認

　11）葉理とは，異なった粒または組成などの平行な帯または葉層（lamina）が存在する岩石の構造である。地層のなかで 1cm 以下の層状のものを指す（鈴木 2005, p. 91）。片刃石斧の属性として葉理方向にいちはやく着目したのは寺前直人であり（寺前 2001），藤木聡も葉理方向と石斧の機能強化の関係を示唆している（藤木 2005）。

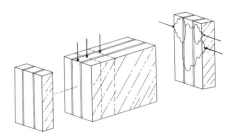

図 1-3　扁平片刃石斧の素材獲得模式図（福田 2005）

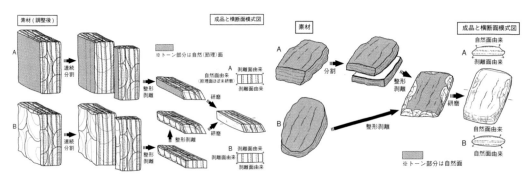

図 1-4　片刃石斧の製作技術の分類（左：縦目・右：横目）（中 2010）

識されてきたが，これを具体的に石材の葉理方向と製作技術との関係性に結びつけた点で非常に重要である。この福田の研究を受けて中勇樹は，葉理方向に着目し製作技術的特徴から片刃石斧を縦目斧，横目斧に二大別し，西日本における展開過程を考察している（中 2008・2010）（図 1-4）。

以上みてきた福田・中らの研究は，下條が提示した片刃石斧の型式間関係について，岩石的特徴をふまえた製作技術の視座から意味づけた点が評価できる一方，石材産地や分布に関しては言及されておらず地域間の関係が不明瞭である点に問題が残る。すなわち，片刃石斧の型式間関係や製作技法の系統性が，生産・消費システムとは別の事象として取り扱われる傾向にある。したがって，前述した大陸系磨製石器の列島内での展開過程は，石器の生産・消費という研究の枠組みと乖離した状態にある。

また，弥生時代の北部九州地域における木工活動の動態について渡部芳久は，片刃石斧の組成とそのサイズの変異をもとに遺跡を類型化し通時的に評価している（渡部 2008）。ただし，石斧類の生産や消費の側面との関係については明言を避けている。弥生時代の北部九州地域は，先行研究でも指摘されているように石斧の石材選択において器種ごとに明確な対応関係がみられる点に大きな特質があり（梅﨑 1999 ほか），多様な石材を石斧に利用する畿内地域（酒井 1980 ほか）とはきわめて対照的な在り方といえる。北部九州地域において両刃石斧は今山系石斧（玄武岩），東北部九州では高槻型石斧（安山岩質凝灰岩）が主体をなし（梅﨑 1998；森貴 2011b），片刃石斧については第 3 章第 3 節で対象とする層灰岩や砂岩ホルンフェルスが主体的

である。農耕文化の展開過程や弥生時代の木工活動について評価するうえでは，「石器器種と石材の固定化」の問題（宮本 2009a, p. 127），すなわち石器の生産・消費システムの内容とその変化についても具体的に明らかにする必要があると考える。

　さて第3章第3節で主に扱う層灰岩とは，岩石学的には「火山砕屑物と堆積性砕屑物との混合物が固結した岩石で，特に火山灰と細粒砕屑物の混合した場合を指す」ものであり（鈴木 2005, p. 419），頁岩と凝灰岩との中間の性質をもつ葉理が発達した岩石である。この石材は弥生時代における片刃石斧の素材として多用されているものの，これまで具体的に論じた研究事例は非常に少ない。層灰岩製片刃石斧の研究が進展していない要因について，研究史や報告状況をふまえて検討してみると大きく以下の2点が指摘できる。

　まず1点目に石材の呼称方法が一定でない点が挙げられる。弥生時代の北部九州地域において流通する今山系石斧や立岩系石庖丁は，報告書等において比較的高い精度で石材が認識されている。一方，片刃石斧に多用される層灰岩は報告書中においては層灰岩という名称のほか頁岩，シルト岩，泥岩などと記載されることも多く，呼称の統一性がみられない。中はこのような資料状況をふまえ，「微粒凝灰岩」という石材名称をあえて措定することにより（中 2008, p. 191），石器の生産・流通の問題を回避しつつ製作技術的分析をおこなっている。

　2点目に片刃石斧に使用されている層灰岩の石材原産地，あるいは採石地（石器石材の採取地）が不明であることが挙げられる。今山系石斧に用いられている玄武岩などの火成岩系石材は，主に火山起源であることから石材原産地が限定でき比較的考古学的検討がしやすい。すなわち，生産・流通を明らかにするうえでの「起点」を絞り込むことが可能である。ところが層灰岩などの堆積岩類は，岩石学的特性上，層群として認識されるため，広範囲かつ面的に産地候補が分布していることになる。したがって，岩石記載を同じくする層群に属していたとしても，石材原産地・製作地は複数箇所存在していた可能性もある。

　層灰岩は北九州市域の脇野亜層群（板櫃川流域）で産出するものが弥生時代に使用されたとする見解があるものの（梅﨑 1999・2005），根拠は明確ではなく北部九州および周辺地域に複数の産地候補[12]が存在している状況である（川越 1978；正林・村川編 1988；宮﨑 2001；西口 2004）。

　土屋みづほは，東北部九州（遠賀川以東地域）における弥生時代における磨製石器（石庖丁・両刃石斧・片刃石斧）の生産と流通について体系的に整理している（土屋 2004）。複数の石器器種について地域を横断して検討し，流通現象の重層性とその変遷過程について具体的に明らかにしている点は大いに評価される。しかしながら，片刃石斧の使用石材の原産地については梅﨑惠司が指摘する脇野亜層群を想定しており，未検証の石材原産地が措定されるかたち

12）片刃石斧に使用されている層灰岩の石材原産地については以下の諸説が存在する。①長崎県対馬市厳原・南部（対州層群）（正林・村川編 1988；宮﨑 2001・2008），②福岡県北九州市（脇野亜層群・板櫃川流域）（梅﨑 1999・2005；柏原 2002），③山口県下関市菊川町（西口 2004）。さらに川越哲志は，福岡市早良区四箇遺跡出土片刃石斧について「片刃石斧類は外国産とみられる堆積岩を用いている」（川越 1978, p. 24）と述べており，石材原産地は朝鮮半島南部の可能性も示唆されている。ただし，それぞれ考古学的な根拠はほとんど示されていない。

で議論が展開している点は注意を要する。また，柏原孝俊は小郡市津古・三沢遺跡群の石器を検討するなかで，扁平片刃石斧や鑿形石斧の使用石材が層灰岩に統一されることを指摘しているが（柏原 2002, p. 526），石材産地については藤井厚志（当時，北九州市立自然史博物館）の教示に基づき，脇野亜層群と捉えている。だが，この見解についても十分な考古学的な根拠や分析内容が示されているわけではない。

（4）立岩遺跡群における石庖丁生産に関する研究史
・石庖丁製作址の発見と生産量の評価

1934 年中山平次郎は，飯塚市字燒ノ正（現・下ノ方遺跡）において初めて石庖丁の「製造所」を発見した。ここで採集された「小豆飴色」の色調を呈する石庖丁が北部九州各地で出土することから，第 3 章第 1 節で検討する今山系石斧の生産と同様，自給自足的な生産ではなく，「その製作は適当なる原料産地付近に居住する専業者に委ねられ，其処から各方面に配給され」，「これが分業的生産物」であると評価した（中山 1934a・b）。渡部義通らは，「部落の各個人が必要に応じて随時そこへ立寄って製作したと見ることは全く不自然」（渡部義ほか 1936, p. 185）とし，石器生産における分業化の著しい進行があったことが窺われるとする。

森貞次郎は，遠賀川上流の石庖丁は立岩系石庖丁が 9 割以上を占め，多量に上る製作遺跡として最も著しいものが立岩遺跡であると指摘した（森貞 1942）。そして「この石質の石庖丁の分布は，広義の原始経済ブロックとも言ふべきものを判明させる」（森貞前掲, p. 373）と述べ，生産・流通研究の重要性を喚起した。児島隆人は，立岩系石庖丁が自給によるものではなく，「特定の製作者」により大量に生産されたとした（児島 1969）。

下條信行は立岩遺跡群における石庖丁の生産について体系的に整理した。まず，立岩遺跡群の発掘調査（1963〜65 年，児島隆人・岡崎敬を中心に組織）を受けて，石庖丁の製作時期の上限が弥生前期末に遡ることを指摘した（17・18 号袋状竪穴）。また，福岡平野において弥生中期後半まで立岩系石庖丁が出土することから，製作の下限を中期後半と想定した（下條 1977b）。製作の開始期は，その後の発掘調査（1979〜81 年調査，燒ノ正遺跡・下ノ方遺跡）においても追認されているが，製作の下限については検討の余地がある。

一方，中島茂夫（中村修身）は立岩遺跡群における石器の生産を「北部九州における普遍的な様相」と評価し，「首長層の管理下の道具，生活用品交易」とする論考を否定している（中島 1980）。しかしその後，この見解は下條により批判されている。下條は，①集落における可耕地の狭さ（幅 500m，長さ 1km の丘陵上に，下ノ方・燒ノ正遺跡をはじめ 12 遺跡が密集）を考慮すれば石庖丁の出土量は自家消費量を優に超えること（製品・未成品の出土量は 1,000 点以上），②石材原産地である笠置山に近い遠賀川下流域の遺跡における未成品は 20 点程度と極端に少ないことを根拠として，立岩系石庖丁の生産は交易を目的としたものと評価した（下條 1983）。

近藤義郎は，石庖丁製作が農業生産と未分離であったと考えられることから，「農業から自立した専業者集団であったとはとうてい考えられない」（近藤 1983, p. 70）とする。

また，下條は石庖丁の大量生産の理由として，立岩遺跡群が遠賀川以西の諸地域に到達するための起点，つまり福岡平野と筑後平野の分岐点に位置し，搬出ルートを確保するうえで不可欠な位置であったことを強調する（下條1983）。

• 立岩系石庖丁の石材研究 —— 赤紫色泥岩の石材原産地 ——

中山平次郎は山根新次（当時，九州帝国大学工学部教授）より立岩系石庖丁の石材原産地について福智山（中山1934a），「鞍手遠賀二郡ノ内」（中山1934b, p. 122）との教示を受ける。ただし中山自身は未踏査であった。その後森貞次郎は，宮若市（旧鞍手郡宮田町）の笠置山山麓の千石峡（こくきょう）に石材原産地が求められることを指摘した（森貞1942）。能登原孝道は，岩石薄片プレパラートを用いた偏光顕微鏡による鉱物組成の観察で，千石峡が立岩系石庖丁の石材原産地であったことを検証した（能登原2014）。

立岩遺跡群から石材原産地が直線距離で6km離れている点の評価についても研究者によりニュアンスに差異がある。児島隆人は赤紫色泥岩について，「もっぱら近くで手に入れることのできる」石材と評価する（児島1969, p. 183）一方，中山は「原料の産地で無い局部に生産工場を見出したのであって，これを如何に解釈すべきやといふ新な問題」（中山1934b, p.127）と疑問を呈する。

• 石庖丁の製作工程と製作技法の研究

中山平次郎は石庖丁未成品の観察から，粗割，打裂，琢磨，穿孔の4工程に復元した（中山1934a）。松井和幸は中山の論考を踏襲し，飯塚市焼ノ正遺跡の報告書中において，第I工程：原料採取の段階，第II工程：調整剝離段階，第III工程：粗研磨段階，第IV工程：穿孔段階の4工程に復元した（松井1983）。村田裕一は立岩系石庖丁の未成品を再検討し，松井のいう第II工程を作業内容によって細分した（村田1999）。

近年は近畿地域において，新たな視点で石庖丁の製作技法を捉えようとする研究がなされている。高木芳史は，石庖丁の穿孔における敲打後穿孔技法（器面を敲打することで凹部を作成し，穿孔を施す技法）の採用率が集団の石材入手力を反映し，石材産出地に近い遺跡ほど採用率が高いことを指摘した（高木1999）。この技法は，敲打を事前におこなうことにより直接回転穿孔する手間を省略できるという利点がある一方，破損の危険性が高まるという欠点がある。

この研究を受けて寺前直人は，奈良県唐古・鍵遺跡において「地区ごと」（居住集団）に，結晶片岩製石庖丁にみられる敲打後穿孔技法の採用率に差異があることから，居住集団ごとに石材が入手されたと解釈した。そし

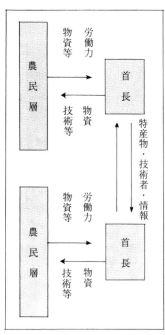

図1-5 弥生中期の流通モデル
（広瀬1997）

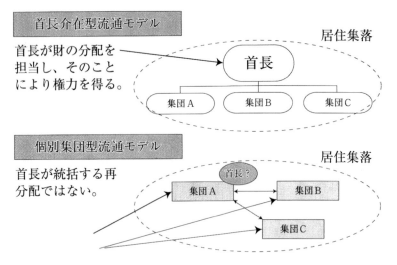

図 1-6 弥生中期社会の流通をめぐる二つのモデル（寺前 2006）

て，首長が一括して石材を入手し，それを居住集団に分配したとする「首長介在型流通モデル」（広瀬 1997 参照）（図 1-5）を批判した（寺前 2006）（図 1-6）。

2．石器の流通・消費形態に関する研究

(1) 今山系石斧の流通・消費に関する研究史

前節で述べたように弥生時代の北部九州における両刃石斧の研究は古く，1916 年の中山平次郎による学界への報告に遡る。中山は，今津貝塚において採集した石斧未成品を検討し，それらが，「悉皆玄武岩製の物にして，此所見は我地方に於ける他部發見の同岩製磨製石斧の製作地を稽ふるに際し顧慮すべき價値あり」（中山 1916, p. 26）とし，石斧製作址（今津貝塚・今山遺跡）の存在とそこで製作された今山系石斧の広域分布を示唆した。今山系石斧が弥生時代研究の俎上に上がるこの時期において，「玄武岩製磨製石斧の分布は昔其製造所のあつた糸島郡内は勿論，早良郡を越えて筑紫郡内に多く，遠く朝倉郡に及んで居る」（中山 1925, p. 22）と，中山自身の表面採集の経験から今山系石斧の出土傾向を詳述している点は卓見といえる。

中山による報告以後，主に史的唯物論の視座から，分業の進展と交換の発達を説明する根拠として今山系石斧および立岩系石庖丁が積極的に取り上げられ，列島の社会発展のなかへの位置づけが試みられた（渡部義ほか 1936 など）。

その後，原田大六や森貞次郎による今山系石斧の分布範囲についての記述がみられる（原田 1954；森貞 1966）。森は，今山系石斧が「筑前・筑後を中心に肥前および肥後の南部にまで頒布されていたとみられる」（森貞 1966, p. 66）とし，（弥生中期の）北部九州地域をおおう広大な分布圏をもつ石斧生産の支配に，「有力者」の関与を想定している（森貞前掲, pp. 71-72）。すなわち，北部九州地域における石斧の分布状況から，背後にその流通を差配する首長の存在を推定したのである。

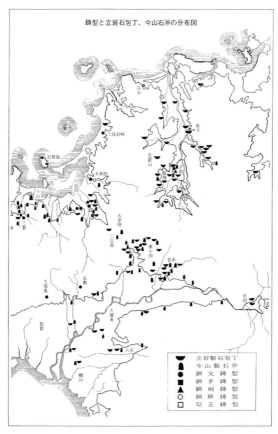

図 1-7　今山系石斧・立岩系石庖丁などの分布状況
（下條ほか 1972）

　ただし分布に関する具体的な検討は，1972 年に下條信行らにより作成された今山系石斧の分布図（下條ほか 1972）を待たねばならない（図 1-7）。この図は，中山の研究以降，前述した原田（1954），森貞次郎（1966）らが示唆していた今山系石斧の分布について，具体的かつ視覚的に示した初例であり，その後この分布図を基礎としてさまざまな分布論的な解釈がなされているといえる。下條は，「今山産石斧は中期にいたると北部九州を中心にはるか佐賀県や熊本県などの遠隔地にまで搬出されるようになる」（下條 1975b, p. 11）と説明し，その後も分布範囲を再確認している（図 1-8）。また，各地における石斧に使用された石材の構成比率から，今山系石斧が「在地産石斧の量を圧倒して進出し，量的にもおびただしい」（下條前掲, p. 11）としている。つまり，北部九州各地の集落において，石斧をほとんど今山に依存していたと評価し，使用された石材の地域的な共通性から，その消費形態の特異性を見出している。
　武末純一は，今山系石斧が「福岡県の大型成人甕棺墓地帯を中心に分布しており[13]，それぞ

---

13) 下條信行が，考古学研究会第 21 回総会研究報告（於岡山大学）の質疑応答において，「須玖式の甕棺が広がっている範囲の中に，今山の石斧も大体広がるという関係はある」（下條 1975b, p. 19）と述べたのが初出である。

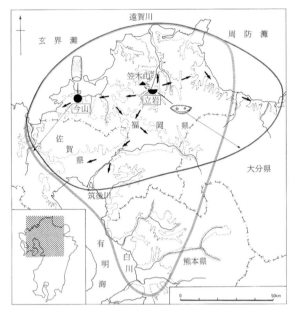

図 1-8　今山系石斧・立岩系石庖丁の分布範囲（下條 1989）

れの地域で中期には 90〜100％を占める[14]とともに大分県日田地方や熊本県・佐賀県にまで及んでいる」（武末 1985, p. 402）とし，「大型成人甕棺墓に象徴される部族連合的なクニグニのまとまりの中で流通したのであり，その交換は，糸島地域の首長によって行われたもの」（武末前掲, p. 403）と評価した。特に，その流通の内容について，「距離とともにその比率が減少するような同心円状の自然流通ではなく，完成品が大型成人甕棺墓の地帯に広がってどこでも 80％を占めるが，その範囲外になると急激に減少する点で，国[15]の首長層による再分配を示す」（武末 2002, pp. 77-78）としている点が，きわめて重要な指摘といえる。すなわち，下條（1975b）が提起した各地域における石斧に使用された石材の構成から，「再分配」など特殊な状況下での流通を読み取っているのである。

　梅﨑惠司は，それまで分布範囲として面的に捉えられてきた今山系石斧について，石斧が出土した遺跡数を具体的に把握している（図 1-9）。その結果，「福岡市から小郡市や鳥栖市あたりまでの約 30 キロの細長い範囲」に今山系石斧の分布中心が存在し，「長ノ原で 200 点，一ノ口で 45 点などのように，大量に出土する遺跡がある」と述べる（梅﨑 2000, p. 680）。つまり，下條，武末らが指摘しているような，どこでも多量に今山系石斧が存在するのではなく，北部九州の地域内において出土量の差異が認められることを提示している[16]。

　今山系石斧ではないが近年，能登原孝道は，弥生時代の北部九州地域で出土する立岩系石庖

---

14) 検討内容やデータは明記されていないが，武末によるこれらの記述の多くは，下條信行の論考（下條 1975b など）を参考にしていると考えられる。
15) 武末による「国」は『魏志』などの中国史書にみられる「対馬国」，「末盧国」，「伊都国」などを指し，平野や盆地，河川流域を単位とする地域ごとの政治的な組織としている（武末 2002）。

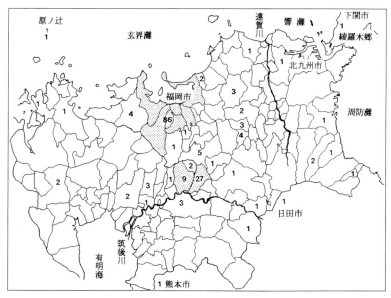

図 1-9　今山系石斧の行政区画別出土遺跡数（梅﨑 2000）

丁・菫青石ホルンフェルス製石庖丁の出土数の検討から，弥生中期初頭頃におけるこれら石器の流通形態が「互酬（互恵）的流通」であった，と推定している（能登原ほか 2007；能登原 2012・2014）。この指摘は，石器の分布範囲からその流通を「有力者」あるいは「国」の首長層により差配された結果として評価する，森貞次郎（1966），下條（1975a など），武末（1985 など）らの解釈と大きな差異があるといえる。

　小地域・一遺跡群内における今山系石斧の流通過程や消費形態についても，発掘調査の進展とともに近年，研究が進展している。小畑弘己は福岡市雀居遺跡の報告文中において，今山系石斧の入手形態が近郊に所在する福岡市比恵遺跡群などとは様相が異なる，と言及している（小畑 1995, p. 130）。その後，武末純一は，筑紫野市隈・西小田遺跡群出土の今山系石斧を分析し，遺跡群内において，有力な地区では今山系石斧の比率が高く，劣位の地区では比率が低いという現象を捉え，集団間の「階層差」の萌芽をみている（武末 2001）。

　柏原孝俊は，小郡市津古・三沢遺跡群と福岡市板付遺跡，比恵・那珂遺跡群出土の今山系石斧の所属時期，石材構成などを分析し，その入手状況の差異を指摘している。柏原は，津古・三沢遺跡群という小地域内の流通形態として，まず中核的な一ノ口遺跡の住居群を中心に今山系石斧が入手され，周辺住居群と遺跡北東部の津古土取遺跡に分配，さらに周辺の住居群へ再分配される状況を想定している。一方，福岡平野では，遺跡群ごとに伐採石斧の生産と供給をおこなうシステムを想定し，弥生前期の今山系石斧は小地域ごとに集落動態と関係する二相の供給形態が存在するとした（柏原 2002）。

16）ただし，高槻型石斧と今山系石斧の流通を比較するという観点で記述されたものであるため，梅﨑はこれら石斧の分布が「北部九州における，二大地域社会の領域を示すもの」（梅﨑 2000, p. 680）と評価している。

このように小地域内，各遺跡単位における出土様相の差異の評価についても，新たな論点となっている。

(2) 立岩系石庖丁の流通に関する研究史

• 石庖丁の流通形態と社会組織の関係 —— 立岩堀田遺跡の調査以降 ——

高島忠平は「石庖丁の製作は共同体全体の共通の作業で，製品は堀田遺跡の甕棺の被葬者である首長を通して交易された」と評価した（高島 1973, p. 146）。これは首長介在型流通モデルの嚆矢とみられる。下條信行は，石庖丁の流通が「各集落の任意というわけではなく，堀田甕棺墓の構成が示すように，10 号甕棺の被葬者を首長に戴き，それを側で支える各集落の長の連合によって調整されたもの」とする（下條 1989）。武末純一も「各集落の任意な生産・交易ではなく，製作された石器は立岩の首長のもとに集められ，各地の首長層へと流通していった」（武末 1993）とし，広瀬和雄も同様の見解を提示している（広瀬 1997）。

このように立岩遺跡群の首長が石庖丁の生産・流通を掌握・差配し，それによって得た富が立岩堀田遺跡 10 号甕棺などにみられる前漢鏡などの副葬品に具現化されているとされる論考が多い（高島 1973；下條 1975a・1983；武末 1993；広瀬 1997 など）。こうした論考は弥生中期後半における「厚葬墓」の在り方を，石器製作の反映とみているわけだが，実際には石庖丁流通（数量・分布状況）の時期的変遷，分布の形成過程については言及されておらず，先験的に「首長」が措定されるかたちで議論される傾向にある。

• 墓制・ネットワーク研究の視点

下條信行は，奴国が「立岩を結節点とした東方への内陸交通を安定的なもの」とするため，多数の大形前漢鏡と中細形銅矛を立岩「王」へ付与したと解釈する（下條 1991）。そして「農耕生産地に恵まれていないが，かかる地域と交易関係を結ぶには，その前提となる交通路上絶好の位置」を占めていたことが副葬品に表れていると評価した（下條 1998, p. 55）。溝口孝司は弥生中期後半における前漢鏡・鉄戈保有埋葬墓のネットワーク分析により，立岩堀田遺跡は媒介者としての中心性の高さを示す指数（Betweenness centrality）が福岡県春日市須玖遺跡群に次いで高いことを示した（溝口 2010a・b）。

田中良之は立岩堀田遺跡の墓地の様態について，双系的親族関係に基づくクラン墓域の集合と考えられる韓国・礼安里古墳群と現象的に類似すると指摘する。また，弥生中期後半以前の地域社会の部族的領域から，社会の統合範囲はさほど広がっておらず，本格的な首長制社会に至る以前であると評価している（田中良2000, pp. 147-148）。

3. 農工具の鉄器化に関する研究

農工具，特に工具の石器から鉄器への材質変化（鉄器化）は朝鮮半島南部では初期鉄器時代，日本列島では弥生時代に生じた。弥生時代の研究のなかで鉄器化，あるいは鉄器の普及の問題はこれまで非常に強い関心がもたれてきた。鉄器は，強靱さという点で石器より物理的機能に長けていることから，その導入の過程が社会変化を説明する一つの根拠とされている。ま

た鉄器化は，マルクス主義的視点から生産力の増大を促したと解釈される傾向にあり，水田稲作の導入・展開とともに社会の複雑化の要因や歴史的な契機として非常に高く評価されてきたといえる。

　また，石器と鉄器では生産・消費の側面においても大きな懸隔がある。この点に関して都出比呂志は，石器消滅後の必需物資である鉄素材を列島の「外部」に依存した日本列島の経済的特質に着目した。そして鉄素材の長距離交易の重要性を高く評価し，列島の統合と前方後円墳の築造に表象される広域的な社会秩序を引き起こしたと説明する（例えば都出 1989）。この見解を受け，松木武彦は互恵的な自給自足型の経済システムから，一定の富の集約を要する外部資源依存型の経済システムへの転換が，鉄の普及によって生じたと解釈した（松木 1996）。

　しかし，経済システムに着目した理論的な枠組みが提示される一方，石器や土器と比較して残存状況が悪い鉄器の普及を実証的に論じた研究は必ずしも十分な状況ではなかった。分析の側面においては，石器の出土量の変遷や器種組成の変化に依拠したいわゆる「みえざる鉄器」論が中心となってきたといえるだろう。

　ただし一方で，弥生時代における出土鉄器に関する分析も着実に進展している。橋口達也は福岡県太宰府市吉ケ浦遺跡出土の鉄器を紹介し，弥生前期初頭から中期前半にかけては舶載品の鉄製工具が主体をなすものの，前期末から鉇や刀子などの小型鉄器が製作され，中期前葉から斧などの木工具が製作されはじめたとする（橋口 1974）。また，鋤先や鎌などの農具の鉄器化は弥生後期後半以降まで遅れると指摘した（橋口 1983）。

　川越哲志は，弥生時代の鉄器の悉皆的な集成をもとに，鉄器普及の地域差，器種ごとの出土傾向の差異について論じた。そして「日本における鉄器の使用に関しては，北九州および周辺地域とそれ以外の地域では段階が異なる」と指摘している（川越 1975・1993）。これは，古墳出現の前提としての鉄器普及と生産力を支えた農具の鉄器化，近畿の優位性という仮説に対するアンチテーゼとして評価されている（村上恭2000）。また，松井和幸は，弥生時代の集落遺跡における石器と鉄器の共伴事例を集成し，鉄器化について検討した。そして「大陸系磨製石器の消滅の背景に，遅くとも北部九州では後期初頭高三潴期，近畿地方では後期（畿内第Ⅴ様式）頃にある程度独自な鉄生産が開始」されていたことを示唆した（松井 1982, p. 36）。この論考は川越（1984・1993）の理解とおおむね対応している。村上恭通は，玄界灘沿岸を中心とする北部九州地域と中九州地域における鉄器の器種組成，導入の在り方を，石器との関係性を念頭に分析した。北部九州地域では先行して発展していた石器の生産・流通システムのなかで鉄器が徐々に普及していったのに対し，石器のそれが相対的に未発達であった中九州地域においては，新たにもたらされた鉄器の生産・流通が急速に展開したという理解を示した（村上恭1992）。

　近年，寺前直人は石器組成と木製斧柄の着柄方法から弥生中期から後期における生産流通機構の変化について検討している。その結果，北部九州を含む日本海沿岸地域では，中期以降の鉄器の普及に伴い，大陸系磨製石器を鉄器の代替品として変化させていったのに対し，近畿地域を中心とする社会では伝統的な石器様式の維持と発展を重視し，鉄器とは排他的な石器様式

26

を構築していたことを指摘している（寺前 2011a, p. 143）。ただし，北部九州については予察として述べられており，資料に基づいた具体的な分析は課題となっている。

第4節　本書で解決すべき問題の所在

弥生時代北部九州における石器生産・消費に関する先行研究の問題点として，以下の4点が挙げられる。

【問題点1】通時的な検討の欠如

これまでの研究では石器生産の盛行期のみが検討の対象として取り上げられることが多く，弥生時代の全時期を通じた石器生産・消費形態の変遷が把握されていない。したがって石器生産・消費の時期的な「変化」の内容やメカニズムが不明であり，弥生時代の社会像の復元は，生産が盛行している時期における石器の最大分布範囲によって示される「領域」といった概念的なものが基礎となっている。また，弥生中期後半以降に明確化していく『魏志』倭人伝に記述された「国」のような政治的領域と特定石材製の石器の分布が重複することを，「北部九州圏」など「文化圏」として解釈されることが多い。本書では，このような「閉じた」分布論ではなく，どのように石器の分布が形成されたか，その形成過程や要因を通時的に解明することで，弥生時代社会像の復元に接近したい。

【問題点2】朝鮮半島南部との比較が未検討

石器生産・消費形態と農耕社会の伝播・展開過程の関係が不明である。朝鮮半島南部との比較は石器の型式（形態）に基づくことが多く，石器生産・消費形態の比較検討が課題である（第2章）。石器の型式に関する分析により，日本列島の弥生時代開始期の大陸系磨製石器の系譜や受容の意義について具体的に明らかにする研究がある（端野 2008b ほか）。しかし，石器の生産・消費というシステムの受容については検討されたことがない。北部九州における石器生産・消費の内容や変遷の背景を考察するにあたって，半島南部との比較が必要である。

【問題点3】器種を横断した検討の欠如

複数の石器の器種を横断して生産・消費形態が把握されていない。今山系石斧や立岩系石庖丁については多くの先行研究があるものの，それぞれの石製工具の道具体系全体や石庖丁全体のなかで捉えられていないことから各消費地においてどのようにこれらの石器が入手され，消費されたのか不明である。

複数の器種を扱い，器種内・器種間で比較検討することで，農耕社会の展開過程における道具の調達について「構造的」に把握することができると考える。また，「分業化」という観点で考察するためには，特定の石材製石器の分布のみでなく器種間の関係を捉え，総合的に消費形態を明らかにする必要があろう。本書では石製農工具（木工具・収穫具）の生産・消費形態

を扱い，器種間の関係性を明らかにしたい（第3章）。

【問題点 4】石器生産・消費形態と鉄器化の関連性が不明

石器生産・消費形態の変遷における農工具の鉄器化との関係が不明である。また，石器生産・消費形態から捉えられる弥生時代における集団関係の変容の解明が課題である（第4章）。

第5節　資料・方法・理論

1. 本書で扱う資料

（1）時期と併行関係・実年代観

時期は弥生時代が対象であり，必要に応じて前後の時期を含める。北部九州地域と朝鮮半島南部との時期的な併行関係については，武末純一の編年観（武末 2004・2012）を参考にした。弥生時代の実年代（暦年代）については，国立歴史民俗博物館の AMS（加速器質量分析法）を用いた炭素年代による弥生時代開始年代の発表（2003 年）を契機として，現在も議論が継続中である。筆者は，田中良之による AMS 年代測定法の方法的検討（田中[良]2011），髙倉洋彰による漢鏡を介した交差年代決定法の議論（髙倉 2011）を参照して表 1-1 のように実年代を捉えている。

分析対象の器種に応じて時期設定，特に時期の細分や画期の評価が異なり，やや煩雑となるため，ここであらかじめ対応関係を述べておく（表 1-1）。まず，第3章第1節および第2節で検討する両刃石斧は，出土数量の変遷と今山遺跡での集中的な石斧生産の終了（弥生中期後半）を画期として弥生早期から前期後半，前期末から中期前半の2期に区分する。第3章第3

表 1-1　本書の時期設定

本書の 時期設定	時期区分 （相対年代）	土器型式	想定する実年代	第3章 第1・2節	第3章 第3節	第3章 第4節	第4章 第2節
				両刃石斧	片刃石斧	石庖丁	砥石
I 期	弥生早期	夜臼 I・II 式	前8世紀	I 期			
	前期前半	板付 I 式	前5世紀				
	前期後半	板付 IIa・b 式					
II 期	前期末～ 中期初頭	板付 IIc 式・ 城ノ越式	前3世紀後半	II 期	II 期	II 期前半	
	中期前半	須玖 I 式	前2世紀			II 期後半	
III 期	中期後半	須玖 II 式	前1世紀後半			III 期	III 期
IV 期	後期前半	高三潴式	1世紀			IV 期	IV 期
V 期	後期後半	下大隈式	2世紀後半			V 期	V 期前半
	弥生終末期～ 古墳初頭	IA・IB 期 （久住 1999）	3世紀前半				V 期後半

節では層灰岩製片刃石斧を中心に弥生前期末から中期前半を扱う。第3章第4節では立岩遺跡群での石庖丁生産が開始される弥生前期末から一定量出土が継続する弥生終末期～古墳初頭を扱い，5期に区分する。第4章第2節の砥石の分析では弥生中期後半から古墳初頭を扱い，4期に区分する。

（2）対象とする遺物

　本書で対象とするのは，主に弥生時代の北部九州出土の石製農工具である。具体的には両刃石斧，片刃石斧，石庖丁であり，農工具の鉄器化について検討するため砥石，木製斧柄も対象とする。各種のデータは各自治体が刊行した発掘調査報告書の記載と資料の実見観察の結果に基づいている。

　このなかで両刃石斧は通常，太形蛤刃石斧あるいは伐採石斧（下條 1985c ほか）などと呼称される場合が多い。これは，刃部縦断面からみた刃線面が緩やかな蛤刃状を呈し，刃面に不明瞭な鎬をもつという形態的な特徴を示す。韓国においては刃部に鎬を有するものが両刃石斧，ないものが蛤刃石斧と呼び分けられることもある（徐姈男・裵眞晟 2000）。しかし，太形蛤刃石斧といえるだけの身厚の両刃石斧（下條分類 AIII 類）は弥生時代開始期には存在せず，弥生前期末に厚斧化し出現することから（下條 1985c・1986a・2002b・2014 ほか），本書では「両刃石斧」と呼称する。

（3）対象遺跡と地域区分

　対象とする北部九州地域は，地形では臼杵―八代構造線で区切られる九州の北西部に相当する。現在の行政区画では，福岡県・佐賀県・長崎県・大分県・熊本県の地域である。

　山地・平野・河川などの自然地形条件を基準として，対象地域を以下の 22 の小地域に区分する（図 1-10）。

①壱岐地域：壱岐島を対象とする。現在の行政区画では長崎県壱岐市の範囲である。島の東部に原の辻遺跡，西部にカラカミ遺跡が所在する。

②北松浦・五島地域：現在の行政区画では長崎県平戸市田平町・的山大島，五島市福江町を含む地域である。

③佐世保地域：現在の行政区画では長崎県佐世保市の範囲である。

④東松浦地域：唐津平野および東松浦半島の範囲を指す。現在の行政区画では，佐賀県唐津市一帯の地域である。

⑤糸島地域：糸島平野および糸島半島の範囲を指す。現在の行政区画では，福岡県糸島市・福岡市西区西部の範囲である。今山遺跡は当地域の東部に所在する。

⑥早良平野地域：広義の福岡平野のなかで室見川流域に属する範囲を指す。現在の行政区画では，福岡県福岡市早良区および西区東部の範囲である。

⑦福岡平野地域：福岡平野のなかで那珂川・御笠川流域に属する範囲を指し，二日市地峡帯以北の地域である。現在の行政区画では，福岡県福岡市の一部・春日市・那珂川町・大野

第 1 章　研究の現状と課題　　　　　　　　　　　　　　　29

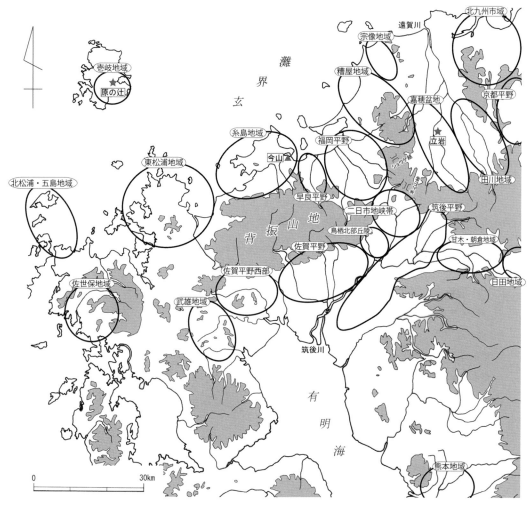

図 1-10　対象地域と地域区分（S＝1/1,000,000）

　　城市・太宰府市・筑紫野市の一部を含む地域である。
⑧糟屋地域：西郷川以南の粕屋平野および多々良川流域の粕屋地域を指す。現在の行政区画
　では，福岡県福岡市東区箱崎・多々良・蒲田・古賀市・糟屋郡新宮町・粕屋町・久山町・
　篠栗町・宇美町・志免町・須恵町を含む地域である。
⑨宗像地域：宗像平野の範囲を指す。現在の行政区画では，福岡県宗像市の地域である。
⑩二日市地峡帯地域：福岡平野と筑後平野をつなぐ，脊振山地と三郡山地に挟まれた地域を
　指す。二日市低地帯とも呼ばれる。現在の行政区画では，筑紫野市の一部・小郡市・朝倉
　郡筑前町の一部を含む地域で，脊振山地から丘陵が派生する。隈・西小田遺跡群，三国丘
　陵遺跡群などが所在し，北部九州で最も遺跡密度が高い地域である。
⑪鳥栖北部丘陵地域：現在の行政区画では，佐賀県鳥栖市・三養基郡基山町の一部を含む地
　域である。

⑫**佐賀平野地域**：佐賀平野の範囲を指し，現在の行政区画では佐賀県三養基郡みやき町・上峰町・神埼郡吉野ヶ里町・神埼市・佐賀市を含む地域である。吉野ヶ里遺跡が所在する。

⑬**佐賀平野西部地域**：佐賀平野のなかで嘉瀬川以西の範囲を指し，現在の行政区画では佐賀県小城市を含む地域である。

⑭**武雄地域**：六角川および塩田川流域の範囲を指す。現在の行政区画では佐賀県武雄市を含む地域である。

⑮**筑後平野地域**：筑後川流域の筑後平野の範囲を指し，現在の行政区画では福岡県三井郡大刀洗町・久留米市・筑後市・八女郡広川町・八女市・大川市・柳川市一帯の地域である。

⑯**甘木・朝倉地域**：筑後川中流域の範囲を指し，現在の行政区画では福岡県朝倉郡筑前町・朝倉市・うきは市を含む地域である。

⑰**日田地域**：日田盆地の範囲を指し，現在の行政区画では大分県日田市を含む地域である。

⑱**嘉穂盆地地域**：現在の行政区画では福岡県宮若市の一部・飯塚市・嘉穂郡桂川町・嘉麻市を含む地域である。立岩遺跡群は当地域の北部，遠賀川右岸の丘陵上に所在する。

⑲**田川地域**：田川盆地の範囲を指し，現在の行政区画では福岡県田川市・田川郡川崎町・香春町・大任町・添田町を含む地域である。

⑳**北九州市域**：現在の行政区画では福岡県北九州市の範囲を指す。

㉑**京都平野地域**：周防灘沿岸の京都平野一帯の範囲を指し，現在の行政区画では福岡県京都郡苅田町・行橋市を含む地域である。

㉒**熊本地域**：熊本平野一帯の範囲を指す。現在の行政区画では熊本県熊本市を含む地域である。

2．方法の検討

（1）分類—型式論

　機能を示すと考えられる法量，形態（平面形態・断面形態・刃部形態など）に基づいて石器の器種を分類する。工具である斧には刃の線（刃線）が柄とほぼ平行する「縦斧」と刃の線が柄とほぼ直交する「横斧」とがある。刃線に直交する断面形をみたとき，両方の刃の面（刃面）が左右相称のものを両刃，非相称のもの片刃と呼ぶ（佐原1994，p. 6）。縦斧には両刃石斧，横斧には片刃石斧が着柄され，それぞれ伐採用，木材加工用の機能が推定される。

　また，石器は型式変化の速度が土器に比べ遅い。したがって石器の型式は土器より相対的に長い時期幅がある。砥石のように時期的にほとんど形態が変化しない器種もあることから，所属時期は遺構出土の土器に基づいて判断する。

（2）製作技術論

　石材を石器の素材としてどのように利用するか，という点に着目して製作技術を分類する。両刃石斧には玄武岩（今山系石斧）などの火成岩系石材，片刃石斧には層灰岩や砂岩ホルンフェルスなどの堆積岩系石材，石庖丁には赤紫色泥岩（立岩系石庖丁）などの堆積岩系石材が

第1章　研究の現状と課題　　31

用いられることが多い。堆積岩の葉理方向や硬度など，使用される石材の特性を加味して製作技術を検討する。

(3) 石材構成

　第3章第2節・第3節・第4節では北部九州の両刃石斧，片刃石斧，石庖丁について，各小地域の使用石材の構成（組成比）を分析する。この方法により，特定の石材製石器の入手形態や流通ルートについて明らかにする。

　ただし，肉眼観察のみでは石器石材の原産地を判断・特定するのが困難な場合が多い。そのため中勇樹のように製作技術を重視する立場（中 2008）も存在するが，この方法では石器器種と使用石材の関係性，すなわち石材利用を捉えることができない。

　しかし，それぞれの石器の組成比のなかで高率あるいは一定の割合を占める今山系石斧や層灰岩製片刃石斧，立岩系石庖丁は肉眼観察でも十分に分別が可能である。なにより今山遺跡と立岩遺跡群は未成品や製作剝片から把握される石器生産の規模が他の石器生産に比べて圧倒的である。ここで今山系石斧，立岩系石庖丁という名称の含意について述べておく。

・今山系石斧

　西北部九州から山陰地域および中国山地にかけて，玄武岩類を主とするアルカリ岩系に属する火山岩類が分布発達している。糸島地域から博多湾にかけては，姫島，芥屋大門，毘沙門山，今山，能古島および玄海島に，鮮新世中期のアルカリ玄武岩類（噴出年代 3.87±0.20〜3.19±0.16Ma，Ma は 100 万年前）が分布している（松本ほか 1992）。そのうち芥屋大門，毘沙門山，今山などにおいて単斜輝石かんらん石玄武岩が岩頸として産出する。すなわち，岩石記載として酷似する玄武岩の原産地が，北部九州地域に複数箇所存在しているのである[17]（図1-11）。そのため，両刃石斧に使用された玄武岩が「今山産」玄武岩であるのかについては，岩石学的・地球科学的な分析手法を用いて原産地同定がなされる必要性がある。しかしながら，近年まで肉眼観察に基づいて，経験的に今山が石斧に使用される玄武岩の原産地として想定されてきた。このような研究現状をふまえ，2004 年能登原孝道は，理化学的分析による原産地同定をおこなったうえで議論を展開することの必要性を喚起した（能登原 2004）。能登原はまず，北部九州地域の各遺跡から出土する玄武岩製両刃石斧に用いられている玄武岩に 2 種類の風化の違いを認め，それぞれ X・Y 玄武岩と仮称し，異なる玄武岩産地があることを示唆した（能登原前掲）。その後，佐賀県神埼市吉野ヶ里遺跡，佐賀県鳥栖市前田遺跡（柚比遺跡群）出土の玄武岩製石斧を蛍光 X 線分析した結果，双方が今山もしくは毘沙門山産出の玄武岩であると結論づけた（能登原 2005）。さらに小畑弘己・角縁進は，波長分散型蛍光 X 線分析装置を用いて分析をおこない，X 玄武岩（小畑・角縁 2005 では黒玄武），Y 玄武岩（同白玄武）

---

17) 1916 年に中山平次郎が，「今津入江を挟みて毘沙門山と対峙せる今山にも亦玄武岩露出部あり」（中山 1916, p. 29）と述べていることからもわかるように，玄武岩の原産地が北部九州地域に複数存在することは古くから知られていた。最新の研究成果によれば，毘沙門山に近い今津貝塚でも今山産玄武岩を用いて石斧生産されていたことが明らかになっている（足立ほか 2017）。

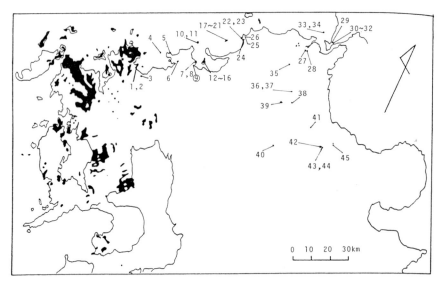

1, 2 Karatsu Oshima（唐津大島）; 3 Karatsu Kagamiyama（唐津鏡山）; 4 Himeshima（姫島）; 5 Keya-nooto（芥屋大門）; 6 Kayasan（可也山）; 7, 8 Bisyamonyama（毘沙門山）; 9 Imayama（今山）; 10, 11 Genkaijima（玄海島）; 12〜16 Noko-no-shima（能古島）; 17〜21 Ai-no-shima（相島）; 22 Tatezaki（楯崎）; 23 Tatezaki, Yakushi-jinjya（楯崎薬師神社）; 24 Togo-koen（東郷公園）; 25 Ikejiri（池尻）; 26 Shiohama（塩浜）; 27 Shiroyama（城山）; 28 Myokensan（妙見山）; 29 Shimonoseki, Hatabu（下関幡生）; 30〜32 Shimonoseki, Kifune（下関貴船）; 33, 34 Mutsurejima（六連島）; 35 Tsurugidake（剣岳）; 36, 37 Ichimuroyama（市室山）; 38 Suribachiyama（摺鉢山）; 39 Usui（臼井）; 40 Doshiyama（土師山）; 41 Kamisawata（上寒田）; 42 Karimatayama SE（雁股山 SE）; 43, 44 Hibaruyama NW（桧原山 NW）; 45 Ayugaeri-no-taki（鮎帰滝）.
Nos. are same Tables 1, 2 and 3.

図 1-11　北部九州地域における玄武岩産地（松本ほか 1992 を一部改変）

がともに微量元素まで今山産玄武岩と一致し，色調の違いは埋没環境の違いに由来するものと評価した（小畑・角縁前掲）。また，今山遺跡の発掘調査においても玄武岩製石斧の色調は一様でないことが指摘されている（米倉編 2005, p. 183）。

近年，田尻義了らは地球科学的高精度分析（全岩化学組成，鉱物化学組成分析）により，今山産玄武岩と近郊の毘沙門山産玄武岩は区別可能であることを明らかにし，X 玄武岩，Y 玄武岩は岩石学的には区分できないことを追認した。また，吉野ヶ里遺跡出土の玄武岩製石斧が今山産玄武岩製であることを初めて検証した（田尻ほか 2013）。

以上みてきたように，弥生時代に石斧に用いられた玄武岩は，埋没環境などに起因すると考えられる色調の差異こそあれ，福岡市西区今山であることの蓋然性は高まっている。本書では，今山産玄武岩を用いて製作されたと考えられる弥生時代の両刃石斧を「今山系石斧」と呼称し，今山遺跡において製作されたものに限定しないで用いることにする。なお最新の研究として，東松浦地域など一部の地域では両刃石斧に今山産ではない玄武岩が少量含まれていることを根拠に，今山系石斧の広域的な流通についての疑義が呈されている（足立ほか 2014）。しかし，これら非今山産の玄武岩を用いた石斧生産の痕跡はまったく認められない。また第 3 章第 1 節で検討する石斧法量の規格性や製作技法との対照から，明らかに小型の玄武岩製両刃石斧については「今山系石斧」に含めない。

・立岩系石庖丁

笠置山産赤紫色泥岩を用いて製作されたと考えられる石庖丁を「立岩系石庖丁」と呼称し，立岩遺跡群において製作されたものに限定しないで用いる。弥生後期以降，立岩遺跡群では居住の痕跡が不明瞭になり，石庖丁生産は終了したとみられる。一方，赤紫色泥岩製石庖丁の未成品が各地域で認められるようになるが，これらも「立岩系石庖丁」に含める。

(4) 使用による法量変化・再加工

石斧類（両刃石斧・片刃石斧）および石庖丁は，刃部が再生されることで使用が継続する利器であり，使用に伴い縮小していく。したがって製作された当初の形態からの変形過程こそが消費形態を示しているといえる。ここで問題となるのは製作完成時の石器の形態をどのように復元するかという点である。

三上徹也は縄文時代の打製石鏃を検討するなかで，全体形のわかるいわゆる「完形品」の多くは製作完成時の形態を示すとは限らず，使用により縮小した結果であることを強調する（三上1990）。筆者は使用において変形しにくい属性（非可変的属性）に着目することで製作完成時の形態を捉えたい。また未成品の法量と製品の法量を比較することで消費形態について検討する。

(5) 分布論

本書では上記の（1）から（4）の内容について分布（空間的現象）を検討する。先行研究では個別の石器の器種，あるいは特定石材製の石器の最大分布範囲のみが提示されることが多かった。しかしこの方法では「分布範囲」の内容や性格について言及できても，どのようなメカニズムで石器が生産・消費されていたのか，そしてどのような変遷をたどったのかなどについて明らかにすることはできない。つまり，分布範囲の内容が等閑視されてしまい，生産・消費についてそれ以上踏み込んだ議論ができないのである。

本書では分布形成のメカニズムを明らかにすることで，石器の生産・消費について考察する。そのために各器種について全体的な数量を提示し，特定の石材製石器の割合を空間的に把握する。この方法により，各地域においてどのように石器が入手されたかを明らかにする。また，どの程度石器が使い込まれたか，あるいは再加工されずに廃棄されたかについて，各地域間で比較することで各石器の道具の体系性のなかでの「価値」を見出し，消費形態について考察する。

3. 理論（用語と理論的枠組みの整理）

(1) 本書で用いる用語の整理

これまでの研究史を振り返ると，石器生産に関する用語の設定が非常に曖昧で混乱を招いていることがわかる。特に「分業」や「専業」という用語は，製作者の歴史的位置づけやその製作者を抱える社会組織のイメージに大きく影響する。また，「専業者」の存否は弥生時代の集

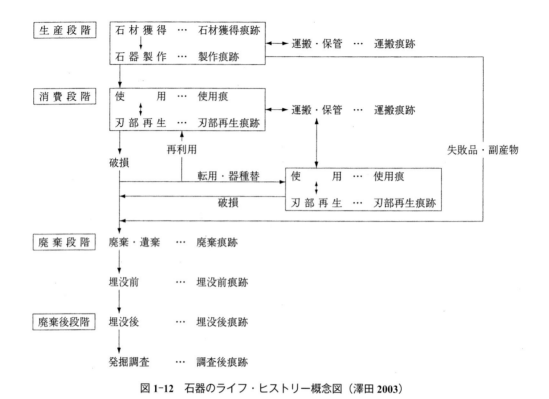

図 1-12　石器のライフ・ヒストリー概念図（澤田 2003）

落を非常に高く評価するいわゆる「弥生都市論」とも関係する重要な課題である。

　本書の各章を横断して鍵となる用語として「生産・消費形態」がある。研究方法，理論的枠組みとも関連するため，まず「生産」，「消費」という用語のそれぞれについてここで定義しておきたい。なお本書で使用する「生産・消費形態」という用語は，M. シファーによる考古資料のライフ・ヒストリー（ライフ・サイクル，あるいは個体史とも呼ばれる）の概念，および澤田敦（2003）による石器研究への応用のための整理（図 1-12）を念頭に置いている。シファーは，原材獲得（Procurement）段階，製作（Manufacture）段階，使用（Use）段階，廃棄（Discard）段階という耐久財のフローモデルを提示した。また，各段階には使用から再び製作段階に戻るリサイクル（Recycling）や一つの単位の使用が終了した後に別の活動に使用される転用（Lateral cycling）が介在していると指摘した（Schiffer 1972）。本書で「生産・消費形態」という場合はこうした石器のライフ・ヒストリーの全体的なパターンを示す。

・生産

　石器が製作され道具として完成するまでの間を生産段階とする。刃部を再生することにより石器の形態が変化するという視点に立てば，石器の未成品（製作途中でなんらかの理由により廃棄あるいは製作が中断したもの）と完成品を単純に想定することは困難であるが，石器の最初の使用を指標として石器がひとまず完成したものとみなし，それ以前を生産段階として定義する。また石斧や石包丁で研磨されていないものは（実際には使用が可能であっても）製作途

中とみなし，未成品とする。なお再加工や転用などは次に述べる消費段階に含める。

・消費

消費とは生産と対になる経済的な概念であるが，本書では石器が使用されはじめてから廃棄されるまでの間を消費段階とする。この段階では石器の使用そのものを含め，着柄，刃部再生，破損した石器の補修，器種替え，転用などの行為が繰り返されていることが予想される。また，このほかにも運搬，埋納，一時保管など直接の使用とは関わらない行為が介在していたことも考えられ，循環的で非常に複雑な段階である（澤田 2003, p. 45）。

なお土器のライフ・ヒストリー研究では，生産段階と廃棄段階の間に流通段階が設定されているが（川畑 1999），これは生産地（須恵器窯）と消費地が明確に区別され，両者の間での土器の流通が研究の対象となっているためである。一方，本書で対象とする磨製石器では，未成品の形態で移動し消費地で仕上げられ完成する場合なども想定されることから，流通と生産・消費とを段階的に区分することは非常に困難である。したがって「流通」という用語は，先行研究の引用や完成品の入手が確実視される状況に限って注意深く用いることにする。

・分業・共同体

分業とは本来，「労働の分割」を意味する。伊藤眞によれば，生産工程を複数に分割する「技術的分業」と，労働の社会的役割をいう「社会的分業」の二者があり，文化人類学の分野では主に後者の意味で用いられる（伊藤 1987）。本書でも特にことわらない限り「社会的分業」の意味で分業という用語を用いる。

水田稲作の導入は狩猟採集とは異なり，労働力投下の時間を日常的にも季節の上でも限定し，労働部門の専門化を著しく促進させた。また，石材原産地，植生環境などによって，土器・石器・木製品などの日常必需品の生産は集落によって個性をもっていたと考えられている（森岡 2002, pp. 167-168）。

弥生時代を対象とした分業に関する考古学的研究で，現在まで大きな影響力をもつのは都出比呂志による共同体内分業・共同体間分業という分類とその解釈であろう。

都出は水田稲作農耕の開始以来，農業を経営する生産と消費の基本単位である「農業共同体」が分業を考えるうえでの単位になると考え，それを奈良時代の「国—郡—郷」制の「郷」にあたる規模と推定した。さらに，分業の変遷には3つの画期があるとし，弥生中期～後期の段階には，共同体内分業を基礎としつつ，一部で共同体間分業をおこなう状況が生まれ，4世紀後半の共同体間分業の発達を経て，6世紀半ばには従属型の分業を突き崩す動きが出てくるとした。

都出は「農業共同体」の概念をマルクスから借用したとし，水利灌漑の協業を基礎とする「共同体」と数棟の住居の群集に示される小集団「世帯共同体」との関係（小経営単位[18]）が，

18）近藤義郎が岡山県津山市沼遺跡を例としてあげた，住居跡5軒，作業小屋，高床倉庫という考古学的に観察される集落の構成を経営・消費の単位として「単位集団」と呼称したものと概念的には同じであり，モルガンやエンゲルスらのマルクス主義の用語体系あるいは新進化主義人類学の親族概念ではない（田中[良] 2000）。

マルクスの「農業共同体」に近いとみる（都出 1989）。

しかしマルクスのいう「農業共同体」は『ザスーリチへの手紙草稿』（1881 年）で提唱されたものであり，土地の共同所有から私的所有への過渡期に出現するものである。これは「家屋と菜園を私有し，分割地耕作と成果の私的占有をおこなう家族が，耕地の共有主体である共同体と対立する段階の共同体」であり，原始共同体の解体過程にある歴史的な概念である。個々の住居が家屋と菜園をもち私的占有の主体となる状態は，弥生時代には未成立であったとみられること[19]から，都出のいう「共同体」の内容を適用することはできないと考える[20]。

ただし「共同体」のような複数の集落により構成されたと想定される上位の地域単位について，その設定のための明瞭かつ客観的基準を考古学的に設定することは非常に難しいのも事実である。本書では「共同体」を「集落群」と認識し，「複数集落によって構成される一定の広域的かつ協同的まとまり」（溝口 2008, p. 76）とひとまず定義しておきたい。

また，集団の概念としてもう一つ重要なのは，集落を構成する複数の居住集団同士を結びつけ関連づける，協同的機能や目的をもつ非居住集団（ソダリティ sodalities）の存在である（サーヴィス 1971 [松園訳 1979]）。弥生時代の個々の集落を構成する複数の居住集団は，それぞれこれらの集落を横断して存在するソダリティの分節 segments と考えられる（溝口 2008, p. 79）。このソダリティ分節は「クラン clans」的な，ある種の出自集団である可能性が高く，これらは通例，外婚の単位であるとともに財や権利の継承単位としても機能する性質のものである。

• 専業

一般に Specialist は専門家と訳されることが多い。田尻義了は，日常生活を営む多くの成員が一般に有している技術とは異なり，専門知識を有し特殊で高度な技術をもつ人々のことをスペシャリスト（Specialist ＝専門家）と定義している（田尻 2012）。本書では，石器の製作は青銅器や鉄器の製作ほど特殊で高度な製作技術を有していたとはいえないものの，その製作に長けているという点で「製作者」という名称を使用する。

ここで「専業」という用語は生業における従事度合・従事時間を示す概念として使用し，フルタイム（恒常的）なものに限定して用いる。松木武彦による整理によれば，専業とは「特定物資・器物の生産の集中，すなわち，社会のなかのある人びとが，特定の資源や器物をなかば排他的かつ継続的に産出すること」であり，考古学では「食料生産から距離を置いて各々の生産またはサーヴィスを行う状況を指すことが多い」ものである（松木 2004）。なお「専業」の逆の概念として「兼業」があげられ，これはパートタイム（随時的）である（岩永 2002）。以

---

19) 田中良之による研究によれば，このような在り方は 5 世紀後半から 6 世紀に成立したと考えられる（田中良 1995, pp. 239-241）。

20) 都出が弥生時代における「農業共同体」の成立を必要とした理論的な要請としては，古墳時代が国家ならばその直前の弥生時代に「農業共同体」が必要だが，マルクスのいう「農業共同体」は弥生時代にはありえないため，環濠あるいは世帯共同体を複数含むまとまり，すなわち「小経営単位」の地域的結合というまったく別の概念を，「農業共同体」として強引に設定せざるをえなかったためとされる（岩永 2013, p. 119）。

上の内容をまとめると農耕をはじめとする生業からの手工業・商業の分離が考古学でいう「専業」に相当し，特殊で高度な製作技術を有するかどうかはその条件に含まれない。また「農閑期分業」（広瀬 1997）という用語は，季節的な集中生産であり「専業」の概念として妥当でない。初期農村は農工未分離が常態であったとみられ，各種器物の生産者がそれぞれ農民と区別された「専業」者であった保証がなければならないからである（岩永 2013, p. 121）。

　さて，近年の欧米における「専業」に関する議論では，器物の専門的な生産の多様性やその生産体制の変遷を重要視して，様々な分類が試みられているようである。西秋良宏は，「専業」を狭く定義した場合，その条件を満たす状況は一定以上の複雑さをもつ社会にしか現れない可能性があることを指摘し，「専業がみせる様々な側面を検討するには，最初からあまり狭く定義しないのが得策」と述べる（西秋 2000）。しかしこのように「専業」を広く定義すると，かえって通時的な変化の考察や地域間の比較を困難にするとみられ，無理に概念の拡張を図らずに，あくまでも食料生産からの分離をもとに定義すべきと考える。

（2）理論的枠組み

　ここで最後に，本書の理論的な立場・視点をまとめる。具体的には次章以降で検討する石器生産・消費形態の通時的な分析の結果が，どのような社会変化の一側面を示したものであるのか，といった問題に関する理論的立場についてである。以下では近年までの弥生時代の社会イメージ，社会の内部構造や変化のメカニズムを説明するための一般理論について概観する。

　本書では，主に新進化主義人類学による社会進化の考え方とシステム論（Clarke 1978）を採用して議論する。新進化主義は 1960 年代に E. サーヴィスらにより提示された社会進化に関する理論的枠組みで，生物・有機体進化との類比により社会統合の複雑化を説明する。複雑性を統合する手段に注目して社会発展の段階を区分する。

　社会の一般進化の在り方としてバンド社会→部族社会→首長制社会→国家（サーヴィス 1971［松園訳 1979]）という過程が示されている。部族社会では汎部族的ソダリティー（非居住集団）によりいくつかのバンド的社会を一つに統合し，首長制社会になると特殊化，再分配およびそれに関連した権威の中央集中化により部族社会が統合される。

　ただし近年の新進化主義の議論では，再分配経済が首長制社会の必須条件ではなくなっている，とされる（三好 2013, p. 12）。しかし「首長」の権力の経済的基盤は物資の再分配者としての役割にあり，階層・地位が親族制度の脈絡のなかに翻訳されている，という。

　ところで弥生時代に明確化しはじめる支配者層について，日本考古学では一般的に「首長」と呼称されてきた。「首長」とは，居住形態や墓制に反映される特定個人の傑出を認める際，その個人に対して用いられる作業上の述語で，前述した新進化主義人類学や古代史学の用語体系とは異なるものである。溝口孝司は，マルクス主義的発展段階論を基礎に創出された「首長」という言葉を用いることには否定的で，首長＝チーフとリーダーは識別する必要があることを指摘する。そして，旧石器時代にも獲得的地位に基づくリーダーは存在するのに対し，チーフは系譜（擬制的なものを含む）の明確な血縁集団を単位とするなかで，生得的に階層上

位に位置づけられることを強調する（溝口 2006）。

　こうした議論を念頭に置き，本書でいう「首長」は新進化主義人類学の用語体系である首長制社会（chiefdoms）のそれであり，リネージ（リネージ分節）を単位として階層化した血縁集団の上位者を指すものとする。

第2章

朝鮮半島南部における石器生産・消費形態と弥生社会への影響

　本章では朝鮮半島南部の青銅器時代における石器の生産と消費形態について，木材加工斧である柱状片刃石斧の型式学的検討，法量の分析，未成品の分布状況の検討によって明らかにする。なお本章では第1章第4節で取り上げた「問題点2」について検討する。

第1節　本章の課題

本章では以下の3点について検討する。

①朝鮮半島南部，特に嶺南地域の青銅器時代における石器生産・消費形態が不明であり，第3章で検討する北部九州地域におけるそれとの比較ができない。また，弥生時代開始期には朝鮮半島南部からの製品（完成品）の搬入も想定され，弥生時代の石器生産・消費を検討するうえで朝鮮半島南部との比較は重要な課題である。

②片刃石斧の編年研究として裵眞晟（2001・2013）のものがあるが，石斧の生産・消費の側面との関係性や地域性の発現，系統などについては言及されていない。また，庄田慎矢（2009b）と大島隆之（2003）により朝鮮半島南部の各地域における有溝石斧の出現時期は示されているが，その変化の過程や背景については依然不明である。

③弥生時代開始期前後における片刃石斧のなかに朝鮮半島南部から搬入されたと考えられるものがある。片刃石斧の型式学的な系統関係を検討したうえで，これらが列島の在来文化に与えた影響について考察する。

第2節　柱状片刃石斧の分類と編年

1. 資料と方法

（1）対象資料

　朝鮮半島南部の嶺南地域，洛東江中流域および南江・黄江流域の青銅器時代の集落遺跡29遺跡出土の柱状片刃石斧157点，有溝石斧61点を対象とする（図2-1・2-2）。当地域を対象とするのは，近年の発掘調査の進展により資料の蓄積が最も進んでいる地域の一つであることによる。また当地域は松菊里文化（類型）の範囲であり，続孔列文土器群が分布する嶺東地域や検丹里類型（李秀鴻2012）が分布する蔚山地域に比べ，地域間の時期的な併行関係が捉えやす

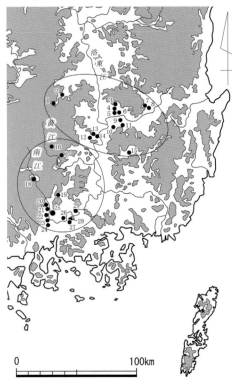
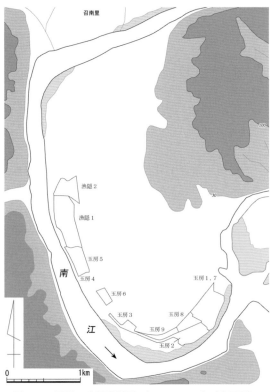

洛東江中流域： 1 智佐里　2 松竹里　3 東湖洞
4 東川洞　5 梅川洞　6 西邊洞　7 新聞里
8 東江里　9 大鳳里　10 上仁洞　11 上洞
12 快賓里　13 鳳坪里　14 大興里　15 陳羅里
南江・黄江流域： 16 陽平里　17 大也里　18 梅村里
19 馬双里　20 沙月里　21 召南里　22 下村里
23 上村里　24 本村里　25 大坪里　26 平居
27 耳谷里　28 三谷里　29 草田

図 2-1　朝鮮半島南部の対象遺跡と地域区分
　　　　（S＝1/3,000,000）

図 2-2　晋州・大坪里遺跡（S＝1/50,000）（高旻延・Bale 2008 より改変引用）

い。さらに，弥生時代開始期（弥生早期）に列島にもたらされる朝鮮半島南部に由来する文化要素は，朝鮮半島南部の各地域から個別的に導入される在り方ではなく，それぞれが密接に関係しあって南江流域や金海地域にかけての地域から北部九州地域に導入されたと考えられている（端野 2009）[1]。このことからも弥生時代の北部九州と比較するうえで重要な地域といえる。

柱状片刃石斧を対象資料として扱うのは，農耕社会の展開過程と木工活動が密接に関連するものと予想されること（孫晙鎬 2006；裵眞晟 2014），また分析において資料数が確保できるとともに形態的にバリエーションがあり，系統性を把握するための情報が他の器種に比べ多いなどの点があげられる。他の石器器種による型式学的検討は困難だと考えられる。

---

1) ただし端野晋平は，南江流域・金海地域以外の地域の間が没交流であったとは主張していない点に注意しておく。

（2）分析方法

本節の分析は以下の手順でおこなう。
①柱状片刃石斧の分類単位を設定し，分類単位間の関係性を把握する。
②土器とは異なり，住居跡などの同一の遺構から基準一括資料として複数の柱状片刃石斧・有溝石斧が出土することはきわめて稀である。したがって本節では分析の結果を，対比可能な小地域単位で編年をおこなっている庄田慎矢の編年案（庄田2009b）を参照し，柱状片刃石斧・有溝石斧の編年と段階設定の妥当性を検証する。
③片刃石斧の時期的変遷の背景について，石斧生産・消費形態の側面から考察する。

2．柱状片刃石斧の分類

柱状片刃石斧・有溝石斧を型式学的に分類し系統関係を把握するために，使用に伴う変形の影響（佐原1994参照）を受けにくい属性を主に取り上げる。まず，対象資料を抉入部（柄に固定するために設置された溝）の有無により柱状片刃石斧（抉入部のないもの）と有溝石斧に二大別する。

ただしここで斧柄との関係において注意が必要である。柱状片刃石斧は直柄（柄孔）への着柄，有溝石斧は膝柄（斧台へ穿たれた装着溝）へ緊縛することによる着柄であり，斧柄を含め

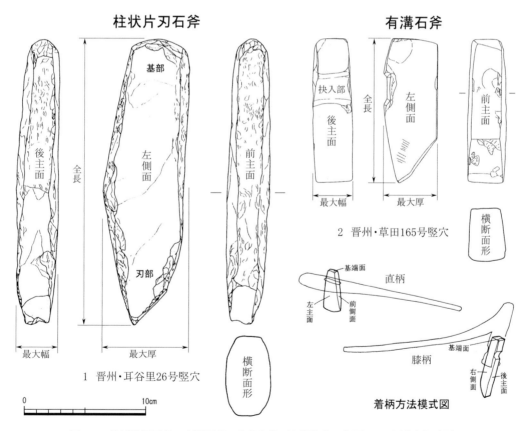

図 2-3　柱状片刃石斧・有溝石斧の各部名称（各報告書・佐原 1994 より改変引用）

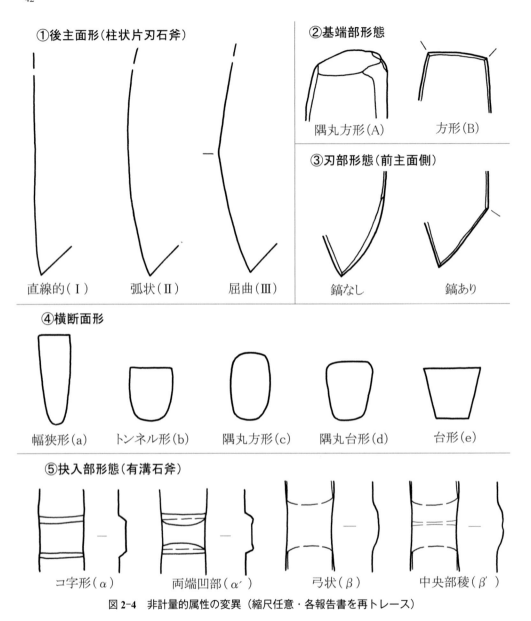

図 2-4 非計量的属性の変異（縮尺任意・各報告書を再トレース）

表 2-1-1　後主面形×基端部形態

		①後主面形		
		I	II	III
②基端部形態	A	10	32	13
	B			

表 2-1-2　後主面形×刃部形態

		①後主面形		
		I	II	III
③刃部形態	鎬なし	14	20	8
	鎬あり	7	28	6

表 2-1-3　後主面形×横断面形

		①後主面形		
		I	II	III
④横断面形	a	9	7	1
	b	8	8	1
	c	12	29	13
	d		3	1
	e			

第2章　朝鮮半島南部における石器生産・消費形態と弥生社会への影響　　43

て考えると構造的に差異がある（図2-3右下）。このことから柱状片刃石斧と有溝石斧を先験的に同一の形式（型式学的組列の一単位）とみなすことは問題があると考える。したがって，柱状片刃石斧と有溝石斧についてそれぞれの時期的変遷を別個に検討したい。

　属性については①後主面形[2)]（石斧を側面からみたときの刃部側の面の形状），②基端部の形態，③刃部の形態（前主面側の鎬の有無），④横断面形の各属性間の関係をみる（図2-4・表2-1）。後主面形に関しては基部から刃部までが直線的なもの（I）→弧状を描くもの（II）→屈曲するもの（III）という形態変化があり，全長の小型化と相関することが裵眞晟により示されている（裵眞晟2001, p. 36）。属性間の関係をみると後主面形が最も多くの属性と相関することから，この傾向性はおおむね妥当と考える。

　非常に漸移的だが，後主面形と横断面形に緩やかな相関関係が認められる（表2-1-3）。すなわち横断面形・幅狭形（a）は後主面形（I）・（II），隅丸方形（c）は後主面形（III）と相関する。ここでは後主面形を基準として柱状片刃石斧I類，II類，III類に分類する。

3. 有溝石斧の分類

　次に有溝石斧について②基端部形態，③刃部形態，④横断面形，⑤抉入部形態の各属性間の

表2-2-1　基端部形態×刃部形態

		②基端部形態 B	A
③刃部形態	鎬あり	8	14
	鎬なし	1	1

表2-2-2　基端部形態×横断面形

		②基端部形態 B	A
④横断面形	e	23	1
	d	1	15
	c	1	6
	b		3
	a		

表2-2-3　基端部形態×抉入部形態

		②基端部形態 B	A
⑤抉入部形態	α	10	
	α′	8	
	β	6	22
	β′		3

表2-2-4　刃部形態×横断面形

		③刃部形態 鎬あり	鎬なし
④横断面形	e	11	1
	d	12	
	c	2	
	b	1	1
	a		

表2-2-5　刃部形態×抉入部形態

		③刃部形態 鎬あり	鎬なし
⑤抉入部形態	α	5	
	α′		1
	β	15	1
	β′	2	

表2-2-6　抉入部形態×横断面形

		⑤抉入部形態 α	α′	β	β′
④横断面形	e	10	8	5	
	d			17	2
	c			7	1
	b			4	
	a				

表2-3　抉入部形態の地域差

	⑤抉入部形態 α	α′	β	β′
洛東江中流域			13	3
南江・黄江流域	10	8	20	

2) 斧の部分名称は佐原真の論考に従う（佐原1994, p. 8）（図2-3）。

関係をみる(表2-2)。下條信行(2002a)は日本列島における有溝石斧の分析結果との対比に基づき,形態が通時的に弛緩化することを示している。

基端部形態と横断面形(表2-2-2),基端部形態と抉入部形態(表2-2-3),抉入部形態と横断面形(表2-2-6)が相関している。以上から,有溝石斧Ia類(抉入部形態α・横断面形e),有溝石斧Ib類(抉入部形態α'・横断面形e),有溝石斧II類(抉入部形態$\beta・\beta'$)に分類する。器面が平坦面により構成される規格的な形態から,弛緩した形態への変化がみられる。

4.編年・段階設定

住居跡の形態や共伴する土器の編年(庄田 2009b;裵眞晟 2013)を参照して,片刃石斧の型式変化の妥当性を検証する。

まず,青銅器時代前期中葉(庄田編年IIA期,可楽洞式段階)に柱状片刃石斧I類が出現する。本章の対象地域では泗川・本村里遺跡ナ6号住居跡出土のものが最も古い資料である(図2-7-2)。これは柱状片刃石斧の破損後に扁平片刃石斧に転用されたものと考えられる[3]。したがって本来の形状は不明であるが,側面形が曲線を描くこと(後主面形I)から柱状片刃石

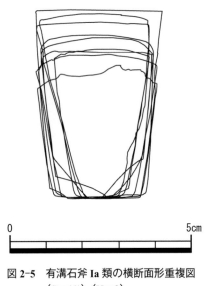

図2-5 有溝石斧Ia類の横断面形重複図
(S=1/1)(N=9)

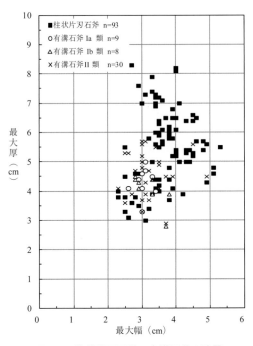

図2-6 柱状片刃石斧・有溝石斧の法量

---

[3] 葉理に沿って剥離していることから,柱状片刃石斧の製作技術の特徴である「縦目系」で製作されたといえる。

第 2 章　朝鮮半島南部における石器生産・消費形態と弥生社会への影響　　　45

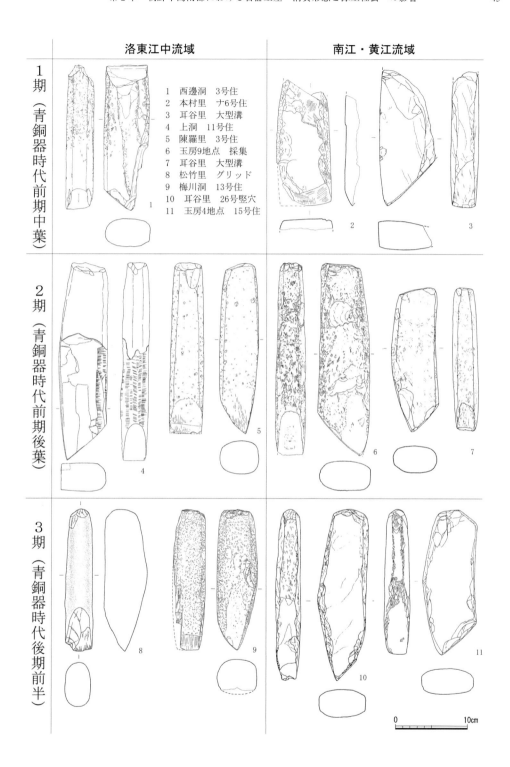

図 2-7　柱状片刃石斧の形態変遷（S＝1/5）

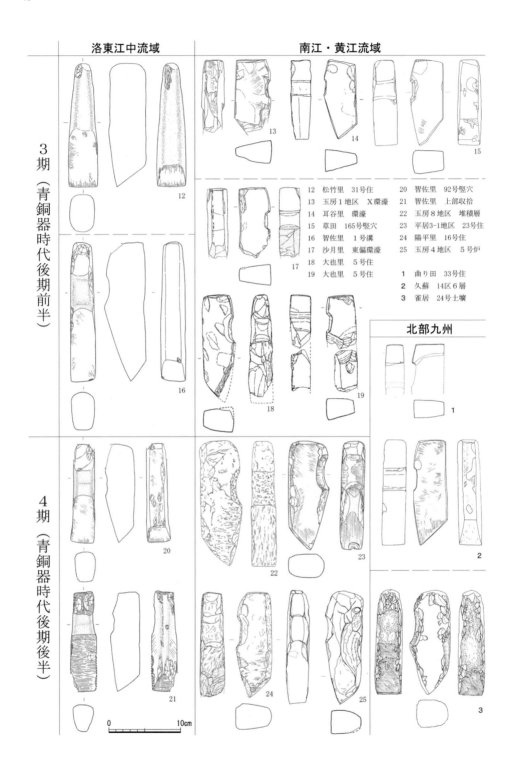

図 2-8　有溝石斧の形態変遷（S＝1/5）

斧I類とみられる。

　柱状片刃石斧II類は青銅器時代前期後葉（欣岩里式・駅三洞式段階），柱状片刃石斧III類は青銅器時代後期前半（先松菊里式段階）にやや多い傾向にある。青銅器時代後期前半は有溝石斧が出現する段階であり，柱状片刃石斧III類と併存している。有溝石斧Ia類は柱状片刃石斧と比較して法量が規格的であることが特徴である（図2-5・2-6）。

　以上をまとめ，片刃石斧の各型式（緩やかな分類単位）の出現時点を基準として大まかに段階を設定すると，嶺南1期（柱状片刃石斧I類の出現），嶺南2期（柱状片刃石斧II類の出現），嶺南3期（有溝石斧I類の出現），嶺南4期（有溝石斧II類の出現）となる（図2-7・2-8）。ただし各時期に前時期から継続する片刃石斧が併存しており，数量的には漸移的な変遷をたどったといえる。

第3節　柱状片刃石斧生産の展開

1.　嶺南1・2期

　前節の柱状片刃石斧と有溝石斧の分類と編年の結果に基づいて，片刃石斧生産の時期的変遷について検討する。

　柱状片刃石斧と有溝石斧のそれぞれを分類した結果，南江・黄江流域において嶺南3期（青銅器時代後期前半）に出現する有溝石斧Ia類は非常に法量が規格的で，それ以前の柱状片刃石斧III類からは型式組列として継続しないことが明らかになった。当地域における有溝石斧の出現過程は複雑であるためただちに判断できないが，型式組列が連続しないことから嶺南3期になって他地域，特に忠清道地域などからの文化的影響（松菊里文化の拡がり）により有溝石斧が出現したと考えたい。

　柱状片刃石斧の石材には泥岩ホルンフェルス[4]が主に用いられ，石材の葉理方向は刃部に直交する「縦目」（中2008参照）で占められる。柱状片刃石斧は，洛東江中流域，南江・黄江流域ともに敲打成形を多用することにより横断面形が丸みを帯びた未成品が多い（図2-11-2〜9）。柱状片刃石斧の未成品が出土した遺跡は20遺跡中12遺跡（60%）であり，有溝石斧の未成品が出土した遺跡が限定的であるのと対照的である（図2-9・2-10）。黄昌漢によれば，琴湖江流域の遺跡（大邱・梅川洞遺跡，西邊洞遺跡など）では河川周辺で石器素材の粗割を行い，粗割した素材を集落に持ち込み集落内で製品化されたと考えられている（黄昌漢2011）。このような各集落近郊の河川流域を単位とした個別的な石斧製作が，柱状片刃石斧の法量や形態の多様性に影響を与えたと考えられる。

　4）黄昌漢によればホルンフェルスは大邱，高霊，蔚山地域で多く認められる石材である（黄昌漢2011）。

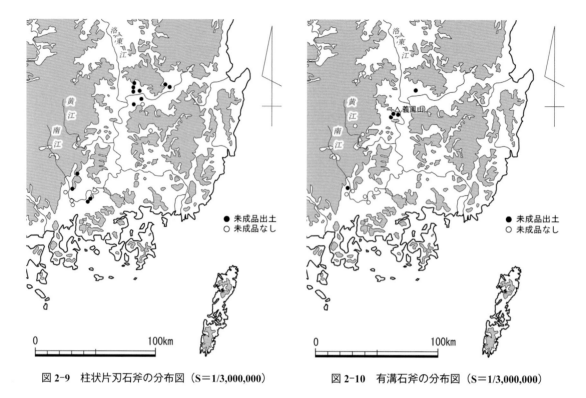

図 2-9 柱状片刃石斧の分布図（S＝1/3,000,000）　　　図 2-10 有溝石斧の分布図（S＝1/3,000,000）

2. 嶺南 3・4 期

　嶺南 3 期以降に出現する有溝石斧は，その未成品が出土する遺跡が激減する一方，高霊・義鳳山周辺のホルンフェルスを用いた石器生産が盛行する（高霊・快賓里遺跡，鳳坪里遺跡，大興里遺跡）（図 2-11）。居住域から離れた石材原産地近郊に大規模な石器製作址が出現し，石器製作の集約化が認められる。ただし単一の遺跡に限定されないことから，石材原産地は複数の集団により共同的に利用されていたと考えられる。

　有溝石斧 Ia 類は灰白色を呈するシルト質の流紋岩など，泥岩ホルンフェルスに比べ緻密な石材が主に使用されている。また石材の葉理方向が左右どちらかの側面に平行するものが多く，柱状片刃石斧とは異なる製作技法で製作されている。さらに有溝石斧 Ia 類は法量が非常に規格的である。このような石斧法量の規格性の高さは，斧柄の装着溝の深さや形状の均一性と連動するとみられ，共通の斧柄への着柄を前提とする製品（完成品）の流通を示している。広域的に石斧の法量が統一化していることは，第 3 章第 1 節で検討する II 期における北部九州の今山系石斧の生産の在り方と類似しており興味深い。

　南江・黄江流域の石器製作址は不明な点が多いが，山清・召南里遺跡[5]やハンピン遺跡[6]で

---

[5]）新羅大学校博物館の蔡奎敦先生の御厚意により，一部の出土遺物について資料調査をおこなった。
[6]）慶尚大学校博物館の宋永鎮先生の御教示による。

第 2 章　朝鮮半島南部における石器生産・消費形態と弥生社会への影響

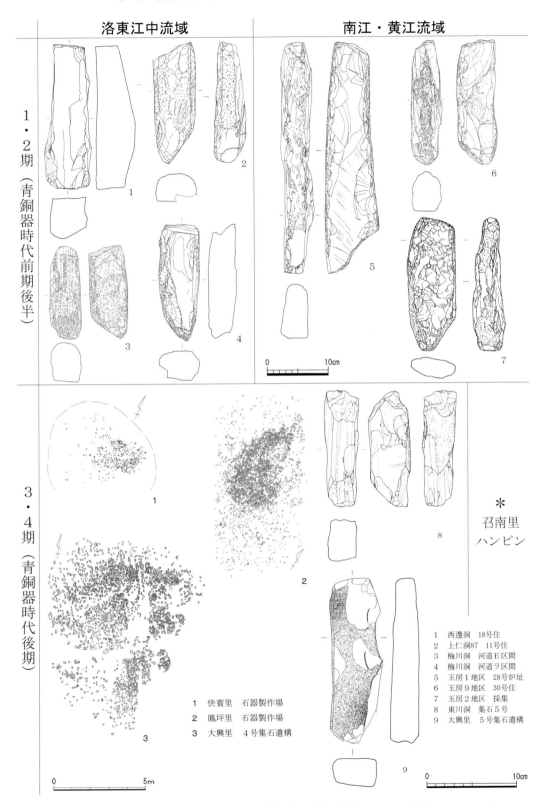

図 2-11　朝鮮半島南部・嶺南地域における石斧生産の変遷（遺構 S＝1/200，石器 S＝1/6・1/4）

50

も有溝石斧や磨製石剣などの未成品が認められ，比較的大規模な石器生産遺跡とみられる。

　これらのことから，嶺南1・2期は各集落での自給的な片刃石斧の生産と消費，嶺南3期以降は石材原産地近郊での大量生産と製品（完成品）の流通が想定される。嶺南3期は石器生産システムの側面において画期として捉えられる。

第4節　弥生時代開始期前後における片刃石斧の流入

1．資料と方法

（1）対象資料

　本節では片刃石斧のうち後主面に抉入部をもたない柱状片刃石斧（以下，無抉柱状片刃石斧と呼称）と大型扁平片刃石斧を検討する。これらの石器は列島の在来文化に存在せず，また弥生時代以降に定着しない器種である。対象として取り上げるのは，福岡市雀居遺跡第10次調査出土の無抉柱状片刃石斧（図2-12・資料1），佐賀県唐津市大江前遺跡出土の無抉柱状片刃石斧（図2-12・資料2），福岡県中間市砂山遺跡採集の大型扁平片刃石斧（図2-14・資料3）の3例である[7]。

（2）分析方法

　分析は以下の手順で行う。①まず対象とする列島の片刃石斧の出土状況を確認する。②次に片刃石斧の形態的特徴を把握する。③前節で検討した朝鮮半島南部の青銅器時代の類例との比較から，列島の片刃石斧の型式学的な系統関係と時期について考察する。以下，3例について具体的にみていく。

2．片刃石斧の具体例

（1）雀居遺跡の無抉柱状片刃石斧（図2-12・資料1）

　雀居遺跡は福岡市博多区大字雀居に所在する。福岡平野を北流する御笠川の右岸に位置し，標高は現況で6.5m前後である。遺構は標高4.5〜5mのシルト質土の沖積微高地上に分布する。資料1は第10次調査第II面で出土した。伴出した土器の時期幅は大きいものの，主体となるのは夜臼IIa式〜板付I式期と考えられる。灰白色の色調を呈する頁岩製で最大長15.2cm，最大幅2.8cm，最大厚4.8cm，重量281gを測る。基端部は欠損しているものの後主面が強く外湾し，後主面は基部側まで平坦に研磨されている。後主面中央の左側面側に敲打痕状の

　7）本節で扱う資料のほかに，佐賀県唐津市菜畑遺跡8層（縄文晩期後半〜弥生前期前葉）から無抉柱状片刃石斧が出土している。これは後主面に段をもつもので，型式学的に抉入柱状片刃石斧への過渡的なものと評価できる（下條2002）。他方，列島における大型扁平片刃石斧の類例として福岡県糟屋郡篠栗町西浦池表採のものがある。西拓巳と藤島志考は弥生時代と青銅器時代における扁平片刃石斧の法量，製作技法の比較に基づいて，青銅器時代早期〜前期前半（渼沙里式・可楽洞式）に朝鮮半島南部で製作された可能性を指摘している（西・藤島2010）。

第 2 章　朝鮮半島南部における石器生産・消費形態と弥生社会への影響　　51

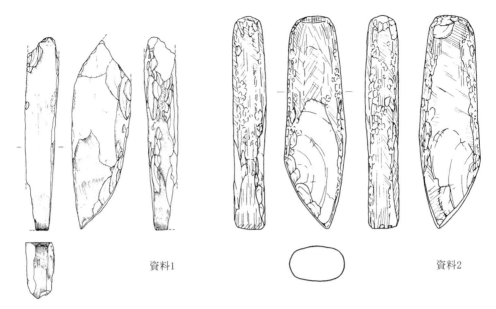

図 2-12　福岡市雀居遺跡・唐津市大江前遺跡の無抉柱状片刃石斧（S＝1/3）

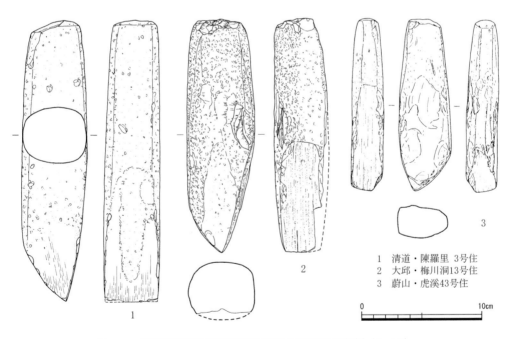

1　清道・陳羅里 3号住
2　大邱・梅川洞13号住
3　蔚山・虎溪43号住

図 2-13　朝鮮半島南部青銅器時代の柱状片刃石斧の類例（S＝1/3）

部分がみられ，緊縛時の使用痕と考えられる。横断面形は幅狭のトンネル形を呈し，前主面は剥離痕が多数認められる。刃部は右側面側が欠損しているが，刃こぼれや摩耗が認められないことから使用に伴うものではないと考えられる。

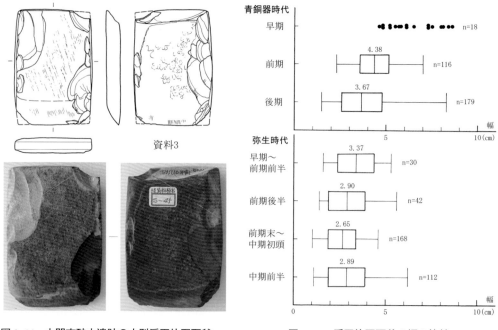

図 2-14　中間市砂山遺跡の大型扁平片刃石斧
　　　　（S＝1/3）

図 2-15　扁平片刃石斧の幅の比較

(2) 大江前遺跡の無抉柱状片刃石斧（図 2-12・資料 2）

　大江前遺跡は佐賀県唐津市浜玉町大江に所在する。浜玉町を流れる玉島川の下流左岸に位置し，玉島川からは約 600m 離れる。通称目貫山から北西に延びる丘陵の裾部の低地部，標高約 3〜5m の現水田部に位置する。資料 2 は 2 区包含層で出土した。2 区は遺物量が少ないことから所属時期は不明であるが，2 区に隣接する 3・4 区の溝 SD01，SD02，SD03 は出土土器より縄文晩期末〜弥生初頭に掘削されたのち弥生前期前半までに埋没したとみられることから，これに近い時期と考える。ホルンフェルス製で最大長 16.6cm，最大幅 2.7cm，最大厚 5.1cm，重量 361g を測る。後主面が緩やかに外湾し中央部でやや屈曲する。全体的に研磨が粗く，刃部側の両側面に剥離痕，両主面の基部および側面との境に敲打痕が認められる。横断面形は隅丸長方形を呈する。

(3) 砂山遺跡の大型扁平片刃石斧（図 2-14・中村修 1990）

　砂山遺跡は福岡県中間市垣生大字砂山に位置する。資料 3 は遠賀川河床で採集されたものである。当遺跡では縄文後期後半から弥生中期頃までの遺物が大量に採集されており，出土状況からは資料 3 の所属時期を限定することはできない。しかしながら採集遺物には縄文晩期〜弥生早期の土器（黒川式・夜臼式）が比較的多く認められる。最大長 9.1cm，最大幅 6.4cm，最大厚 1.2cm を測る。黒灰色の色調を呈する頁岩ホルンフェルス製である。側辺は平行であり，研磨により平坦に仕上げられている。刃縁は直線的で鋭利であり刃こぼれはみられない。刃面はやや丸みを帯び，刃部の稜線（鎬）は不明瞭である。製作技法は石材の葉理方向が刃部に平

行する「横目取り」（中 2008）である。前主面に自然面が残存し，後主面には敲打痕が多数認められる。左右両側辺に大小の不連続的な剝離痕が複数認められるが，幅の縮小を意図した再加工痕の可能性がある。

3. 朝鮮半島南部青銅器時代の類例との比較

　次に，以上の片刃石斧について先行研究を参照しつつ朝鮮半島南部の青銅器時代の資料と比較し，型式学的な系統関係と時期的な位置づけについて検討する。比較する片刃石斧の属性は形態（平面形・断面形），法量，製作技法，使用石材である。

（1）無抉柱状片刃石斧（図 2-13）

　前節の柱状片刃石斧の分類と裵眞晟による無抉柱状片刃石斧の編年研究（裵眞晟 2001・2013）を参照し，朝鮮半島南部の類例を提示する。

　資料 1 は後主面が外湾している点に着目すると柱状片刃石斧 II 類（図 2-13-1）に該当し，嶺南 2 期（青銅器時代前期後半）に属する。小型であることは型式学的に新しい傾向を示しており，後主面が明瞭に屈曲する柱状片刃石斧 III 類（図 2-13-2）への過渡期と考えられる。ただし，半島南部の柱状片刃石斧より後主面の外湾の度合いが非常に強く幅も狭いことから，北部九州において形態の改変が加えられた可能性がある。

　資料 2 も後主面が外湾していることから柱状片刃石斧 II 類に該当する。後主面の基部側に敲打痕が残存し，研磨された部分との境が明瞭なものは柱状片刃石斧 II 類のなかでも型式学的に新しいとされる。資料 2 は法量や刃部の形態は異なるものの，後主面や基端部の形態，横断面形などは蔚山・虎溪遺跡例（図 2-13-3）に類似する。嶺南 2 期（青銅器時代前期後半）に属すると考えられる。

（2）大型扁平片刃石斧（図 2-16）

　全眞賢による南江流域の扁平片刃石斧に関する研究（全眞賢 2012）を参照し，類例を提示する。扁平片刃石斧のなかで平面形が方形を呈するものは，青銅器時代早期（渼沙里式）に出現し前期前半（可楽洞式）まで認められるとされる。また，この段階の扁平片刃石斧は刃部の平面形が弧状になるものが多い。朝鮮半島南部の大型扁平片刃石斧の使用石材は非常に多様であるが，筆者の観察によると資料 3 に用いられているホルンフェルスは泗川・本村里遺跡例（図2-16-4），晋州・大坪里遺跡漁隠 1 地区例（図 2-16-5）の使用石材に類似し，製作技法も同一である。したがって資料 3 は青銅器時代早・前期に朝鮮半島南部で製作され北部九州に搬入されたものと考える。

　このことは扁平片刃石斧の法量分析によっても裏付けられる。図 2-15 は朝鮮半島青銅器時代，北部九州の弥生時代における扁平片刃石斧の最大幅について，箱ひげ図を用いて通時的に比較したものである。青銅器時代早期から前期，後期へと時期を経るに従い次第に幅が狭くなる傾向がみてとれる。北部九州でも弥生早期から前期後半，前期末へと幅が狭くなる。最大幅

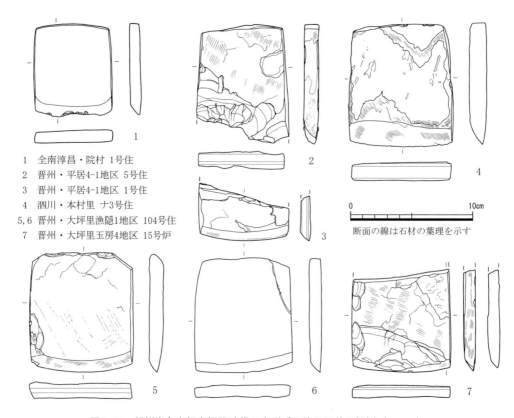

図 2-16　朝鮮半島南部青銅器時代の大型扁平片刃石斧の類例（S＝1/3）

6.4cm を測る資料 3 は，法量の通時的な傾向においても列島外からの搬入品であったことを支持し，相対的な割合を重視するならば青銅器時代早・前期に朝鮮半島南部で製作されたものである可能性が高いといえる。

4. 弥生時代開始期前後における片刃石斧の流入の背景

　本節では北部九州出土の無抉柱状片刃石斧，大型扁平片刃石斧について型式学的な系統関係を検討し，資料の時期的な位置づけについて議論した。いずれの事例も土器の共伴関係や出土状況からは所属時期を詳細に把握することはできないが，片刃石斧の形態は青銅器時代前期後半以前のものに系譜が求められることが明らかになった。この時期は，青銅器時代と弥生時代の併行関係からみれば縄文後期末～晩期中葉（広田式・黒川式期）に併行する（武末 2004；宮本 2009a）。

　ところで，縄文晩期中葉（黒川式期）に属する北九州市貫川遺跡出土の石庖丁は，厚さや孔径の点で，朝鮮半島南部の前期無文土器文化の石庖丁にはない列島の独自性が認められることが端野晋平により指摘されている（端野 2008）。本節で検討した 2 種の片刃石斧についても，半島の片刃石斧と形態的な差異が認められることは，貫川遺跡出土の石庖丁と同様，在地的な改変と文化要素の受容にあたっての「試行性」の存在を示唆するものといえよう。

また，2種の片刃石斧が共に列島において非常に少量の出土であり，北部九州という限定された地域でのみ出土している点も看過できない。この傾向性は今後も大きく変わることはないと考えるが，青銅器時代早・前期の時期における朝鮮半島南部からの影響は在来文化の道具体系を大きく揺るがす内容のものではなく，散発的かつ限定的なものであったことを端的に示している。

第5節　朝鮮半島南部における農耕文化の展開と石器生産

1.　朝鮮半島南部における有溝石斧出現の意義

嶺南地域において柱状片刃石斧は各集落単位で製作されていたとみられる一方，未成品が出土する遺跡数が少ない有溝石斧は，石材原産地近郊の遺跡において大量に製作され製品（完成品）として流通した。柱状片刃石斧と有溝石斧とではその生産システムが異なっていたといえ，嶺南3期になって新たに石材原産地が開発された可能性もある。

柱状片刃石斧1・2類は全面を敲打成形したのち刃面および刃部側面などの一部のみを研磨したもの（機能する部分のみの研磨）で占められる。一方，有溝石斧は器面全体を研磨したもので占められる。このように木工具としての石斧の機能に影響しない全面への丁寧な研磨は，石斧の付加価値を高めたといえる。有溝石斧の出現は松菊里文化の伝幡という側面のみでなく，石斧の生産システム，分業化の進展も示しているといえる。

2.　石斧生産遺跡の類型化

前節までの分析結果をもとに，嶺南地域における片刃石斧の生産遺跡を類型化する。
①自給型：集落全体で自家消費用に石斧を生産する。集落を構成する各住居跡から少量の石斧未成品（石器全体の約20％）や製作工具である敲石が出土する。
②原産地近郊型：石材原産地に比較的隣接する。未成品が石器全体の半数程度を占める。小地域内で複数の製作址をもつ場合がある。
③重点生産型（原産地直下型）：石材原産地に隣接する。未成品が80％以上を占める。生産量は膨大で，製品（高品質で規格性が高い）は近隣の集落のみではなく，数十km～100kmを超える広域に分布する。

嶺南1期は多くの遺跡で柱状片刃石斧の未成品が認められることから，自給型の石斧生産であったといえる。青銅器時代の嶺南地域の石斧生産は自給型から開始し，共同体を越える製品の流通はなかった。この類型では石斧の使用石材および形態は多様である。遺跡周辺の石材が用いられ，便宜的に製作されたことが形態の多様性に影響を与えたといえる。また，石斧製作者と消費者は同一人物ないし居住集団などの近しい関係であったと推定される。

嶺南2期になると原産地近郊型の石斧生産遺跡が出現する。琴湖江流域の大邱・梅川洞遺跡，西邊洞遺跡など，河川流域を生産・消費の単位として複数の石斧生産遺跡が認められる。

梅川洞遺跡では石斧のほか木製品なども製作されており，石器生産のみをおこなう遺跡は認められない。大邱地域では石斧の使用石材はホルンフェルスに統一化しているが，形態は比較的多様である。共同体，小地域を単位とした石斧の生産・消費であったといえる。

嶺南3期は，重点生産型の石斧生産（洛東江流域では高霊・義鳳山周辺の遺跡群，南江・黄江流域では山清・召南里遺跡やハンピン遺跡など）が出現する段階である。この段階になると石器生産のみをおこなう遺跡が認められる。初期鉄器時代になると，このような重点生産型の傾向はより強くなり，大邱・燕岩山遺跡で大量に片刃石斧類が製作されるようになる。また，各集落において石斧未成品はほとんどみられなくなる。

石斧生産遺跡の各類型は同時併存せず，自給型，原産地近郊型，重点生産型へと通時的に推移した。嶺南3期における重点生産型の出現は有溝石斧の出現と同時期であり，松菊里文化の影響によって石斧の生産・消費システムも変化した可能性がある。

このように，集落ごとの個別的な生産（嶺南1期）から河川流域を単位とした生産・消費（嶺南2期），製品の広域的な流通と地域内における生産遺跡の特定化（嶺南3期）と変遷する状況は，青銅器時代の嶺南地域内部における分業化の進展を示している。生産と消費が空間的に次第に分離していく過程と言い換えることができる。

3. 弥生時代開始期前後における片刃石斧の流入と弥生文化への影響

第4節では北部九州出土の無抉柱状片刃石斧と大型扁平片刃石斧について検討した。2種の片刃石斧は共に列島において非常に少量であり，在来文化の道具体系を揺るがすものでなかったことを指摘した。弥生時代開始期前後においては，道具のみが半島南部から伝播しており，それを体系的に生み出すシステム（石器生産・消費システム）は移転しなかったといえる。

第3章

弥生時代北部九州における石器生産と消費形態

本章では，弥生時代の北部九州地域における石器の生産・消費形態について，木工具である両刃石斧・片刃石斧，収穫具である石庖丁を対象として検討する。

第1節　両刃石斧の生産

福岡市西区に所在する今山遺跡は，弥生時代における玄武岩製両刃石斧の大規模な製作遺跡として著名である。弥生時代の前半期における道具製作の「集約化」を表す証左として古くから注目されており（中山 1916），今山遺跡の歴史的位置づけをめぐる研究は枚挙に暇がない。水田の維持や可耕地開発，木器製作に際して必要となる日常的な道具である石斧が，どのように製作されていたのかについて，「専業」や「分業」という用語を媒介として弥生時代の社会像を復元するうえで重要な論点となっている（森岡 2002 など）。先行研究では，石斧製作者の専業的性格が強調される傾向にあり，背後にある弥生時代の前半期における社会の成層化・複雑化過程を説明する根拠とされている（下條 1975a など）。

本節では，今山遺跡における両刃石斧の製作についての研究史上の論点，特に製作者の位置づけについて製作技法と規格性の観点から検討し，今山遺跡をめぐる社会的状況について考察したい。

1. 本節の課題

第1章でみたように，今山系石斧の製作者の捉え方には，大きく二つの立場がある。一つは下條信行（1975a・1975b・1989）らが主張する，「専業的石斧製作者集団」の存在を積極的に肯定する立場である（以下，専業的製作者説と呼称）。もう一つは田辺昭三（1980）や近藤義郎（1983）が主張する，今山が複数の集団により共同的に利用されていた[1]とする立場である（以下，今山共同利用説と呼称）。この二つの立場は著しく対照的であり，描かれる社会像はそれぞれ異なるものとなるが，現在においても未検証である。

専業的製作者説の立場では，今山系石斧の製作技術や形態の均質性を重要視して把握し，両

---

1) 慣行的に一定の集団で共同利用されている山林原野などを「入会地」と呼ぶことから，先史時代の石材原産地の共同利用について言及する際にも「入会地」の用語が使用されることがある。ただし，入会地利用の基本的な単位は「村」であり，厳密には日本における近世以降の概念（田村 2003）であるため本書では使用しない。

刃石斧が，「可成複雑で誰にでも簡単に作れるものではない」（渡部ﾖほか1936, p. 185：ルビは筆者）ものであるとする。一方，今山共同利用説では，石斧製作の専門性を比較的低く評価する。二つの説の差異は今山系石斧の製作技術や形態がどの程度均質であるのか，時期的にどのように変遷したのかという点の評価に起因するものと考えられる。

これまで先行研究においては，石斧未成品の製作工程は重視されてきたが[2]，製作技法に関する検討は低調である。特に，中山平次郎（1932）や下條（1975b）が言及する今山系石斧における製作技法の認定は，分類基準が明確でないため実際の出土資料に基づいて形態を比較することが難しい状況である。さらに，石斧形態の規格性[3]についても法量など客観的なデータに基づいた具体的な分析が皆無であることから，今山系石斧の製作者をめぐる二つの立場は，未検証の仮説といえる。

本節では，まず石斧未成品の横断面形に着目して製作技法を分類し，製作技法の出現頻度や未成品の法量について検討する。そのうえで各地域出土の石斧完成品について法量の規格性を検討し，それらがどの程度の地域的変異をもって存在しているのかを明らかにすることを通じて，今山系石斧の生産に関するモデル化をおこなう。

2. 資料と方法

(1) 対象資料

今山遺跡出土石斧未成品141点（折尾編1981；米倉編2005）[4]，北部九州地域出土の今山系石斧1,760点[5]を対象とする。時期はI～III期（弥生早期から中期後半）を対象とする。

(2) 分析方法
・製作技術的分析の方法

製作技術的分析として，石斧未成品および完成品の横断面形を比較し分類する。まず，今山遺跡における石斧未成品に認められる剥離痕，敲打痕といった製作痕跡をもとに，石斧製作過程における製作技法を抽出しパターン化する。そして，今山系石斧完成品について製作技法の採用の在り方を地域別に比較する。

---

2) 発掘調査報告書で石斧未成品を報告する際の便宜的な分類基準として，製作工程が意識されていると考えられる。

3) C. コスティンによれば，製作物の規格性は製作者の意図的なものと機械的（無意識的）なものに分けられ，社会的変異，機能や技術，環境条件，製作過程などに応じてその発現に差異がみられるという（Costin 2001）。本節では，石斧のサイズが製作者の志向性に起因する意図的なものとして扱う。また，製作物の規格性の高さと生産システムの内容は本来相対的な関係，すなわち規格性が高くても生産システムとしては専門性が低い状況なども想定されるため，通時的な変化を重視して評価する。このような観点は，弥生土器の規格化の問題について民族誌の状況をふまえて検討している長友朋子の論文（長友2009）を参照した。

4) 今山遺跡はこれまで8次にわたる発掘調査がおこなわれており，他にも石斧未成品は存在する。しかしながら未報告資料が多いため，本節では今山遺跡第3次，第8次調査出土のものを対象資料とする。なお，これまでに報告されている今山遺跡出土の石斧未成品は382点存在し，未報告資料，表面採集資料などを含めると約1,000点にのぼる。

・法量の規格性に関する分析の方法

今山系石斧の規格性について，製作時から大きく変化していない可能性が高い最大幅，最大厚の属性をもとに検討する（寺前2001；板倉2006）[6]。法量の規格性が通時的に高まる場合，石斧製作は集約化されたとみることが可能である（下條1975b・2003）。しかしながら，法量の規格性や平均値が地域ごとに異なっているのか，あるいは共通するのかといったことも検討することで，石材原産地である今山がどの程度共同的に利用されていたのかといった論点について明らかにすることが可能になると考える。

（3）石斧生産のモデルと検証のための条件

第1章で述べた研究史の検討から，今山遺跡での両刃石斧の生産は以下の二つにモデル化される[7]。

モデルⅰ：石材原産地（今山）において，特定の製作者により石斧が製作された（下條1975b・1989）。すなわち，専業的製作者説である。

モデルⅱ：各地域から構成員が石材原産地（今山）に出向き，各地域の構成員により石斧が製作された（田辺1980；近藤1983）。すなわち，今山共同利用説である。

検証のための条件：モデルⅰであれば，各地域間で今山系石斧の形態に有意な差異は認めら

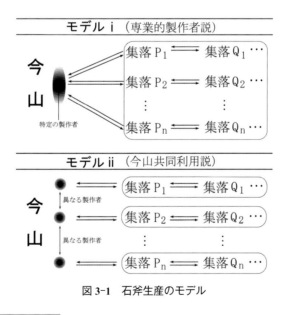

図3-1　石斧生産のモデル

5）資料は欠損していることが通常であり，幅は判断できるが厚さが判断できないなど，個体ごとに有している属性の量や状態は異なる。そのためここでは，判断可能な属性単位で数量を算出している。また，地域別に法量を比較する場合は，比較的安定して出土している地域（約10点以上）を対象に検討した。

6）長さや重量などの属性は，石斧刃部の破損・摩滅後の剝離再生・研ぎ直しにより縮小するため（佐原1994），製作時の形態を示さない。

7）これらのモデルは単純化して示しており，実態はより複雑であったと予想される。

れず，各地域を横断して規格性が高い状況が認められるはずである。一方，モデルiiであれば，各地域間で今山系石斧の形態に有意な差異が認められるはずである（図3-1）。本節では，製作技法の採用の在り方と法量の規格性をもとに地域間の形態変異を把握し，石斧生産のモデルを検証する。

3. 今山系石斧の製作

(1) 今山系石斧の製作技法

製作技法について，今山遺跡出土石斧未成品の横断面形をもとに分類する。石斧未成品のうち敲打の施されていないものを除いた141点を対象に検討した。敲打が施されているものに限定するのは，敲打の作業面の選択が石斧未成品の横断面形として表れ，さらに以下に述べるように製作技法の差として認定可能である，といった理由による。石斧未成品はすべて玄武岩製である。現在のところ肉眼観察では今山産玄武岩か毘沙門山産玄武岩かは判断することができないものの，最新の地球科学的な研究成果（足立ほか2017）をふまえると，毘沙門山産玄武岩が用いられた可能性はきわめて低い[8]。

さて，今山系石斧の製作技法は，敲打痕の残置の状況，剥離の方向と横断面形を基準として以下の3パターンに明瞭に分類できる。

製作技法Aパターンは，石斧製作工程として敲打作業（敲打工程）に重点を置いた製作技法として捉えられる。敲打を多用することによって横断面形が楕円形で，身厚の石斧が製作さ

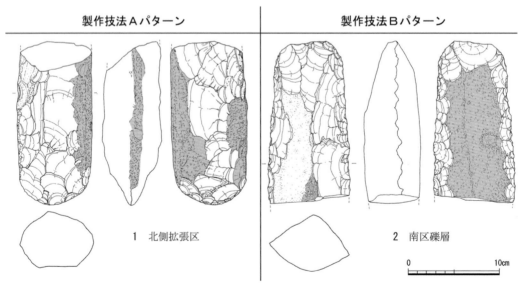

図3-2 今山系石斧の製作技法分類（S＝1/4）

---

8) 立地環境からみても今山遺跡で毘沙門山産玄武岩製の石斧未成品が出土する可能性はきわめて低いと考えられる。なぜなら今山と毘沙門山との間には古今津湾が湾入しているからである（図3-15参照）。原石あるいは粗割した素材を今山まで運搬して石斧を製作したことは考えづらい。

第 3 章　弥生時代北部九州における石器生産と消費形態　　61

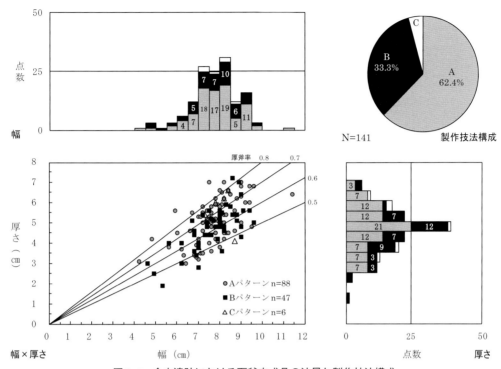

図 3-3　今山遺跡における石斧未成品の法量と製作技法構成

れている。石斧表面に不定方向の大きな剝離痕が残置している。製作技法 B パターン[9]は，石斧製作工程として剝離作業（打裂工程）に重点を置いた製作技法として捉えられる。石斧側辺部からの剝離調整を多用することで，横断面形は凸レンズ状（菱形）を呈する。交互剝離痕が側面に多数残置する（図 3-2）。製作技法 C パターンは，製作技法 A パターンと B パターンの双方が混在しているもので，側辺の片側に剝離調整，もう一方の側には敲打が施されているものである。

　これらの製作技法のパターンは製作工程上の差ではなく，また製作技法 A パターンののち B パターンへ移行する，あるいはその逆などの製作過程は想定できない[10]。

　今山遺跡においては，石斧未成品の所属時期を決定する遺構や共伴する土器の情報がきわめて乏しいため，製作技法の時期的変遷を把握することが難しい。そのため，まず石斧未成品全体で製作技法の出現頻度をみる。

　製作技法 A パターンは 88 点（62.4％），製作技法 B パターンは 47 点（33.3％）で，製作技法 A パターンが主体を占めている。製作技法 C パターンはほとんどみられない。このことは，

9）下條信行が「菱形技法」と呼ぶ石斧製作技法である（下條 2014）。
10）九州大学大学院における演習発表（2007 年 12 月 20 日）で，素材形状の差により製作技法に差異が生じている可能性について九州大学総合研究博物館の岩永省三先生より御指摘を受けた。ただし筆者による今山系石斧未成品の観察によれば，円礫素材であっても製作技法 A パターン，B パターン双方が存在するため，素材形状以外の要因が複合していると考える。

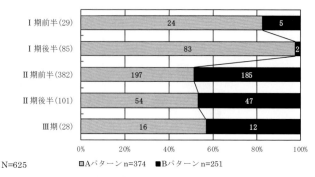

図3-4　今山系石斧製作技法の時期的変遷

敲打作業中の欠損率が非常に高いこと（折尾編1981, p.61）に関係しているものと考えられる。

次に製作技法別に法量についてみると，製作技法Aパターンの未成品は厚斧率（最大厚／最大幅）0.7前後に集中する一方，Bパターンのものは厚斧率0.6前後に集中している。このことから，製作技法Bパターンによるものは製作技法Aパターンのものより形態的に若干薄手の傾向を示しているといえる。ただし両者とも法量の変異が大きい（図3-3）。

前述したように，今山遺跡の出土状況からは石斧未成品の所属時期が不明瞭である。そのため共伴する遺物から時期が判断可能な，北部九州各地域における今山系石斧完成品を時期的に把握したい。これまで述べてきた製作技法の特徴は横断面形に最も反映されるため，今山遺跡出土の石斧未成品のみではなく各地域における完成品においても，一定程度製作技法の峻別が可能である。

図3-4は北部九州地域出土の今山系石斧625点について，製作技法の出現頻度を時期別にみたものである。Ⅰ期前半の時期においても製作技法Bパターンは存在するが，Ⅰ期後半まで製作技法Aパターンが主体である。Ⅰ期後半においては，製作技法Bパターンは2点（2.4％）ときわめて少量である。Ⅱ期前半において，製作技法Bパターンは増加し，185点（48.4％）存在する。ただし，製作技法Aパターンも197点（51.6％）存在するため，出現頻度としては製作技法Aパターン，Bパターンそれぞれが約半数ずつみられることがわかる。Ⅱ期後半以降，石斧の数量自体は減少するが，製作技法AパターンとBパターンの構成比はほとんど変化していない。なお製作技法Cパターンの完成品は全時期を通じて認められない。

以上から，今山系石斧の製作技法として製作技法Aパターン，BパターンはⅠ期前半からそれぞれ存在するもののAパターンがⅠ期後半までは主体であり，Ⅱ期前半以降にBパターンが急増し約半数を占めるようになった，とまとめることができる。

製作技法別に今山系石斧完成品の法量についてみると，製作技法Aパターン，Bパターンともに厚斧率0.5から0.7の範囲に分布しおおむね形態は一致している。したがって，製作技法の差異によって石斧の法量が著しく異なるという傾向は認められない。しかし，幅の標準偏差が製作技法Aパターンは0.662であるのに対し，Bパターンでは0.515，厚さの標準偏差が

第 3 章　弥生時代北部九州における石器生産と消費形態　　63

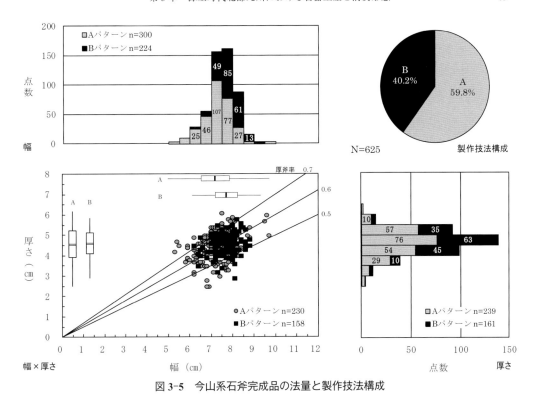

図 3-5　今山系石斧完成品の法量と製作技法構成

0.637 に対し 0.493 と，製作技法 B パターンの方が明らかに小さい（図 3-5）。このことから，製作技法 A パターンに比べ B パターンの方が法量的に均質であるといえる。

石斧未成品の法量は，破損・破断などの製作中の事故により，製作者が「製作を放棄した段階」の法量を示すため，変異が大きいとみられる（図 3-3）。一方，完成品では幅 7～8cm，厚さ 4～5cm に明瞭なピークが認められる（図 3-5）。したがって，製作過程においては様々な揺らぎを内包しているものの，完成品の法量はかなり均質であったといえる。

(2) 各地域における製作技法の出現頻度

次に，時期別・地域別に今山系石斧の製作技法の構成についてみる。

I 期においては，製作技法 A パターンが全地域で圧倒的多数を占めており，製作技法 B パターンはきわめて僅少である（図 3-6）。しかし II 期においては，各地域で製作技法 B パターンが増加する。佐賀平野地域や北松浦・五島地域など今山遺跡から遠く離れた地域においても製作技法 B パターンが一定量含まれており，地域を横断して認められるのである（図 3-7）。

さらに，II 期以降の各地域出土の今山系石斧にみられる製作技法は，製作技法 A パターン，B パターンのそれぞれが混在している状況を示しており，特定の地域から隣接する地域に向かい比率が減少する，といった製作技法上の地理勾配は認められない。また，特定の地域にのみ分布するような排他的な存在でもない。したがって，I 期から II 期への製作技法構成の変化

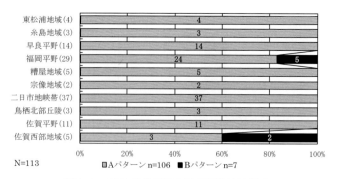

図 3-6　I 期の各地域における製作技法構成

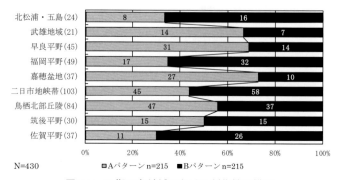

図 3-7　II 期の各地域における製作技法構成

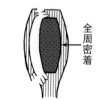

もし広い面もしっかりと固定すると，柄は壊れてしまう．

斧身のせまい側面だけが，しっかり固定するような孔をあけた．

図 3-8　石斧着柄方法（佐原 1994）

は，製作地である今山における製作状況の変化を示しているといえる．今山遺跡における石斧未成品の分析からは時期認定が困難であるため不明瞭であるが，消費地である北部九州各地域出土の今山系石斧完成品の製作技法に関する検討から，II 期以降に製作技法 B パターンが汎地域的に増加したことが理解できる．

(3) 製作技法の差異の評価

ところで，今山系石斧を含む弥生時代の両刃石斧が直柄縦斧に着柄されていたことは，着柄状態で出土した資料の存在から明らかである（第 4 章第 3 節）．佐原真は，直柄縦斧への石斧の着柄方法には「全周（全面）密着」と「前後密着」の二者があり，それが機能差の反映であるとしている（佐原 1994, pp. 85-86）．全周密着は装着孔の内面に斧身が密着するのに対し，前後密着は斧身の両側縁と表面の一部が接着するが表面は隙間をもつ．両者の差異は，斧としての使用時に受ける衝撃の度合いに関係しており，全周密

第 3 章　弥生時代北部九州における石器生産と消費形態　　　　　　　　　　　65

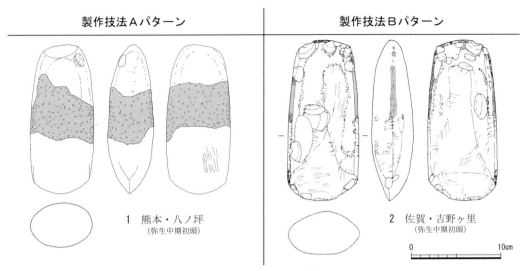

図 3-9　今山系石斧完成品にみられる着柄痕跡（S＝1/4）

着はより大きな衝撃を斧柄全体に受けるため強い打撃使用に不適であるのに対し，前後密着は衝撃をすべて受けずに隙間から拡散されるため強い打撃使用に適する，という機能差である（図 3-8）。佐原は，実際の着柄資料から弥生時代の直柄縦斧のほとんどが全周密着であると想定している（佐原前掲, pp. 86-88）。

　このような観点で今山系石斧の製作技法を今一度みてみると，製作技法Aパターンによるものは全周密着で，Bパターンによるものは前後密着の着柄方法であった可能性が想定される。これは以下を根拠とする。

　北部九州における弥生前期後半以降に属する斧柄（縦斧I類）の装着孔の形態は，14例すべてが楕円形を呈している（第4章第3節）。このような装着孔に斧身を装着する場合，製作技法Aパターンのものは横断面形が楕円形であり，形態が装着孔と相似的であるため全周密着になる。他方，製作技法Bパターンのものは横断面形が凸レンズ状（菱形）であるため，装着孔に斧身の側縁部と表面の一部しか接しない。したがって前後密着になる[11]。

　また，今山系石斧の完形品には，使用状況を表すと考えられる着柄痕跡が部分的に残っているものがある。製作技法別にみると，製作技法Aパターンのものは表裏主面に帯状の着柄痕跡が全周していることから，装着孔の内面に斧身全周が密着していたと想定される。一方，製作技法Bパターンのものは，石斧側縁部にのみ敲打痕状の着柄痕跡が残置しており，主面には認められないことから，斧身両側縁は斧柄と接着するが表面は隙間を持っていたことが想定される（図 3-9）。

11）着柄された状態の今山系石斧の出土例はないが，大分市下郡桑苗遺跡で出土した着柄状態の両刃石斧（石材不明，横断面形は楕円形）は，全周密着で石斧身には帯状の着柄痕跡が残置している（高橋編 1992）。

（4）小結

　以上のように斧柄の装着孔および石斧表面に残置した着柄痕跡の検討から，製作技法Ａパターンによるものは全周密着，Ｂパターンによるものは前後密着であった可能性は高いと考える。II期以降，製作技法Ｂパターンの今山系石斧が増加している現象は，着柄方法に関する機能の強化としても捉えることができる。

　製作技法Ａパターンが II 期以降も約半数を占めていることは注意される[12]。しかし，各地域において製作技法Ｂパターンが急増している点に着目するならば，後述するように今山系石斧の形態が均質化することもふまえると，今山遺跡において石斧製作に長けた「特定の製作者」によって今山系石斧の製作がおこなわれていたことが想定できる。

4. 北部九州における在地系石斧製作 —— 五徳畑ケ田遺跡を対象として ——

　五徳畑ケ田遺跡は，田川地域の北側，香春岳西南部に位置し，香春岳から派生する五徳川左岸の台地上，標高約 30m の地点に立地する。住居跡 101 軒，土坑 256 基前後，貯蔵穴 54 基，溝状遺構 6 条，甕棺墓 6 基，土坑墓 15 基，石棺墓 1 基が検出された。時期は II 期（弥生前期末から中期前半）を中心とする（野村編 2001・2002）。凝灰質砂岩を用いた両刃石斧未成品が 67 点出土しており，田川地域を中心とした在地系石斧の製作址として注目される。北部九州では今山系石斧・高槻型石斧を除く在地系石斧の存在については，これまでほとんど着目されてこなかった。ここでは，五徳畑ケ田遺跡出土の石斧未成品の分析を通して，在地系石斧の製作の実態を明らかにしたい。

・分析

　五徳畑ケ田遺跡では，凝灰質砂岩製の石斧未成品が 67 点出土しており，同石材製の研磨が施された完成品が 17 点出土している。他石材製の完成品を含め両刃石斧，石斧未成品は全体で 109 点出土している。

　敲打が施されたものおよび完成品 75 点の法量をみると，今山遺跡における石斧未成品と比較して変異が大きいことがわかる（図 3-11）。また，石斧形態として厚手で，厚斧率 0.7 から 0.8 が 27 点（36.0％）存在している。製作技法Ａパターンによる今山系石斧の厚斧率の平均値は 0.630 であったが，五徳畑ケ田遺跡の凝灰質砂岩製石斧・石斧未成品は 0.712 であり，厚いことがわかる（図 3-11）。さらに製作技法についてみると，同じ火成岩系石材でありながら今山系石斧でみられた製作技法Ｂパターンは皆無であり，すべて製作技法Ａパターンにより製作されている。

　前述したように五徳畑ケ田遺跡における石斧石材の構成からは，今山系石斧は存在せず，高槻型石斧も 6 点（4.7％）ときわめて少量であることが確認される（図 3-10）。本章第 2 節で述べるように，弥生前期末から中期初頭は今山系石斧の出土量が最も多量な時期であり，北部九

12）製作技法ＡパターンとＢパターンが共存する現象については，今山遺跡において製作地点ごとに製作技法に差異がみられること（井澤編 1984）に関連するものと予想される。今後，今山遺跡を含め古今津湾沿岸部の各遺跡における資料蓄積を待ってあらためて検討したい。

第 3 章　弥生時代北部九州における石器生産と消費形態　　　　　　　　　　　67

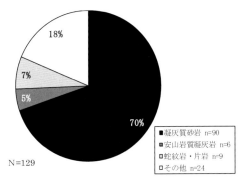

図 3-10　五徳畑ケ田遺跡の両刃石斧の石材構成

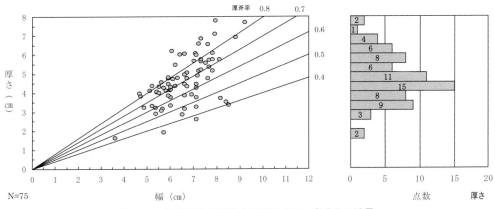

図 3-11　五徳畑ケ田遺跡の石斧未成品・完成品の法量

州の各地域は両刃石斧を今山系石斧に依存している。五徳畑ケ田遺跡が所在する田川地域においても，添田町庄原遺跡で全両刃石斧 8 点のうち 5 点が今山系石斧である（岩本編 1997）。このようにみると，当該期に在地の石材を用いて石斧製作がおこなわれている五徳畑ケ田遺跡の状況は特異である。また石斧製作技術が，製作技法 A パターンのみで構成されている点も以下の観点から重要であると考えられる。

　石斧製作者は，可能な限り製作過程での破損（特に石斧中央部の破断）を減らしつつ，消費者の需要・要求に沿う形態の石斧製作を志向していたと考えられる。したがって，破損を避けるためには石斧の外側に圧力を逃がしながら剥離作業をおこない，最低限の敲打作業により石斧を整形する必要がある。このような作業は今山系石斧においてみられる製作技法 B パターンに相当する。

　一方，石斧内側に加圧される敲打作業は破損する危険性が高いため，石斧素材が安定的に得られる状況（石材環境・社会環境）でなければこの作業を多用することはないと考えられる。製作技法 A パターンは石斧表面全体を連続的に敲打することで成形・整形する技法であり，製作中に破損するリスクは製作技法 B パターンに比べ高いといえる。五徳畑ケ田遺跡では製作技法 A パターンのみで構成されていることから，石斧素材が安定的に入手できる状況に

あったことが提起されよう。

5. 今山系石斧の規格性の検討

（1）法量の時期的変遷

　法量の変異から，今山系石斧の規格性について検討する。最大幅，最大厚の計測値をもとに
要約統計量を算出し，箱ひげ図を作成した。図 3-12 は今山系石斧の法量の時期的変遷をみた
ものである。幅，厚さともに時期的に数値が大きくなっている。これは今山系石斧の形態が幅
広く，身厚に変化したことを示している。また，幅の標準偏差が 0.828 から 0.691，厚さが
0.745 から 0.639 にそれぞれⅠ期からⅡ期へと通時的に減少していることから，規格性が高
まったと評価できる。

　このような法量の規格性の高さは研究史においても言及されてきたが（下條 1975b・2003），
本章で課題としているように，地域を横断するように石斧形態に規格性があり地域間の変異変
動が小さい場合と，地域ごとに法量的な差異がみられる場合では評価が異なってくる。以下で
は，北部九州の地域ごとに法量の変異を比較する。

（2）法量の地域間比較

　図 3-13 は今山系石斧の幅の変異を地域間で比較したものである。Ⅰ期では早良平野地域と
福岡平野地域，二日市地峡帯地域とで平均値の差異がみられる。早良平野地域は福岡平野地
域，二日市地峡帯地域に比べ石斧の幅が狭く，変異変動も大きいことがわかる。さらにそれぞ
れの地域間で法量に有意な差があるか，相互に t 検定[13]をおこなった。その結果，Ⅰ期では早
良平野地域と福岡平野地域，二日市地峡帯地域のそれぞれの地域間において 1％水準で有意差
が認められた。しかし，福岡平野地域と二日市地峡帯地域では有意差が示されなかった。この
ことから，早良平野地域と福岡平野地域，二日市地峡帯地域とで石斧の幅に関する志向性が異
なっていたといえる。Ⅱ期になると地域間の平均値の差異はみられなくなり，Ⅰ期に比べ変異
変動が小さくなっている。t 検定では，5％水準の有意差が北松浦・五島地域と佐賀平野地域
で認められるほかは有意差が示されなかった[14]。このことは，Ⅱ期では地域間で幅のサイズに
差がみられなくなっていることを支持している。

　図 3-14 は今山系石斧の厚さの変異を図 3-13 と同様，地域間で比較したものである。幅に関
する分析結果と同じ傾向が厚さの変異についても認められる。すなわち，Ⅰ期においては早良
平野地域と福岡平野地域，二日市地峡帯地域とで平均値の差異が認められるが，Ⅱ期になると
地域間の変異変動が小さくなっている。ただし，鳥栖北部丘陵地域においては二日市地峡帯地
域や佐賀平野地域との間に 1％水準で有意差が認められた。

　13）t 検定とは，帰無仮説が正しいと仮定した場合に，統計量が t 分布に従うことを利用する統計学的検定法
　　　である。二つの集団の平均値に有意差があるかどうかを判断する検定に用いられる。
　14）隣接する地域間ではないため，ここでの有意差は入手機会の差異（時間差）などが影響したものと考え
　　　られる。

第 3 章 弥生時代北部九州における石器生産と消費形態　　　　　　　　　　　　69

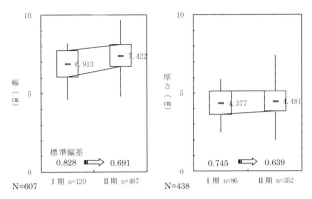

図 3-12　今山系石斧の法量の時期的変遷（左：幅・右：厚さ）

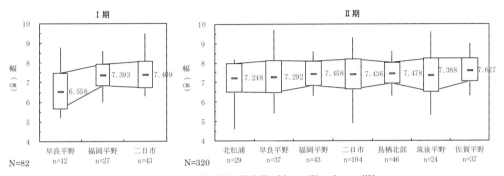

図 3-13　今山系石斧の幅変異（左：I 期・右：II 期）

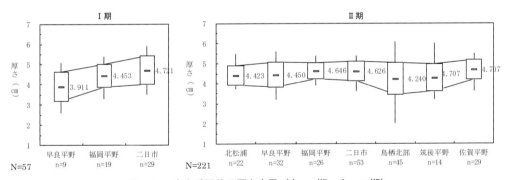

図 3-14　今山系石斧の厚さ変異（左：I 期・右：II 期）

（3）小結

　以上検討した今山系石斧の法量の地域間比較から，今山における石斧生産は以下のようにモデル化される。

　I 期においては，早良平野地域，あるいは福岡平野地域の各地域単位で今山へ出向き今山系石斧を製作していたことが想定される（**モデルⅱ**）。石斧未成品の出土は，今山が所在する糸島地域のほか，早良平野地域，福岡平野地域でも点的に認められることは，当該期における今山への直接的なアクセスを示す傍証といえる。ただし，二日市地峡帯地域においては石斧未成

品が出土しておらず，また福岡平野地域と法量の有意差も認められないことから，福岡平野地域を経由して石斧完成品が入手されたと考えられる[15]。

II期においては，地域間の変異変動は小さくなり，法量の均質性が高まる。したがって，基本的に石斧製作に長けた特定の製作者により今山系石斧が製作されていたことが想定される（モデルi）。ただし，鳥栖北部丘陵地域においては，今山系石斧の厚さに関して規格性が緩くなっている。このことは一時的あるいは急速的な石斧需要の高まりにより，法量に関する規範が緩んだことなどの特殊な事情も想定される。

このように今山系石斧の法量について，通時的に規格性が高まるとともに地域間の変異変動も小さくなる状況から，今山が「北九州一円の各地域共同体に共通した良好な採石場」（田辺1980, p. 77）であり続けたとはいえない。II期に，石斧の製作者が今山周辺において「特定化」したと考えられる。

6. 今山遺跡における石斧生産と分業化の過程

（1）今山系石斧の製作者の評価

本節では今山系石斧の製作技法と法量の規格性について検討した。結果，石斧の製作技法の変化が北部九州の各地域で同時期に認められること，法量の規格性が高まるとともに地域間の変異変動が小さくなることを明らかにした。弥生前期末を画期として，北部九州において今山系石斧が大量に消費されるが（本章第2節），石斧の量産化にともなって石斧製作技法は変化した。さらにそれに連動するかたちで法量の規格化が達成されたと評価できる。そしてこのことは，I期からII期へと通時的に今山系石斧の製作者が「特定化」する状況（モデルi）を示している。

さて，ここでいう「特定の製作者」は，常時今山において石斧製作をおこなっていたものを指すものではない。筆者はII期においても，古今津湾沿岸部の石斧製作に長けた人々が今山を共同的に利用し，農閑期や各地域における石斧需要の高まりの都度，石斧製作をおこなっていたと考えている。それは以下を根拠とする。

まず，今宿五郎江遺跡など古今津湾沿岸部の遺跡においても断片的ではあるものの，突帯文土器や水田の存在を想定させる杭列が存在していることから（森本2008, p. 246），弥生前期初頭から継続的に集落が営まれていたと考えられることである。また古今津湾沿岸部の各遺跡では，今山遺跡において今山系石斧の製作が終了するIII期以降，石斧製作が開始されている。この時期には今宿五郎江遺跡などの集落構成員は，今山に接続する砂州域を往復することで今山産玄武岩の素材を集落に持ち帰り石斧製作をおこなっていたと想定される。少なくともIII期以降の沿岸部の各集落は，今山を独占することなく共同的に使用していたと考えられるのである（図3-15）[16]。

15）今山遺跡において地点ごとに，各地域出土の完成品に対応するように法量の異なる石斧が出土しているか，といった検討は困難である。今山全体に11箇所のトレンチを設定し調査した，第6次調査の成果（井澤編2015）をもとに議論する必要がある。

第3章　弥生時代北部九州における石器生産と消費形態　　71

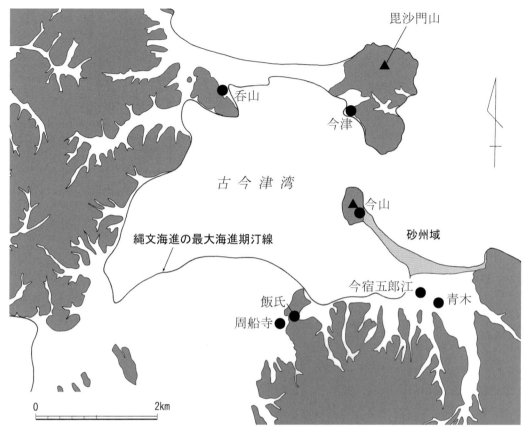

図 3-15　古今津湾周辺の地理的環境と石斧生産遺跡（S＝1/60,000）

　さらに，石斧の素材となる玄武岩や製作工具（敲石）の素材となる緑色片岩は，古今津湾沿岸部という狭い地域のなかでも石材原産地は限定される（佐藤編 1987, p. 38）。玄武岩の原産地は今山で，緑色片岩の原産地は毘沙門山山麓である。今宿五郎江遺跡や青木遺跡など古今津湾沿岸部の各集落では，いずれの集落においてもこのような共通する石材を用いて石斧製作がおこなわれていることから，石材原産地は「専業的製作者集団」や特定の集落により独占されていたとは考えにくい。むしろ古今津湾沿岸部の各集落から，石斧製作に長けた人々が今山に出向いて石斧製作をおこなっていたと考えたほうが無理はない。
　このような理解は，今山での石斧生産が一部の「専業的製作者集団」によっておこなわれたのではなく，農閑期などに周辺集落に居住する石斧製作に長けた人々によりおこなわれたと評

16）青木遺跡では弥生中期初頭（城ノ越式）から石斧製作がおこなわれており，石斧未成品が 20 点出土している（佐藤編 1987）。石斧の法量について今山遺跡出土のものより小型品が多いことは注意されるが，素材として搬入された玄武岩原石のサイズに起因するものと考える。時期によっては石斧を集落間で作り分けていた可能性も想定される。なお，下條信行は「今山の直南の砂丘上には，かつて数十基の甕棺が出土し，今山人は独自の墳墓を営んでいた」（下條 1985a）として，今山における居住地の存在を示唆している。今山近郊の居住地については不明な点が多く今後の調査に期待したいが，もしこれが確実であればこれも古今津湾沿岸の集落の一つとして考える。

価する，近藤義郎の見解（下條 1975b, p. 21）とおおむね一致している。本節におけるモデル i
の製作者は，北部九州地域のなかでは今山周辺に「特定化」しているものの，古今津湾沿岸部
の各集落構成員により共同的に今山が利用されていたと考える。

(2) 弥生時代北部九州における両刃石斧の生産

弥生時代の石斧製作者が専業化していたのか，あるいは兼業の人々であったのかという議論
については，第 1 章でも述べたようにこれまで様々な考え方が示されてきた。専業化の問題は
石斧生産のみならず，広く生産論や社会変化の評価に関わる重要な課題となっている。

ここで「専業」とは，社会のなかのある人々が，特定の資源や器物をなかば排他的かつ継続
的に産出することをいう。考古学においては，食料生産から距離を置いて各々の生産または
サービスをおこなう状況を指す（松木 2004, p. 296）。

さて，その場合専業者は恒常的（full-time specialist）であり，その出現は社会の発展や複雑
化の議論において重要な概念とされてきた。

G. チャイルドは「都市革命」論において，社会的余剰の形成を前提とする専業者（専門職
人）の存在に着目し，その出現と都市の成立とを密接に関連づけて，社会発展論の軸に据えて
いる（チャイルド 1936 ［ねず訳 1951］）。

E. サーヴィスは新進化主義の立場から，部族社会までは各種生産物が半専門家により生産
されるが，首長制社会では首長の庇護のもとで助成を受けることにより，家系の専業化と仕事
の世襲化をもたらし，その結果技能が洗練向上するとしている（サーヴィス 1971 ［松園訳
1979］, pp. 128-129）。また，松木によると専業の出現契機は経済的契機，認知的契機，技術的契
機，政治的契機の 4 つに整理でき，社会の複雑化や広域化，技術の発達と連動して顕在化す
る，という（松木 2004, p. 297）。

このような専業化に関する議論をふまえるならば，弥生時代の北部九州における石斧生産
は，自然環境の違いによる生産物の特化と互酬的な相互交換といった，いまだ部族社会的な性
格を基礎に置いたものとして把握できる（田中良 2000）[17]。先行研究においては，今山遺跡で石
斧未成品が大量に出土することや，今山周辺に可耕地がほとんどないことなどを根拠にして石
斧製作者の専業化が推定されてきた。しかしながら，未成品が大量に出土することと石斧製作
者の専業化は直接的に結びつくものではない。また，今山周辺においても今宿平野や糸島平野
が広がっており，農耕から分離して石斧製作がおこなわれていたとはいえない。

したがって II 期の今山遺跡における石斧生産についても専業とはいえず，資源とそれに
付随する技術の偏在性が「共同体間分業」[18]として展開したものと評価できる。今山という

17）弥生時代において，食料生産から距離を置いて（農耕から手工業・商業が完全に分離して）各々の生産
またはサービスをおこなうような「専業」が存在した可能性は，青銅器生産や鉄器生産を含めて低いと考
える。

18）都出比呂志のいう共同体間分業のうち，生産用具生産での分業（B 類型）に該当する（都出 1968, p.
46）。ただしこの「共同体」概念については第 1 章で述べたように問題がある。

石斧に適した良質な石材産地の開発は，II 期に突如達成されたものではなく，弥生時代の前半期を通じて蓄積された北部九州の広い範囲の共通認識（志向性）をもとに漸移的に進行したものと考える。II 期以降，大規模な土地開発に伴う石斧需要の高まりが，石器石材の固定化（宮本 2009, p. 127）と，その帰結としての製作者の「特定化」を促したといえるだろう。

第 2 節　両刃石斧の消費形態

1. 本節の課題

今山系石斧の流通について，分布が示す内容から「伊都国の首長」や「有力者」による差配の結果とみる立場（森貞1966；下條 1975a；武末 2002 など）と，「互酬（互恵）的流通」によるものであったとする立場（能登原ほか 2007）がある。両者の差異は，弥生時代前半期の社会像や，石斧の流通・交換の具体的な在り方のイメージの差異によるものと考えられる。ただし，「伊都国」の「首長」（三雲南小路遺跡 1 号墓の被葬者）は弥生中期後半になり現れる（髙倉1992）ことから，糸島地域の「首長」が今山系石斧の配布権を握っていた，あるいは流通を差配していたとする前者の立場は成立せず，時期的変遷を検討することが必要不可欠となっている。また後者の立場については，今山系石斧の出土点数が直接的に流通形態を示すものと理解している点に問題が残る。このように，分布範囲が示す内容について北部九州全域に一般化することが可能かどうかについては，未検証の問題である。

これまでの研究では，今山系石斧の消費形態，あるいは形態的な属性は等閑視される傾向が強く，流通現象について分布論的な解釈に大きく依存している点は検討の余地を残している。流通現象を説明するためには，入手・消費の在り方を含めて，「どのような過程を経て分布が形成されたか」について時間的・空間的に検討する必要性がある。

このような課題について，本節では両刃石斧全体のなかで各地域における今山系石斧の入手形態を検討し，そのうえで石斧がどのように消費されていたのかを明らかにする。そして，入手形態と消費形態とがどのような相互関係にあるのかについて，石斧のライフ・ヒストリーに即して把握したうえで流通について考察する。

2. 資料と方法

（1）対象資料
本節では北部九州地域出土の両刃石斧 2,398 点（このうち今山系石斧 1,760 点）を対象とする。I〜III 期（弥生早期から中期後半）を対象時期とする。

（2）分析方法
両刃石斧の石材構成という観点から，北部九州の各小地域における今山系石斧の入手形態と

その時期的変遷を検討する。次に今山系石斧の消費形態について，石斧刃部の再加工の観点からライフ・ヒストリーに即して検討する。

3. 石材構成と研磨からみた両刃石斧の入手形態

(1) 石材構成の時期的変遷

本節では石材構成と研磨調整について時期別・地域別に検討することで，各地域における両刃石斧の入手形態を明らかにする。両刃石斧に使用されている石材について，玄武岩（今山系石斧[19]），火成岩系石材，堆積岩系石材，変成岩系石材の4種類に分類した。このような石材分類は，報告者により石材名称に差異があり比較することが困難であることによる。また，石材に関する記載が報告書にないものや，筆者が実見しておらず石材の判断が困難なものについては除外した[20]。

図3-16は，全対象資料2,398点のうち所属時期が判断できる両刃石斧2,133点について，時期別に石材構成をみたものである。

I期前半においては，堆積岩系石材製石斧が81点（44.5％）を占める一方，今山系石斧は60点（33.0％）と客体的である[21]。ただし，火成岩系石材製石斧が41点（22.5％）存在しており，今山系石斧を火成岩系石材製石斧の一種とみるならば，火成岩系石材製，堆積岩系石材製のそれぞれが約半数を占めている。縄文時代に磨製石斧の石材として多用される蛇紋岩など

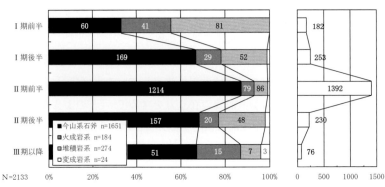

図3-16 両刃石斧の石材構成（左）と数量（右）の時期的変遷

---

19) 以下，玄武岩製石斧はすべて今山系石斧を指すものとする。なお在地系石材としての一部の玄武岩（東松浦地域などで少量認められるもの）は，火成岩系石材として集計している。
20) 両刃石斧のうち所属時期不明のものを含め，石材不明のものは117点存在する。
21) 下條信行は，弥生前期前半（板付I式）における今山遺跡での石斧製作を認めるものの，「この時期，この石斧は，今山にのみ出土し他に広がるには至っていない」（下條1991, p. 49）とし，弥生前期末以降に広域的に流通したとする。しかし，福岡市有田遺跡群や板付遺跡，雀居遺跡などで弥生前期前半から玄武岩製石斧が出土しており，遺跡周辺の石材環境や石材の特徴から今山系石斧と捉えることができる。さらに弥生前期後半（板付II式）においても，神埼市吉野ヶ里遺跡，佐世保市四反田遺跡など広範囲で確認される。吉野ヶ里遺跡出土の玄武岩製両刃石斧は，地球科学的高精度分析により今山産玄武岩であることが証明されている（田尻ほか2013）。

第 3 章　弥生時代北部九州における石器生産と消費形態

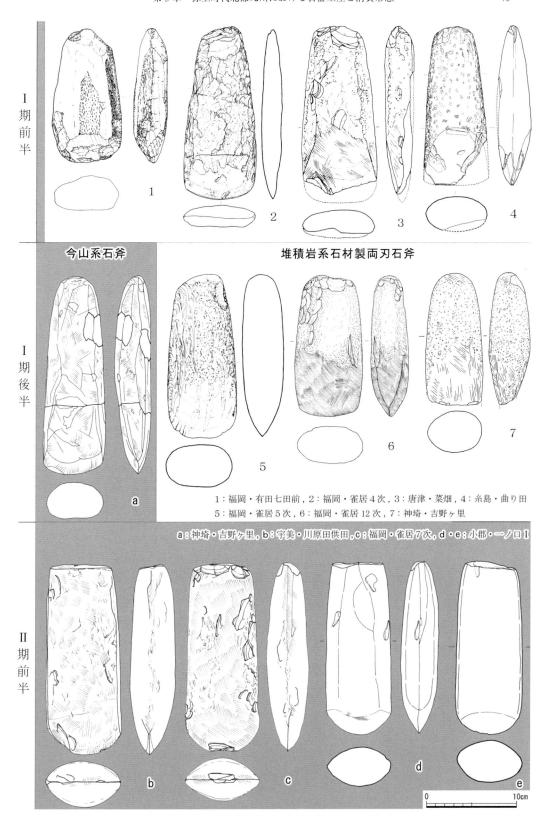

図 3-17　今山系石斧と他石材製石斧（S＝1/4）

変成岩系石材は，I期前半においてはまったく認められない。例えば唐津市菜畑遺跡において
は，縄文前期に蛇紋岩製石斧が全磨製石斧の4割を占めているが，I期前半では一転して，玄
武岩質安山岩などの火成岩系石材を選択的に使用している。上野平優紀は，このような弥生早
期における両刃石斧の石材構成について，縄文後期から晩期にかけて蛇紋岩製石斧が漸移的に
減少する現象を含め，大陸系磨製石器と石材選択の変化の連動性について示唆している（上野
平2005）。

I期後半になると，今山系石斧が169点（66.8％）と大幅に増加する。これに呼応するよう
に堆積岩系石材製石斧は52点（18.1％）に減少している。堆積岩系石材製石斧の形態は扁平
なものが多いことから，I期前半から後半にかけて石斧が厚斧化することに伴い，両刃石斧に
用いられる石材の選択性も変化していることが想定される（図3-17）。

II期前半は，今山系石斧の出土量が最も多量な時期である。この時期に所属する両刃石斧
1,392点のうち，今山系石斧が1,214点（87.2％）を占めている。I期後半における今山系石斧
169点から7.2倍の量的増加であり，その背後には石材原産地における石斧製作や各集落の石
斧入手・消費形態の変化が想定される。

II期後半は，I期後半における石材構成に類似している。今山系石斧の出土量は全両刃石斧
230点のうち157点（68.3％）と依然高率であるが，堆積岩系石材製石斧も48点（20.9％）占
めている。ここでの堆積岩系石材のうち10点は細粒砂岩であり，未発見の石材原産地の存在
も想定される[22]。

III期は，今山遺跡における両刃石斧の製作が終了した時期とされ（米倉編2005），両刃石斧
の数量自体も激減する。III期以降，袋状鉄斧が用いられたと考えられる。村上恭通によれば，
北部九州地域における袋状鉄斧は，弥生中期後半から身の重厚なものが製作されはじめ，後期
終末に向かってより重厚になるという。また，袋状鉄斧の袋部端部を強化するなど技術的改良
がみられる（村上恭1998b）。鉄器化と石器生産・消費の関係性については第4章で詳述するが，
鉄器化に伴う石斧需要の低下が想定されよう。

（2）I期における両刃石斧の入手形態
・石材構成

次に，時期別に各地域における両刃石斧の石材構成についてみていく。図3-18・3-19は，I
期における両刃石斧415点について，地域別にみたものである。出土点数については1点から
100点までひらきがあり，少量の出土数で石材構成について言及することには危険性がある。
そのため，ここでは20点以上出土している地域を中心に検討する。

---

22) 細粒砂岩製両刃石斧は，II期前半においても32点出土している。II期前半以降における堆積岩系石
材製石斧は，I期前半の時期におけるものとは形態的に異なる場合が多く，今山系石斧の法量と比較しても
遜色がないほど身厚の傾向がある。現段階での石材原産地の可能性として佐賀平野西部・武雄地域などを
考えている。ただし，出土傾向のみに基づいているため，今後理化学的な原産地同定をおこなう必要性が
ある。

第3章 弥生時代北部九州における石器生産と消費形態

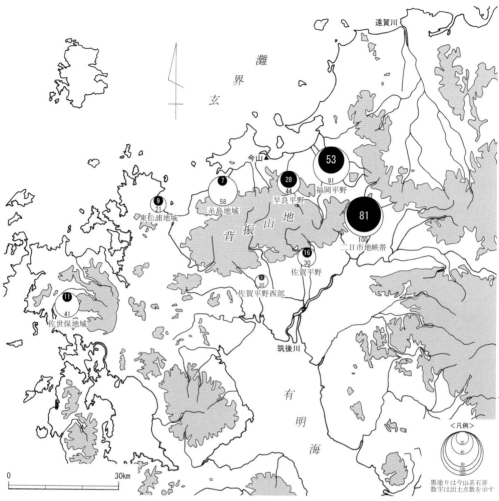

図3-18 I期における両刃石斧の分布状況（S＝1/1,000,000）

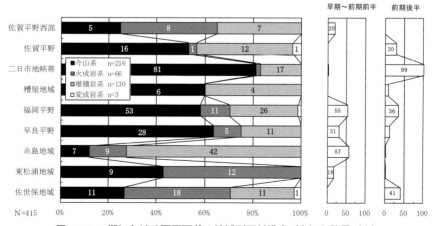

図3-19 I期における両刃石斧の地域別石材構成（左）と数量（右）

まず，出土点数が多いのは二日市地峡帯地域 100 点，福岡平野地域 91 点，糸島地域 58 点，早良平野地域 44 点である。その他の地域では，佐賀平野地域，佐賀平野西部地域（小城市久蘇遺跡），佐世保地域（佐世保市四反田遺跡），東松浦地域（唐津市菜畑遺跡）でそれぞれ 20 点から 40 点出土している。

　注目されるのは，今山遺跡が所在する糸島地域で，意外にもこの時期においては今山系石斧の出土が僅少であることである。I 期前半の糸島市大坪遺跡，曲り田遺跡をみてみると，火成岩系石材である玢岩が 8 点（14.0%），堆積岩系石材である硬質砂岩が 11 点（19.2%），粘板岩が 8 点（14.0%）と玄武岩以外の石材製石斧が主体で，今山系石斧は 6 点（11.0%）と非常に少ない。また，堆積岩系石材製石斧が 42 点（73.6%）と多数を占めている点は，玄界灘沿岸部の他地域の状況と異なっている。

　例えば I 期前半における東松浦地域では，今山系石斧が 9 点（42.9%）みられるほか，玄武岩質安山岩など火成岩系石材製石斧が 12 点（57.1%）を占めており，玄武岩以外の石材製石斧においても，堆積岩系石材製石斧は含まれていない。また前述したように，縄文時代に一般的にみられた蛇紋岩製石斧が認められず，I 期前半においては，両刃石斧のすべてが火成岩系石材製石斧で占められる。

　早良平野地域は，今山遺跡が所在する糸島地域に至近な距離にあり，今山系石斧も 28 点（63.6%）と半数以上を占めている。福岡市有田遺跡群では，I 期前半において，今山系石斧が 16 点出土している。後続する I 期後半においても玄武岩が積極的に利用され，有田遺跡群のほか福岡市福重稲木遺跡においても 4 点出土している。

　福岡平野地域においては，全体で 91 点と比較的出土点数が多い。石材については，今山系石斧が 53 点（58.2%）と半数以上を占めているが，堆積岩系石材製石斧も 26 点（28.6%）存在している。福岡市板付遺跡，雀居遺跡では I 期前半において，今山系石斧と堆積岩系石材製石斧それぞれが約半数を占めている。この時期の今山系石斧は，形態的に多様である。また，堆積岩系石材については，砂岩ホルンフェルスや頁岩ホルンフェルスなど，比較的細粒で緻密な石材が選択されている。

　二日市地峡帯地域は，全体で 100 点と最も出土点数が多い地域である。I 期前半においては基本的に両刃石斧がみられないが，I 期後半になると，今山系石斧が 81 点（80.0%）出土している。二日市地峡帯地域のなかでも三国丘陵では，弥生前期中葉から前期後葉において今山系石斧の安定的な供給が想定されており（柏原 2002），その傾向と符合する。また，小郡市一ノ口遺跡 I 地点では今山系石斧が 23 点出土しており，周辺集落と明らかに石斧入手量の差がみられる点は注目される。

　佐賀平野地域は，I 期前半においては両刃石斧の出土はみられないが，I 期後半では，神埼市吉野ヶ里遺跡，鳥栖市幸津遺跡で 30 点出土している。今山系石斧は 16 点（53.3%）と約半数を占めるが，堆積岩系石材製石斧も 12 点（40%）存在する。これらの堆積岩系石材はすべて細粒砂岩である[23]。

　佐賀平野西部地域は，I 期前半に両刃石斧が 20 点出土している。小城市久蘇遺跡では，弥

生前期前葉から前期中葉および中期初頭の包含層から 19 点出土しており，所属時期の認定が困難であるものの，大半は I 期前半に属すると考えられる。今山系石斧は 5 点（25.0％）と少量で，火成岩系石材である斑レイ岩製石斧が 8 点（40.0％），堆積岩系石材製石斧が 7 点（35.0％）を占めている。堆積岩系石材は砂岩ホルンフェルスや頁岩ホルンフェルスなど，比較的緻密な石材が選択され，前述した福岡平野における雀居遺跡と同質の石材を用いている。

　以上述べてきた I 期における各地域の両刃石斧の石材構成について類型化すると，今山系石斧が主体である二日市地峡帯地域・福岡平野地域・早良平野地域・佐賀平野地域，火成岩系石材製石斧が主体である東松浦地域・佐賀平野西部地域，堆積岩系石材製石斧が主体である糸島地域に分けられる[24]。

•研磨調整の地域間比較

　次に今山系石斧の研磨調整について地域間で比較する。石斧の研磨はパプア＝ニューギニアの民族誌によると「2ヶ月かかるものもある」（ハーラー 1963 ［近藤・植田訳 1964］, p. 130）とされ，象徴的な意味合いの強い行為といえる。また，磨き上げられた石斧の大部分はプレステーションとしての価値があり，婚資として用いられることもある（畑中幸2013, p. 153）。

　研磨調整は研磨が施される部分により，以下の 3 パターンに分けられる。

　刃部のみ研磨：石斧の刃部のみを限定的に研磨するもの。

　表面一部研磨：刃部のほかに側面や表面，基部などを部分的に研磨しているもの。

　全面研磨：基部から刃部まで石斧の表面全体を研磨するもの。

　両刃石斧の大半が破損品・破片であり，全体の形状を摑めないものが多いといった，資料の制約から石材構成や法量に関する分析に比べるとサンプル数は少ない。なお，研磨調整については報告書の図面や写真のみでは判断することが困難であるため，積極的に実見することで確証を得た。

　I 期における研磨調整は佐世保地域，東松浦地域では点数が少ないものの「刃部のみ研磨」で占められる（図 3-20）。一方，糸島地域から早良平野地域，福岡平野地域，二日市地峡帯地域，鳥栖北部丘陵地域へと脊振山地を右回りに向かうに従い「全面研磨」の比率が増加する。一方，佐賀平野，佐賀平野西部地域では「表面一部研磨」がやや高率の状況である。

　第 3 章第 1 節で検討したように，I 期は早良平野地域，あるいは福岡平野地域の各地域単位で今山へ出向き両刃石斧を製作していたと考えられる。研磨調整にみられる地域差は，未成品の形態で各地域に石斧が流通したこと，各集落単位で石斧の研磨をおこなっていたことを示している。図 3-21 は板付遺跡と雀居遺跡における今山系石斧の研磨調整の比較である。それぞれの遺跡は福岡平野に位置し 2km ほどしか離れていない。板付遺跡では「全面研磨」が100％であるのに対し，雀居遺跡では「刃部のみ研磨」「表面一部研磨」の比率が高い。こうし

23）細粒砂岩製石斧については前掲注 22）参照。

24）ただし，I 期内での時間差（I 期前半（弥生早期〜前期前半），I 期後半（前期後半））と遺跡数が地域差として大きく影響した可能性もある。

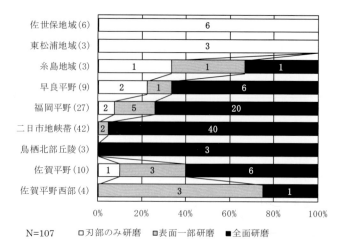

図 3-20　I 期における研磨調整の地域間比較

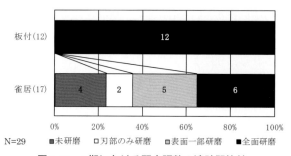

図 3-21　I 期における研磨調整の遺跡間比較

た遺跡間の差異も各集落で石斧の研磨がおこなわれたことを傍証している。

　また，佐賀平野，佐賀平野西部地域では「全面研磨」の比率が二日市地峡帯地域や鳥栖北部丘陵地域ほど高くないため，これらの地域を経由せず，石斧が入手された可能性がある。早良平野から三瀬峠を越え吉野ヶ里遺跡へと至るルート（現在の国道 263 号線）が想定されよう。

（3）II 期における両刃石斧の入手形態
・石材構成

　II 期以降，このような石材構成からみた両刃石斧の入手形態はどのように変化したのだろうか。今山系石斧が II 期前半に 1,214 点出土しているが，このような石斧の量的増加は，各地域における石材選択にどのような変化を与えたのだろうか。

　I 期と同様に，20 点以上出土している地域を中心に検討する。図 3-22・3-23 は，II 期における両刃石斧 1,592 点について，地域別にみたものである。

　まず，出土点数が多いのは二日市地峡帯地域 870 点，鳥栖北部丘陵地域 160 点，福岡平野地

第3章 弥生時代北部九州における石器生産と消費形態

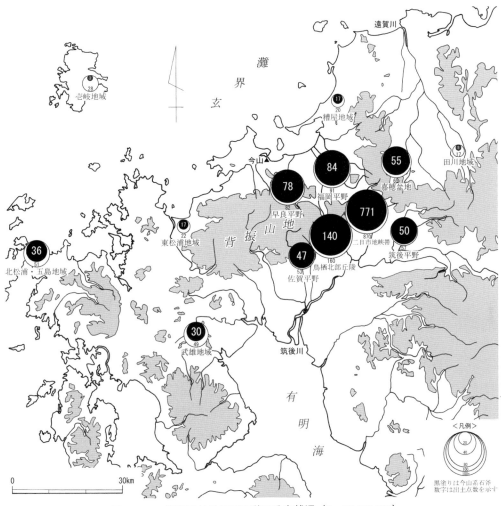

図3-22 II期における両刃石斧の分布状況（S＝1/1,000,000）

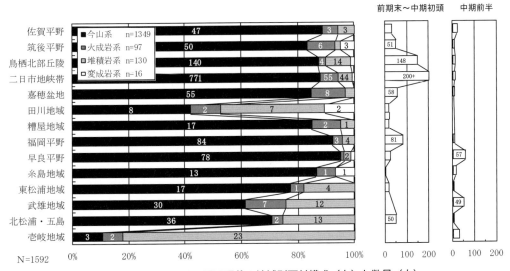

図3-23 II期における両刃石斧の地域別石材構成（左）と数量（右）

域91点，早良平野地域82点，嘉穂盆地地域65点である。その他の地域では，佐賀平野地域，筑後平野地域，武雄地域，北松浦・五島地域でそれぞれ40点から60点出土している。

Ⅰ期後半に引き続き，Ⅱ期以降においても二日市地峡帯地域においては大量の今山系石斧の出土が認められる。特にⅡ期前半は，全今山系石斧1,214点のうち764点（62.9％）が二日市地峡帯地域に集中している。また，蛇紋岩など変成岩系石材製石斧はほとんどみられない。Ⅰ期では両刃石斧の出土が僅少であった嘉穂盆地地域や武雄地域，北松浦地域においても，それぞれ50点前後出土していることから，北部九州の各地域における集落の定着・安定的な持続と伐採活動の活発化が想定される。

また，Ⅱ期になると今山系石斧は，壱岐地域（壱岐市原の辻遺跡）や北松浦・五島地域（平戸市里田原遺跡），宇土地域（宇土市田平遺跡），日田地域（日田市吹上遺跡）など，遠隔地においても出土している[25]。図3-23をみると，北部九州のほとんどの小地域において80％以上を今山系石斧が占めていることがわかる。

福岡平野地域では，今山系石斧が84点（88.7％）出土している。Ⅰ期後半まで今山系石斧は，両刃石斧全体のうち58.2％を占めていたが，堆積岩系石材製石斧も比較的存在していた（28.6％）。しかしⅡ期以降では，堆積岩系石材製石斧は4点（4.3％）と明らかに減少している。

このように今山系石斧以外の石斧に注目すると，Ⅰ期後半まで玄武岩以外の石材が比較的利用されていた佐賀平野地域や唐津平野地域においても，今山系石斧がそれぞれ92.3％，77.2％と，両刃石斧の大多数を占めていることがわかる。今山系石斧の占める割合が増加することに伴い，当然玄武岩以外の石材製石斧の占める割合は低下している。

例えば佐賀平野地域では，Ⅰ期まで細粒砂岩製など堆積岩系石材製石斧が40.0％存在していたが，Ⅱ期以降では3点（5.7％）まで減少している。また，早良平野地域においても25.0％を占めていた堆積岩系石材製石斧が，Ⅰ期以降では2点（2.5％）に減少している。一方，Ⅰ期に今山系石斧が両刃石斧の大多数を占めていた二日市地峡帯地域は，Ⅱ期においても870点中771点（88.6％）を占めており，玄武岩以外の石材製石斧は非常に少量である。

武雄地域においては，今山系石斧が30点（61.2％）出土しており，Ⅱ期以降における福岡平野，二日市地峡帯地域などのように圧倒的ではないものの，比較的多量に存在している。また，堆積岩系石材製石斧も12点（24.5％）出土しており，Ⅰ期の福岡平野や早良平野における石材構成に類似する。

北松浦・五島地域においては，平戸市里田原遺跡などで今山系石斧が36点（70.6％）出土している。ただし，砂岩ホルンフェルスなどの堆積岩系石材製石斧も13点（25.5％）出土しており，玄武岩以外の石材製石斧も比較的認められる。

25）行橋市下稗田遺跡においても今山系石斧が出土していることから，分布の東限と考えられる（長嶺・末永編1985）。また従来，宇土市田平遺跡，宇土城跡遺跡など宇土半島あるいは天草地域が南限と想定されてきたが（髙木1983；苓北町史編さん委員会編1984；下條1989；山崎純2002），最近八代市島田遺跡でも出土している（坂口編2007）。

壱岐地域(壱岐市原の辻遺跡)においては今山系石斧が3点(10.7%)みられるが,主体は細粒砂岩や砂岩ホルンフェルスなどの堆積岩系石材製石斧23点(82.1%)である。これらの石材は,平戸市里田原遺跡や武雄市みやこ遺跡群などでも散見される[26]。

以上述べてきたII期における各地域の両刃石斧の石材構成について類型化すると,今山系石斧が主体である多くの地域と堆積岩系石材製石斧が主体である壱岐地域に分かれる。

両刃石斧のほとんどが今山系石斧となり,石材が玄武岩に固定化される傾向になる。ただし今山系石斧が主体である地域においても,原産地である今山遺跡から比較的遠く離れた地域(武雄地域,北松浦・五島地域)では堆積岩系石材製石斧も一定量含まれていることから,今山系石斧以外の石斧が補完的に用いられていた状況が想定できる(図3-21)。なお今山系石斧の出土は,I期まで福岡平野地域や早良平野地域,二日市地峡帯地域など背振山地の東半部周辺に分布の偏りがあるが,II期以降,西北部九州一帯でみられるようになり,分布範囲が広範に拡大している。

• 研磨調整の地域間比較

II期における研磨調整は北松浦・五島地域,東松浦地域で「刃部のみ研磨」が多いが,多くの地域で「全面研磨」が80%を超える。I期からII期にかけて石斧の規格性が高まるとともに,石斧の全面に研磨が施され付加価値を高めた今山系石斧が広域的に流通したといえる(図3-24)。

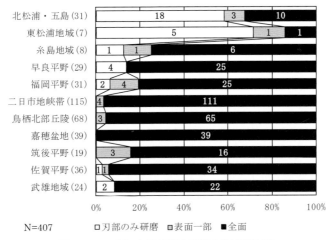

図3-24 II期における研磨調整の地域間比較

---

26) 正林護は,平戸市里田原遺跡出土の砥石などに用いられている青灰色の緻密な硬質砂岩が,壱岐市勝本町に産するものと想定している(正林・村川編1988)。また,砂岩ホルンフェルス製石斧の一部が対馬産である可能性も示唆されている(馬場編2001;馬場・冨永編2003)。

4. 再加工からみた今山系石斧の消費形態

両刃石斧は破損に伴い本来の形態から変形し，伐採の機能を失う。このような機能の消失過程は破損の状況にもよると考えられるが，破損した両刃石斧は廃棄される場合と，廃棄されずに刃部に再加工が施され石斧としての使用が継続する場合，あるいは他の石器器種に転用される場合が想定される[27]。

石斧の破損後に破損面を再加工し刃部が再生される場合，刃部は本来の位置より基端部側に設置されることから，石斧長[28]は再加工の頻度（度合）をある程度反映していると考えられる。ここでは，第3章第2節（3）で明らかにした今山系石斧の入手形態の「差異」がどのようなメカニズムで出現したのか，換言すれば今山系石斧の分布がどのように形成されたのかについて，石斧長と石斧刃部への再加工の観点からⅡ期を対象に検討する。

まず，今山系石斧の形態について石斧のライフ・ヒストリーの観点から分類する。完形品は基端部から刃部まで残存しており，再加工・再研磨が施されていないものである。次に，基部1類は刃部から基部方向への剥離（剥脱）あるいは中央部が折損しているもので，再加工が施されていないものである。基部2類は基部1類の破損面に再加工が施されているもの（複数の剥離痕が残置しているもの）である。最後に，基部3類は刃部が再生されているもの（刃部に再研磨が施されているもの）である（図3-25）。破損した石斧の基部を再加工し再び石斧として利用するためには，基部1類から3類への変形過程が想定される。基部1類の平面形の重複図をみると，刃部の残存長が再加工するか廃棄するかの判断基準となっていたことが窺える（図3-26）。また，石斧の幅は使用に伴って縮小する属性ではなく，遠隔地であっても小さくなることはないことも示している。

図3-27は地域別に今山系石斧の再加工の状況をみたものである。石斧の各形態と石斧長の関係をみると，二日市地峡帯地域や鳥栖北部丘陵地域では石斧長15cm前後の基部1類が多い一方，北松浦・五島地域においては石斧長15cm未満の基部3類が多いことがわかる。基部3類の近似曲線をみると，二日市地峡帯地域をピークとして東松浦地域，北松浦・五島地域，壱岐地域へと向かい石斧長が減衰している。すなわち，二日市地峡帯地域や鳥栖北部丘陵地域においては，破損した石斧を再生することなく廃棄することが一般的であった一方，東松浦地域，北松浦・五島地域など玄界灘沿岸部の地域においては，石斧が使い込まれる傾向が認められるのである。例えば九州島西端部に位置する平戸市里田原遺跡の今山系石斧は，石斧の使用

27）石斧の破損と再加工の問題を取り扱う際には，石斧がどのような過程を経て破損したのかについて厳密に説明される必要があるが，ここでは石斧の破損が基本的に伐採活動に起因するものと仮定して分析をおこなう。

28）なお，今山系石斧の石斧長について梅﨑惠司は特大型（全長19.4〜29.2cm）と大型（全長13.3〜17.9cm）に区分している（梅﨑2000, p. 677）。破片資料が多く本来の石斧長を推定することは困難であるが，完形品における石斧長の不連続は25cmに見出せる。本節では一類型内での形態変異を示すこととし，全長25cm以上のものは通常の伐採活動に使用されたものではないと想定して除外した。非常に大型の石斧は婚資として用いられた可能性がある（Vial 1940）。

第3章　弥生時代北部九州における石器生産と消費形態　　　　　　　　　　　　　85

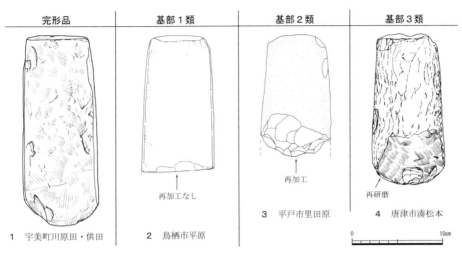

図 3-25　今山系石斧の形態分類（S＝1/4）

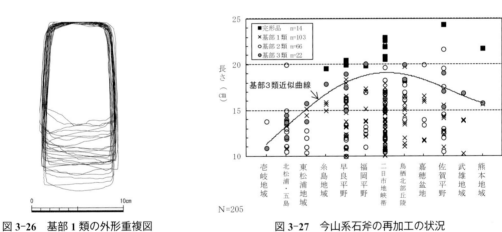

図 3-26　基部1類の外形重複図
（S＝1/4）（N＝26）

図 3-27　今山系石斧の再加工の状況

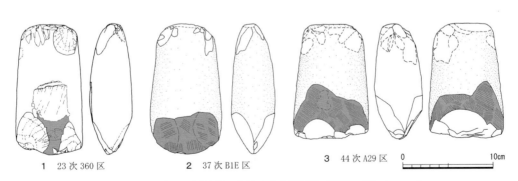

図 3-28　平戸市里田原遺跡における今山系石斧（基部3類）（S＝1/4）

が不可能になるまで再加工が施されており，石斧長が極端に短い（図3-28）。このような石斧の縮小は，石材原産地からの距離に応じた石斧の付加価値の高まりと各消費地での消費形態の多様性を示している。

以上みてきたように再加工の状況からみた今山系石斧の消費形態は，今山系石斧の分布範囲の内部において均質的に捉えられるものではなく，各地域における両刃石斧の入手形態やコンテクストに応じた差異の発現が認められるのである。

5. 今山系石斧の消費形態の背景

本節では両刃石斧に使用された石材の構成について時間的・空間的に把握することで，今山系石斧の入手形態について検討した。その結果，I期からII期へと次第に両刃石斧全体に占める今山系石斧の比率が増加すること，II期における今山系石斧の構成比率はほとんどの地域が80％を超え，他石材製石斧により両刃石斧を補完する状況は壱岐地域を除きみられないことを明らかにした。このように北部九州地域の広い範囲で今山系石斧に依存する在り方は，弥生時代の前半期を通じた石器石材と器種との関係性の強化（石材の固定化[29]）を示している。また，このことは能登原孝道が指摘するように，今山系石斧がもつ硬度や漆黒色の色調，光沢などの諸属性が当該期の社会において志向されたことも可能性として考えられるだろう（能登原2005c）。ただしそのような志向性も，各地域・遺跡のコンテクストにより歪みが生じているとみられ一律に捉えられるものではないと考える。

例えば弥生前期末から中期初頭における二日市地峡帯地域などは，集落動態の研究成果によると集落が沖積地から丘陵上に進出する時期とされ（小澤2000など），活発な伐採活動が想定されている。このような大規模な土地開発がおこなわれた地域においては，今山系石斧が同時的にきわめて大量に入手され，開発に際しての伐採活動にあてられたとみられる。伐採活動に起因する石斧需要の高まりとそれに見合う大量の供給が，破損した石斧を再生することなく廃棄する，といった消費形態を生み出していると想定される。また，遺跡における石斧組成やサイズなどから把握される木工活動の動態からはII期以降，集団相互が補完的・協同的な在り方を示すことが指摘されており（渡部2008），今山系石斧の流通はこのような現象とも連動するものと予想される。さらに，三郡山地と脊振山地に挟まれた「地峡帯」という立地は，結節点として物財・人・情報の集積が進行しやすい特性をもっている（溝口2008, p. 87）。

一方，東松浦地域や北松浦・五島地域など玄界灘沿岸部の地域においては，大規模な土地開発というよりむしろ日常的な木工活動などに際して今山系石斧が入手されており，入手の機会に応じた石斧の付加価値の高まりが，使用が不可能になるまで使い込む，といった消費形態を生み出している。このように今山系石斧の消費形態が「石材原産地からの距離」に最も影響を受けている状況は，玄界灘沿岸部の各集落が互酬的な関係で今山系石斧の調達を図っていた可

---

29) 宮本一夫によれば，石器石材と器種が固定化される現象は，中国山東半島の龍山文化期，岳石文化期に認められるという（宮本2009, p. 127）。このような現象は，石器製作過程のなかに石材選択が有機的に結びついていたことを示している。

能性を想定させる[30]。I. ホダーと P. レーンによれば，ブリテン島における新石器時代の磨製石斧は石材原産地から距離が離れるほどそのサイズが縮小したものが多いという。ホダーらは，このような現象を生じさせる背景として，人から人へと石斧が移動するような交換形態を一つのモデルとして提示している (Hodder and Lane 1982)[31]。また，パプア＝ニューギニア高地における石斧に関する民族誌事例においても，同様の例が報告されている (White and Modjeska 1978)。本節の分析は交換の具体的なメカニズムについては明らかにしていないが，数量に基づく分布パターンに「石斧それ自体」へ着目した「変形」に関する議論を加えることで，消費形態の多様性を理解することにつながるものと考える。

　以上述べたように今山系石斧の分布範囲の内部において，その入手や消費形態は均質的に捉えられるものではなく差異が認められることから，今山系石斧は同質の価値や属性を有するものではなかったことが理解できる。特に消費形態の差異は，石材原産地である今山からの距離や各地域における石材環境，集落動態や人口規模と連動する石斧の需要量など各地域・遺跡のコンテクストに媒介されるかたちで発現している。これらのことから今山系石斧の流通現象は，分布範囲として共通のイメージで把握することの限界性を示しているといえるだろう。物質文化の分布を考察するうえでは共通性として地域全体に敷衍するのではなく，分布形成のメカニズムとしてその多様性や歪みを理解することもあらためて重要であると考える。

　本節では，弥生時代北部九州における両刃石斧について，石材構成と消費形態の観点から時間的・空間的に検討した。結果，石材原産地である今山からの距離や石材環境など各地域社会におけるコンテクストに応じ入手・消費されていることを明らかにした。弥生前期末から中期初頭を画期として丘陵上に集落が進出し展開するが，このような集落動態にみられる画期と今山系石斧の入手は基本的に連動する現象として理解できる。しかしながら，その消費形態は分布範囲の内部において均質的なものではなかったことが認められた。

　これまでの研究は，今山系石斧の分布を政治的な脈絡で均質的に捉える傾向が非常に強かった。しかし本節で述べてきたように，両刃石斧全体のなかで今山系石斧の入手・消費について検討した場合，筑紫野市隈・西小田遺跡群のようにその背後に集団間関係の序列化の進行は認められるとしても (武末 2001)，石斧の交換を差配する「有力者」や強力なネットワークの存在は認められなかった。このような状況から，今山系石斧は北部九州地域における弥生時代前半期の部族的秩序のもと，徐々に集団内，集団間の関係が固定化 (小澤 2008) する社会的背景のなかで石斧が入手・消費されたものと評価できるのではないだろうか。

---

30) 熊本市八ノ坪遺跡でも縮小した今山系石斧が出土しており (林田編 2007)，同様の現象と理解している。

31) しかしながら，ホダー自身の 1984 年の論文では，考古学的なデータによって得られる現象面と理論のあいだには大きな乖離があることを示すなかで「先史時代の交換形態は直接的には観察できない」ものであるとし，自説に否定的な見解を示している (Hodder 1984, p. 26)。また，異なる交換メカニズムでも現象としては同様の可視的パターンを描きうることがシミュレーション分析により示されており，レンフリューの交換モデル (Renfrew 1975) は，一般化しすぎているとの批判がある (Hodder and Orton 1976)。

第3節　片刃石斧の生産と消費形態

　本節では弥生時代における片刃石斧について検討する。弥生時代は杭・板や木製農具など水田稲作を営むうえで必要不可欠な施設や道具類の生産に，木材加工具としての各種の片刃石斧が重要な役割を担ったものと考えられる。生産道具を生産する道具として片刃石斧は位置づけられるが，それは列島の在来文化に基本的に存在しなかった（系譜がたどれない）物質文化であることから，どのようにこれを受容し展開したかを考察することは非常に重要である。

　弥生時代の前半期における片刃石斧（柱状片刃石斧・扁平片刃石斧・鑿形石斧）は，第2章第4節で検討したように弥生時代開始期には朝鮮半島南部からの少量の搬入品（完成品）が認められるものの，弥生前期末以降，数量の増加とともに強い材質的な統一性を示すことが指摘されている（下條編1994など）。このような片刃石斧に特定の石材が用いられ広域的に分布するという在り方は，大陸系磨製石器の受容といった現象のみならず，生産・消費の在り方の変化を示唆するものといえる。しかしながら，片刃石斧の生産や流通，使用石材についての研究は低調で，農耕文化に伴う新たな道具群である片刃石斧がどのようなメカニズムで生産・流通していたのかはこれまで不明であった。

　そこで本節では，層灰岩[32]と呼称される石材を用いた片刃石斧に焦点を当て，生産・流通の動態について検討し，他の物質文化との比較を試みることで，その歴史的背景について考察したい。

1．本節の課題

　研究史における問題の所在として，北部九州地域の片刃石斧に多用されている層灰岩の石材原産地および石斧の製作地が不明であり，そのことに起因して生産・消費が未解明であることが挙げられる。また，層灰岩の石材原産地の候補は石材の直接的な比較（肉眼観察）により述べられる傾向が強く，考古学的な検討はほとんどなされていない状況である。片刃石斧の生産・消費の問題は，型式変遷や地域性に関する議論と大きく関連し，さらには朝鮮半島南部と北部九州間の交流関係といった歴史的な評価にも影響を及ぼす。例えば韓国金海・大清遺跡や大邱・燕岩山遺跡では，北部九州地域でみられるものと形態や葉理方向などの諸特徴が酷似する扁平片刃石斧が，円形粘土帯土器（水石里式，弥生前期後半から中期初

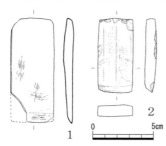

図3-29　朝鮮半島南部の扁平片刃石斧（S＝1/3）
（1：燕岩山・2：大清）

32）この石材について報告書などでは「（珪質）層灰岩」と呼称されることが多いものの，頁岩，シルト岩，泥岩など様々な名称で記載されており混乱がみられる。

第3章 弥生時代北部九州における石器生産と消費形態

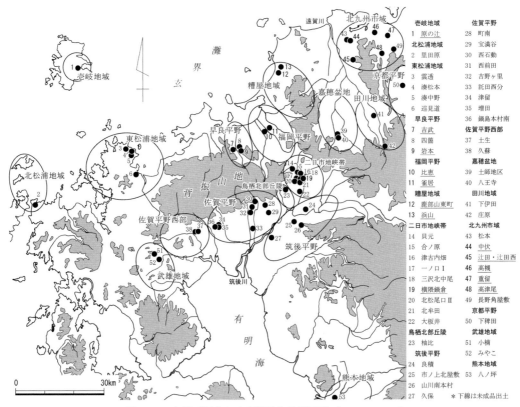

図 3-30　本節で対象とする遺跡と地域区分（S＝1/800,000）

頭に併行する時期）と共伴している（李在賢編 2002；尹容鎭ほか 2011）（図 3-29）[33]。

　これらの問題に対し，考古学的研究として層灰岩製片刃石斧の完成品，未成品を悉皆的に集成し出土傾向を把握すること，完成品の法量や製作技術的分析をふまえ分布論的検討をおこなうことが必要不可欠である。このような分析に立脚して，層灰岩製片刃石斧の生産・消費を明らかにすることにより，弥生時代における集団間関係，交流関係とその背景について接近することが可能になると考える。

2. 資料と方法

（1）対象資料

　本節ではⅡ期（弥生前期末〜中期前半）の北部九州地域（遠賀川以西地域）における 45 遺跡，片刃石斧 847 点（そのうち未成品 99 点）を対象資料とする。対象地域について平野や盆地など自然地形的な区分を基準として 16 の小地域を設定する（図 3-30）。また，遠賀川以東の東北部九州（北九州市域・京都平野地域）は北部九州地域と区別し，当該時期に属する 8 遺跡，片刃石斧 289 点（そのうち未成品 93 点）を中心に検討する（図 3-31）。

33）使用石材は不明であるが，葉理方向は縦目系である。

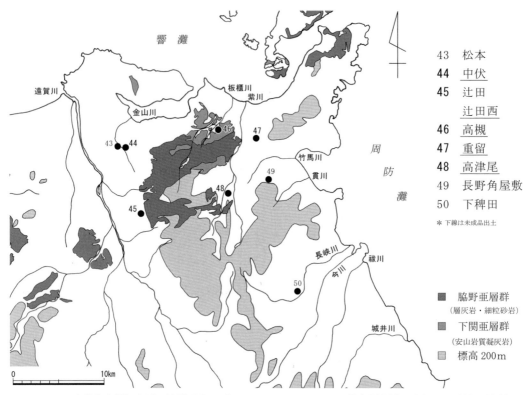

図 3-31　東北部九州における遺跡分布図（S＝1/400,000，図 3-30 の北九州市域・京都平野地域に対応）

（2）分析方法

本節では，先行研究における以下の未検証の仮説を検証することで問題の解決を図る。

仮説 A：弥生時代における片刃石斧に多用された層灰岩は北九州市域・脇野亜層群産である（梅﨑 1999・2005；柏原 2002）。

さらに，仮説 A は石材原産地の利用・製作の在り方の差異によって仮説 A-①と A-②の二つに細分できる。

A-①：北九州市域に所在する遺跡で製作され，完成品として北部九州地域に広域的に流通した。

A-②：石材原産地が共同的に利用された結果，素材や未成品が広域的に北部九州地域に分布した。

仮説 B：弥生時代における片刃石斧に多用された層灰岩は北九州市域・脇野亜層群産ではない（正林・村川編 1988；宮﨑 2001・2008）。

・検証のための条件

仮説 A-①であるならば以下の条件 I・II を満たすはずである。

Ⅰ：層灰岩製片刃石斧の未成品が北九州市域（脇野亜層群・板櫃川周辺）に所在する遺跡に集中して認められ，北部九州の他地域では未成品や素材がほとんど出土しない。

II：完成品に認められる製作技術的・形態的特徴が北九州市域と北部九州地域で共通する。

仮説 **A**-②であるならば条件 I とは反対である以下の条件 III を満たすはずである。

III：層灰岩製片刃石斧の未成品が北九州市域（脇野亜層群・板櫃川周辺）に所在する遺跡で
　　はほとんど認められず，北部九州の各地域で未成品や素材が出土する。

また，**仮説 A**（A-①・②）の棄却をもって仮説 B を検証するという手順をとる。

（3）分類で取り上げる属性

分析に入る前に分類作業で取り上げる片刃石斧の属性について検討する。

・器種

法量によって片刃石斧の器種を分類することは，最大幅や最大厚などの属性変異が連続的で
あるため不連続が見出しにくく，非常に困難である[34]。また，石斧長や重量は石斧の使用に伴
い縮小する属性であり（佐原 1994），製作時の状態を示していない。さらに，抉りの有無や基
端部形状などの非計測的属性も必ずしも器種と対応する属性ではない。したがって本節では先
行研究における分類（寺前 2002）を参照しつつ，便宜的に最大幅 3.5cm 前後で厚斧率（最大
厚／最大幅）0.8 以上のものを柱状片刃石斧，厚斧率 0.8 未満のものを扁平片刃石斧，最大幅
1.5cm 前後で厚斧率 0.8 以上のものを鑿形石斧と設定する。

・使用石材

本来ならば対象資料をすべて実見し基準化することが望ましいが，本節では報告書の図版や
記載内容も参考にした。層灰岩製片刃石斧には以下の特徴があり，使用石材を判断する際の基
準とした。①色調として灰黄褐色と黒灰色の互層状で，風化していない新鮮な面は漆黒色を呈
する[35]。②葉理が発達しており，縞目が比較的明瞭に観察される。③石材の粒度が非常に緻密
で重量感がある。また，研磨された面は非常に滑らかで光沢がみられる場合もある。

・石材の葉理方向

石材の葉理方向は，片刃石斧の製作技術的属性として扱うことが可能である（中 2008）。中
勇樹の分類にならい，堆積岩の葉理方向が片刃石斧の刃部に平行するもの（横目系）と直交す
るもの（縦目系）に分類する。先述したように，片刃石斧の未成品が多量に出土している壱岐
市原の辻遺跡においては，縦目系のみで占められ横目系を含まないことが指摘されている（福
田 2005）。

・横断面形

製作技術の差異により，片刃石斧の横断面形に差が生じる可能性がある（福田 2005；中 2008
参照）。すなわち，横断面形を検討することで，製作技術的な差異についてもある程度認識す

34）逆にいえばこのことは，片刃石斧の器種分化がさほど厳密ではなかったことを示している可能性がある。
　　また，石斧の破損後に扁平片刃石斧から鑿形石斧への器種替えも存在したものと考えられ，法量に基づいた
　　器種分類を困難にしている。

35）埋没環境・風化過程により器面の色調に顕著な差異が認められる。水分の多い土壌では漆黒色・青灰色
　　であり（原の辻遺跡，福岡市雀居遺跡，神埼市託田西分貝塚など），乾性土壌では風化が進行し灰黄褐色の
　　色調を呈する（小郡市三沢北中尾遺跡，北松尾口遺跡 II 地点など）。

ることが可能になると考える。このことについては資料の実見・観察を通して確認している。

・法量

石斧の破損・再生（研ぎ直し）による形態変化（佐原1994）などのバイアスを減らすため，変化しにくく製作時の形態を示す可能性の高い属性である最大幅，最大厚を用いる（寺前2001）。

3. 北部九州における片刃石斧の検討（仮説A-②の検証）

(1) 未成品・剝片類の分布状況

まず，北部九州地域における片刃石斧の未成品・剝片類の分布状況をみる。未成品や剝片類の出土は，その遺跡において石器の製作がおこなわれたことを示す証拠になる[36]。II期において，壱岐市原の辻遺跡で未成品・剝片類が約70点みられるが[37]，これを除外すると，北部九州地域では片刃石斧の未成品・剝片類の出土量は少量である（図3-32）。福岡市今山遺跡における石斧未成品（約1,000点），飯塚市立岩遺跡群における石庖丁未成品（約1,000点）と比較するまでもなく，北部九州地域において片刃石斧未成品の出土量はきわめて些少であることがみてとれる。

さて，原の辻遺跡の集落の形成期は弥生前期後葉から前期末であり，不條地区，閻繰地区（台地北側から北西側の低地一帯）では片刃石斧未成品，剝片類，木器未成品が多く出土している（宮﨑2001・2008）。これらの地区では119点の朝鮮系無文土器・擬朝鮮系無文土器が出土しており（宮﨑2008；古澤2010），原の辻遺跡のなかで最も集中する。このことから朝鮮半島南部からの人々の渡来が，片刃石斧の製作の契機となっていた可能性を指摘できる。

層灰岩製片刃石斧に注目すると，原の辻遺跡で55点出土しているほかは北部九州地域において大量に出土している遺跡は認められない。古賀市鹿部山東町遺跡において10点，福岡市比恵・那珂遺跡群，雀居遺跡，神埼市吉野ヶ里遺跡などにおいて数点ずつ出土しているものの，製作遺跡としては非常に小規模といえる。九州島内においては層灰岩製片刃石斧の製作に伴う剝片がほとんど出土していないことから，小郡市横隈鍋倉遺跡例（図3-32-12）のように剝離調整と粗い研磨調整が施された未成品の形態，あるいは製品として流通していた可能性が考えられる。

(2) 完成品の石材構成と分布状況

図3-33は片刃石斧完成品の石材構成について地域別にみたものである。原の辻遺跡において層灰岩製片刃石斧が数多く認められ，118点中106点（89.8％）を占める。次に特徴的であるのは二日市地峡帯地域で185点中136点（73.5％）を占め，出土点数が非常に多い点である。二日市地峡帯地域において片刃石斧が集中する状況は，I期後半以降における当該地域の

---

36) ただし未成品のみが出土した場合，遺跡外部からの搬入形態を示している可能性がある。

37) 原の辻遺跡出土の片刃石斧製作関連資料の多くは未報告であり，正確に出土点数を述べることができない。データの精査は今後の課題である。

第3章 弥生時代北部九州における石器生産と消費形態

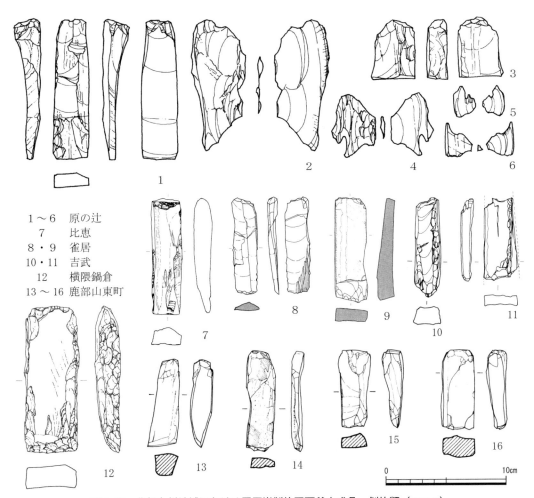

図 3-32 北部九州地域における層灰岩製片刃石斧未成品・剝片類 (S=1/3)

人口増加とそれに伴う物財や情報の「集積効果」が背景として存在するものと考えられる。早良平野地域においては現状では層灰岩製片刃石斧がみられない。川越哲志が「外国産」と想定した早良区四箇遺跡出土の片刃石斧（川越 1978, p. 24）は灰白色あるいは白色の色調を呈し，層灰岩製のものとは異なる特徴を有する。

以上の3地域を除外すれば，各地域において層灰岩製片刃石斧が一定量存在する状況といえる。

層灰岩製片刃石斧の分布状況をみると，壱岐地域（原の辻遺跡）と二日市地峡帯地域に集中するほかは各地域において数点から30点前後の出土点数である（図3-34）。器種ごとにみると層灰岩は扁平片刃石斧・鑿形石斧の素材として多く用いられ，柱状片刃石斧はやや少ない状況である。柱状片刃石斧は砂岩ホルンフェルスなど，層灰岩とは別の石材も多く認められることから，このような石材選択の差異が片刃石斧の器種組成に影響したものと考えられる。

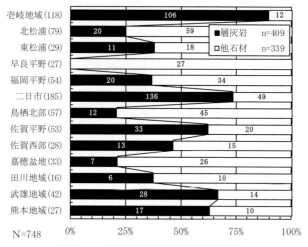

図 3-33 片刃石斧の分布状況（II期）

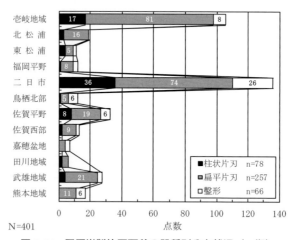

図 3-34 層灰岩製片刃石斧の器種別分布状況（II期）

(3) 片刃石斧の葉理方向の検討

　筑紫野市貝元遺跡，行橋市下稗田遺跡出土の層灰岩製片刃石斧の葉理方向を比較する（表3-1）。貝元遺跡の片刃石斧の葉理方向は縦目系が一般的であり 22 点中 17 点（77.2%）を占め，横目系は含まれていない。一方，下稗田遺跡においても，片刃石斧の葉理方向は貝元遺跡と類似し 26 点中 24 点（92.3%）が縦目系である。ただし，下稗田遺跡では扁平片刃石斧において横目系が 2 点（7.7%）含まれていることは注意される[38]。

　このように，二日市地峡帯地域と京都平野地域という距離を隔てた 2 遺跡（貝元遺跡・下稗田遺跡，約 60km 離れている）において層灰岩製片刃石斧の葉理方向が一致する状況から，層灰岩の原石から石斧素材（ブランク）を取り出す方法が共通していたことが窺える。これらの

---

38) 下稗田遺跡出土の層灰岩製片刃石斧のうち横目系のものは，後述する北九州市域で製作されたものの可能性がある。

第 3 章 弥生時代北部九州における石器生産と消費形態　　　　95

表 3-1　片刃石斧の葉理方向（上段：貝元・下段：下稗田）

14	葉理方向	柱状片刃		扁平片刃		鑿　形	
		層灰岩	他石材	層灰岩	他石材	層灰岩	他石材
貝元	縦目系	1	4	14	3	2	1
	横目系				1		
	不明		1	2	2	3	1
	計	1	5	16	6	5	2

50	葉理方向	柱状片刃		扁平片刃		鑿　形	
		層灰岩	他石材	層灰岩	他石材	層灰岩	他石材
下稗田	縦目系	7	21	14	3	3	3
	横目系			2	1		1
	不明		10		2		
	計	7	31	16	6	3	4

遺跡周辺において片刃石斧の未成品や剥片が出土していないこともふまえるならば，完成品に近い状態で遺跡に搬入されたと考えられる。

（4）小結

　北部九州地域では，原の辻遺跡を除き層灰岩製片刃石斧の未成品の出土はきわめて少量であり，剥片類もほとんど認められない。また，葉理方向は汎地域的に縦目系が一般的であることから，横隈鍋倉遺跡例のような，完成品に近い形態で広域的に流通していた可能性が高い。したがって検証のための条件 III を満たさず仮説 A-② は棄却される。

4．北九州市域（遠賀川以東地域）における片刃石斧の検討（仮説 A-① の検証）

（1）片刃石斧未成品の石材構成

　北九州市域における片刃石斧の未成品の分布状況について，使用石材に着目して検討する。柱状片刃石斧の未成品は高槻遺跡以外では確認できない。また，脇野亜層群に由来する層灰

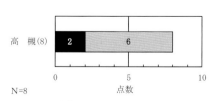

図 3-35　柱状片刃石斧未成品の石材構成

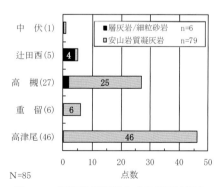

図 3-36　扁平片刃石斧未成品の石材構成

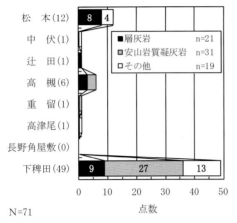

図3-37　柱状片刃石斧完成品の石材構成

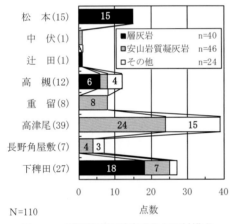

図3-38　扁平片刃石斧完成品の石材構成

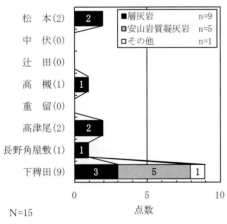

図3-39　鑿形石斧完成品の石材構成

岩，細粒砂岩系石材のものは8点中2点（25.0％）で主体的ではない。北九州市域では柱状片刃石斧の未成品自体が少量で，ほとんど出土していない状況である（図3-35）。扁平片刃石斧の未成品は対象遺跡8遺跡中5遺跡で確認できる。脇野亜層群に由来する層灰岩，細粒砂岩系石材は辻田西遺跡，高槻遺跡で6点（7.1％）出土しているものの，下関亜層群に由来する安山岩質凝灰岩が79点（92.9％）と大多数を占めている（図3-36）。特に高津尾遺跡では，出土している扁平片刃石斧未成品46点のすべてが安山岩質凝灰岩製である。この石材は高槻型石斧と呼称される両刃石斧の素材であり（梅﨑1989ほか），同一の石材を用いて複数の石斧器種を製作していたことを示している。なお，鑿形石斧の未成品は確認できない。

以上から，層灰岩製片刃石斧の未成品が北九州市域（脇野亜層群・板櫃川周辺）に集中する状況は認められず，石材構成として層灰岩はむしろ補完的な状況であったことが明らかになった。

（2）片刃石斧完成品の石材構成

次に片刃石斧完成品（製品）の石材構成をみる。柱状片刃石斧，扁平片刃石斧，鑿形石斧すべての器種に層灰岩製が一定量含まれていることがわかる（図3-37～3-39）。松本遺跡では片刃石斧の製作の痕跡は認められないが，29点中25点（86.2％）を占めている（図3-40）。下稗田遺跡においては，扁平片刃石斧を中心に層灰岩製が認められる。しかし，前述したように重留遺跡や高津尾遺跡などの安山岩質凝灰岩を用いて片刃石斧が製作されていた遺跡では，層灰岩製片刃石斧はほとんど含まれず，やはり安山岩質凝灰岩製片

第 3 章　弥生時代北部九州における石器生産と消費形態　　97

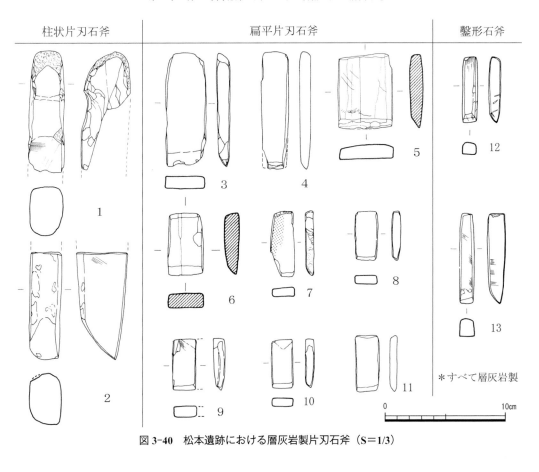

図 3-40　松本遺跡における層灰岩製片刃石斧（S＝1/3）

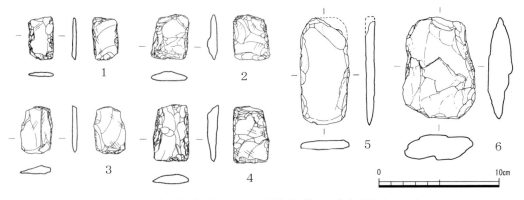

図 3-41　北九州市域における層灰岩製扁平片刃石斧未成品（S＝1/3）

刃石斧が主体的である。このことは，松本遺跡で認められるような層灰岩製片刃石斧が北九州市域で製作されたのではなく，完成品に近い形態で北九州市域の外部から搬入されていたことを示している。

（3）石材の葉理方向と横断面形

　北九州市域の層灰岩製片刃石斧の未成品をみると，横断面形が矩形（長方形）ではなく，いびつな楕円形を呈するものが多い。この特徴を最も示す器種が扁平片刃石斧である（図3-41）。一つの剥離面が主面，裏面の全体に及んだものが多く，石材の葉理によって剥離が遮られる縦目系の製作技術的特徴（福田2005）（図1-3）がまったく認められない。したがって，北九州市域において製作された層灰岩製片刃石斧の葉理方向は，横目系が主体的であったと判断できる。また，安山岩質凝灰岩製片刃石斧の葉理方向についても同様の傾向が窺える。松本遺跡においては未成品は出土していないが，層灰岩製片刃石斧がまとまって出土している。葉理方向は縦目系のみで占められ（図3-40），前述した筑紫野市貝元遺跡や行橋市下稗田遺跡出土の層灰岩製片刃石斧の状況と一致する。このことから，北九州市域においても遺跡によっては層灰岩製片刃石斧が完成品に近い形態で入手されていた可能性が指摘できる。

　あらためて製作技術に着目すると，縦目系は石材の葉理と直交する剥片剥離を必要とするため，製作が困難である。一方，横目系は石材の葉理に沿って剥片素材を獲得するため，製作が相対的に容易であると考えられる。北九州市域における片刃石斧は，基本的に在地産（下関亜層群由来）の安山岩質凝灰岩を用いて，製作がより簡易な横目系の製品が製作されていたとみられる。

（4）法量

　北九州市域において製作されている片刃石斧は，以上述べたような製作技術や横断面形のみでなく法量についても北部九州地域との差異が認められる。北部九州地域の片刃石斧と法量を比較したものが図3-42・3-43である。北部九州地域の片刃石斧のうち厚斧率0.8未満の層灰岩製扁平片刃石斧に着目すると，幅2～3cmに集中している（図3-42）。未成品をみると幅が狭く平面形において細長い形態のものが多く，完成品の形態と整合的である（図3-32）。また，層灰岩製のものは他石材製のものに比べ薄手の傾向が認められる。一方，北九州市域において製作されている安山岩質凝灰岩製扁平片刃石斧の法量について高津尾遺跡を例にみると，変異が非常に大きいが，幅3cm以上のものが多い（図3-43）。法量の変異は連続的であることから，大型品・小型品などのようにサイズが分化していた可能性は低いと考えられる。したがって，北九州市域において製作されていた安山岩質凝灰岩製片刃石斧は形態的な規格性が低く，北部九州地域における層灰岩製片刃石斧とは幅に関する志向性が異なっていたといえる。

（5）小結

　北九州市域では，脇野亜層群に産出する層灰岩を用いた片刃石斧製作はほとんどなされず，片刃石斧には下関亜層群に由来する安山岩質凝灰岩が主に用いられていた。また，製作技術や法量の傾向も，北部九州地域で一般的に認められる層灰岩製片刃石斧とは異なるものであった。したがって検証のための条件I・IIを満たさず，仮説A-①は棄却される。

第 3 章　弥生時代北部九州における石器生産と消費形態　　99

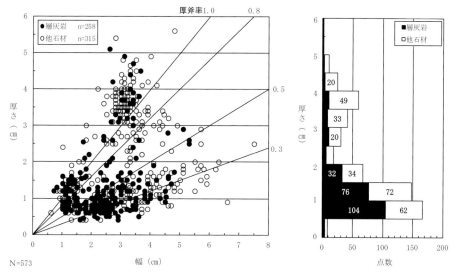

図 3-42　北部九州地域における片刃石斧の法量（II 期）

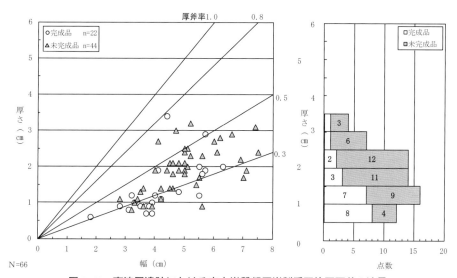

図 3-43　高津尾遺跡における安山岩質凝灰岩製扁平片刃石斧の法量

5. 層灰岩製片刃石斧の消費形態

ここでは層灰岩製片刃石斧の消費形態について，消費過程における変形に着目して検討する。

（1）属性の検討

片刃石斧の消費形態を検討するために，まず現代の大工道具（平鑿）における刃部の変形過程を参照する。刃の付け直し（刃部の補修・維持）に伴う変形は，鑿の全長と刃部の形態に最

も反映される（西岡 2003, p. 54）（図 3-46）。これらの属性カテゴリーは，片刃石斧の消費過程を把握するうえでも有効と考える。

片刃石斧は，刃縁の破損・磨耗→刃部再生のための研ぎ直し，もしくは刃部の折損→再加工→刃部再生という過程を経る。いかなる消費過程を経ても，石斧の全長が縮小する方向にあることは明らかであるが，石斧の刃部形態が変形過程とどのような関係にあるのかは不明である。このことを明らかにするために石斧の全長と刃部形態（刃部縦断面形・刃角）の関係を器種別に検討する（図 3-44・3-45）。これは刃部形態の可変性・非可変性といった，消費過程における片刃石斧の属性の評価に関わる内容である。

まず，扁平片刃石斧について全長と刃角の関係をみると，ほとんど相関していないことがわかる（図 3-47）。つまり，石斧の使用に伴って長さが縮小しても，必ずしも刃角は変化していないといえ，刃角は研ぎ減りや刃部再生の影響をさほど受けていないと評価できる。同じ刃角へと刃部が研ぎ直されたといえよう。

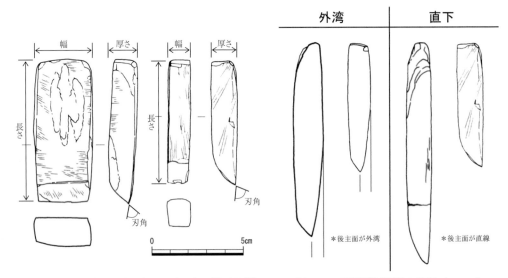

図 3-44　計測項目（左：扁平片刃石斧・右：鑿形石斧）　　図 3-45　刃部縦断面形の分類（S＝1/2）

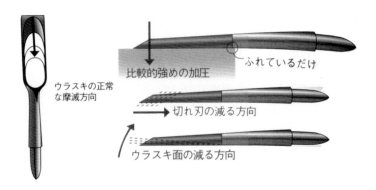

図 3-46　鑿の刃の変形過程（大工道具研究会編 2010）

第3章 弥生時代北部九州における石器生産と消費形態

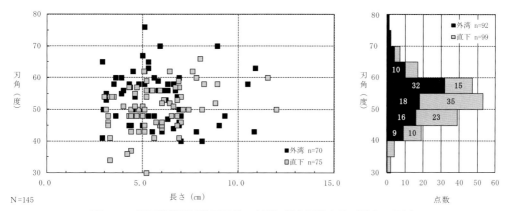

図 3-47 層灰岩製扁平片刃石斧の変形に伴う属性変異（長さ×刃角）

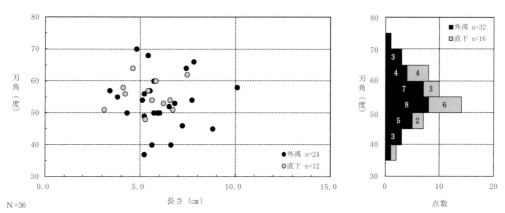

図 3-48 層灰岩製鑿形石斧の変形に伴う属性変異（長さ×刃角）

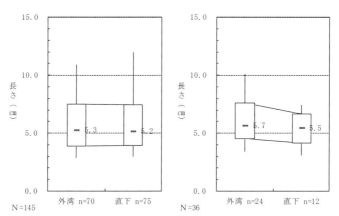

図 3-49 変形に伴う属性変異（長さ×刃部縦断面形）
（左：扁平片刃石斧・右：鑿形石斧）

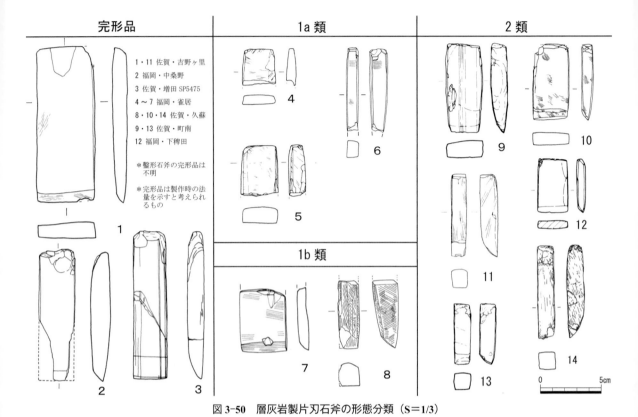

図 3-50　層灰岩製片刃石斧の形態分類（S＝1/3）

鑿形石斧についても長さと刃角はほとんど相関していないことがわかる（図 3-48）。また，全長と刃部縦断面形についても相関していない（図 3-49）。以上の検討から明らかなように，石斧の変形過程に応じて石斧の刃部形態（刃角・刃部縦断面形）は変化せず，同じ刃部形態のまま縮小したと考えられる。したがって研ぎ直しによる石斧の縮小と刃部の形態は，相関関係がほとんどないといえる。

これらのことから，片刃石斧の消費形態を検討するには刃角よりも全長の方が有効な属性といえる。本節では石斧の全長を重視して片刃石斧の消費形態の分析をおこなう。

(2) 形態分類（図 3-50）

以上の属性に関する検討をふまえ，片刃石斧のライフ・ヒストリーに即して形態を分類する。

完形品：製作時の法量を示すと考えられるもの。ただし全長を把握できる片刃石斧の未成品がほとんど存在しないことから本来の長さを示しているかは不明である。佐賀市増田遺跡 sp5475 木棺墓出土資料（図 3-50-3）のようにほとんど刃部が消耗していないとみられる資料から把握する。

1a類：石斧の刃部側を欠損しているもの。ただし砥石などに転用したものは除外する。

1b類：石斧の基部側を欠損しているもの。ただし端部に再研磨を施したものは 2 類に包含する。

2類：基部から刃部まで完存しているもの。刃縁端部が丸みをもつ，もしくは刃が偏ったものが多いため，基本的に刃部の再生を経て縮小した結果とみる。

以上の分類では，刃部の研ぎ直しとそれに伴う縮小により，完形品から2類の変形過程を想定する。また，破損資料である1a類・1b類に再加工が施され2類へと再生される変形から，1a類・1b類→2類の過程を想定する。

(3) 各形態の分布状況

以上の形態分類をふまえて扁平片刃石斧について分布状況を検討する。対象時期はII期前半である。

・**法量の地域間比較**（図3-51・3-52）

層灰岩製片刃石斧の分布をみると，どの地域においても2類が多い状況が認められる。2類は石斧長6.0cmに集中し，全長に明瞭な地理勾配や傾向性は認められない（図3-51・3-52）。

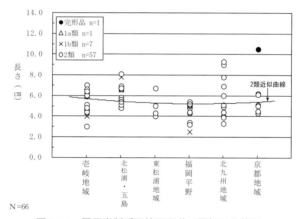

図3-51　層灰岩製扁平片刃石斧の再加工の状況
（玄界灘沿岸—響灘—周防灘）

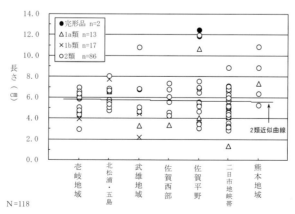

図3-52　層灰岩製扁平片刃石斧の再加工の状況
（玄界灘沿岸—有明海沿岸—二日市地峡帯）

また，層灰岩製片刃石斧の主要な製作地と想定している原の辻遺跡でも，極端に石斧長の長い2類や1a類は認められない。ただし佐賀平野地域においてはやや石斧長の変異幅が大きい（吉野ヶ里遺跡，津留・増田遺跡，託田西分貝塚など）。二日市地峡帯地域では石斧長5.0cmに集中している（貝元遺跡，一ノ口遺跡Ⅰ地点，三沢北中尾遺跡など）。前述したように石斧の入手量が非常に多い二日市地峡帯地域においてもかなり縮小しているといえる。

　石斧の欠損状況にもよるとみられるが，片刃石斧が汎地域的に縮小するまで使い込まれた（使用が継続した）様相が確認された。

　現在のところ層灰岩製片刃石斧が斧柄に着柄された状態で出土した事例はないが，扁平片刃石斧は斧台先端を一段削り込んで装着面をつくる曲柄（まがりえ）（横斧Ⅱ類）に着柄されたと考えられる（第4章第3節）。石斧と斧柄の接触面，すなわち斧台の長さは3〜4cmのものが多い。扁平片刃石斧は石斧長6.0cm前後の2類が多いことから機能部分は約2cmであり，使用可能な限界まで使い込んでいたといえる。

　また鑿形石斧の柄は不明な点が多いが，鳥取県青谷町青谷上寺地遺跡から出土した鹿角製柄付鉄鑿（図3-53）は3.8cmほど柄の内部に入り込んでいる。鑿形石斧は石斧長5.5cm前後の2類が多いため，扁平片刃石斧と同様，使い込んでいたと推定される。このような柄に着柄されていた場合，鑿形石斧の機能部分の長さは約2cmであり，これも使用限界に近いといえる。

(4) 小結

　層灰岩製片刃石斧は，汎地域的に縮小したものが多い。このことは第3章第2節で明らかに

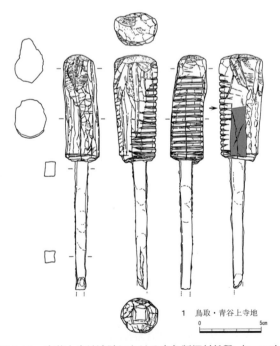

1　鳥取・青谷上寺地

図3-53　青谷上寺地遺跡における鹿角製柄付鉄鑿（S=1/3）

した，今山系石斧の消費形態とは大きく異なっている。層灰岩製片刃石斧の消費形態は以下のようにモデル化される。

　モデル：片刃石斧に適した良質石材（堆積岩類）の産地がない環境的状況→製品として入手
　　→層灰岩製片刃石斧に依存し，使い込む。

　また，上にみたモデルは，樹木の伐採から製材・木製品の製作までが一連の過程として進行していなかったことを示しているとみられる。それぞれの石斧の消費形態をみるならば，土地開発・伐採（今山系石斧の入手—消費）と成形・製形，木製品製作（層灰岩製片刃石斧の入手—消費）にはレベル差（時間差・小地域内での差異を含む）が認められる。今山系石斧は短期的（一時的）な消費もある一方で，片刃石斧は長期的に使用された可能性が考えられる。

　木工活動に際しての石斧の器種は，それぞれ扱われ方（消費に関わる「決裁」のレベル）が異なっていたとみられる。大陸系磨製石器（石斧）としてまとめられる「道具群」は，消費の脈絡でみた場合，それぞれ異なる動態を示すことが明らかとなった。

6. 層灰岩製片刃石斧の生産・消費形態の背景

（1）他の物質文化との比較

　II期における他の物質文化と比較することで，層灰岩製片刃石斧の生産・消費形態の背景について考察する。

・今山系石斧

　II期における両刃石斧の分布状況は，多くの地域で今山系石斧が構成比率の80％を超え，他石材製石斧により両刃石斧を補完する状況は基本的にみられない（第3章第2節）。

　一方，層灰岩製片刃石斧も特定の地域をピークとして構成比率が減衰するような地理勾配を描いていない。すなわち，どの地域（九州島西端の里田原遺跡，東端の下稗田遺跡も含む）においても一定量（30％以上）存在する状況である。また，イレギュラーな出土量のピークを示す壱岐地域（原の辻遺跡）や二日市地峡帯地域の周辺では層灰岩は産出しない。

　今山系石斧に用いられた玄武岩は伐採用両刃石斧としてのみ機能する一方，層灰岩は片刃石斧類に器種（柱状片刃石斧・扁平片刃石斧・鑿形石斧）を横断して使用されていたことも着目できる。層灰岩製片刃石斧が流通する際に複数の器種が含まれていることは，器種別の機能に即したかたちでの入手ではなく，木工活動に際してのトゥール・キット総体として入手，使用されていたことを示している。すなわち，木工活動における樹皮剥ぎ，粗削り（成形），細削り（整形），刳り・穿孔という多様な作業に層灰岩製片刃石斧が用いられているのである。

・初期鉄器（鋳造鉄斧再加工品）

　層灰岩製片刃石斧が出土する遺跡は鋳造鉄斧の再加工品も出土する事例が多い。このような事例は，II期における片刃石斧の流通現象のなかに鋳造鉄斧再加工品が入っていた，すなわち木工活動に関連する道具のカテゴリーのなかに鋳造鉄斧再加工品も含まれていたことを示唆する。また，層灰岩製片刃石斧は福岡県築上郡上毛町中桑野遺跡，愛媛県西条市大久保遺跡[39]，島根県松江市西川津遺跡など，いずれもII期において点的ではあるが西日本各地に分布して

いる（図3-54）。これらの遺跡において鋳造鉄斧の破片・再加工品が出土している点は，看過できない事象と考える。

これらの鉄器の大半は袋状土坑，竪穴住居跡などの集落域から出土し，基本的に墓には副葬されない[40]。このことは，II期の社会において鋳造鉄器の破片が実用的な道具として認識され，利用されていたことを示している。加藤徹によれば，鋳造鉄斧やその破片は首長間の交換関係ではなく，社会の垂直的な階層区分ではより下層の一般構成員の交換関係によって流通していたとされる（加藤 2008, p. 64）。当該期における鋳造鉄斧破片の形態とその分布状況から考えられる流通は図3-55のように復元されており，北部九州地域，特に二日市地峡帯地域の状況は層灰岩製片刃石斧の流通，および今山系石斧の流通ルートによく符合する。層灰岩製扁平片刃石斧と鋳造鉄斧破片がセット関係をもって流通していたかは明らかではないが，流通様態が類似する状況をみると，まったく異なる脈絡で流通していたとは考えがたい。さらに鋳造鉄器の破片を利用した再加工品は層灰岩製扁平片刃石斧の長さや幅に近似していることから，磨

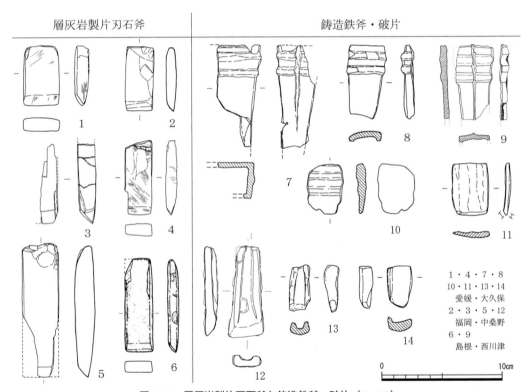

図 3-54　層灰岩製片刃石斧と鋳造鉄斧・破片（S＝1/3）

---

39) 大久保遺跡では層灰岩の原石も出土しているが，未成品や剝片など片刃石斧の製作痕跡は認められない。原石と扁平刃石斧は表面の色調や質感において差異があり，石材原産地が異なるものと考えられる。

40) 埋葬施設に伴う鋳造鉄斧として確実な例は，弥生終末期の広島市西願寺遺跡群出土例のみである（加藤 2008）。

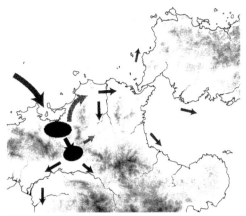

弥生時代前期後半～中期前半

図 3-55 鋳造鉄斧とその破片の流通（加藤 2008）

製石器の使用方法に即したかたちで鉄器が部分的に導入されたと考えられる（笹田 2014）。

以上から，北部九州地域において初期鉄器である鋳造鉄斧とその破片の導入は，片刃石斧を含む石器生産・消費システムのなかで果たされたと考えられよう。

（2）層灰岩原産地の推定と派生する問題── 流通開始の契機 ──

本節の分析の結果，弥生時代における片刃石斧に多用された層灰岩が北九州市域・脇野亜層群産である，という仮説は棄却された（仮説 A-①・②の棄却）。片刃石斧に用いられた層灰岩が北九州市域・脇野亜層群に求められない（仮説 B）とするならば，その石材原産地はどこに存在するのであろうか。この問題について，表層地質図をもとに検討してみたい。

表層地質図からは北九州市域周辺以外では，対馬島，朝鮮半島東南部が考えられる[41]。正林護は平戸市里田原遺跡出土片刃石斧の石材に用いられている頁岩の原産地として対馬市厳原などを想定している（正林・村川編 1988）。また宮崎貴夫は，壱岐市原の辻遺跡不條地区，閏繰地区出土の石器未成品（石庖丁・石鎌・石斧など）にみられる頁岩・粘板岩を対馬産と想定している（宮崎 2001, p. 61-62）。原の辻遺跡では層灰岩製片刃石斧の未成品が 55 点，完成品が 106 点出土しているが，層灰岩などの良質な堆積岩類は壱岐島内で産出しないため，これらが搬入品であることは確実とみられる。

対馬島における石材原産地の可能性としては対州層群下部層ホルンフェルス帯が考えられ，豆酘湾，厳原，塩浜，舟志湾，泉湾，佐護などの海岸部や小河川の流域が候補地である（図 3-56）。筆者の巡検では，対馬島南部の豆酘周辺に層灰岩に類似する細粒砂岩などの堆積岩系

---

41) ここで山口県下関市菊川町を石材原産地とする説（西口 2004）について述べておく。菊川町下七見遺跡では片刃石斧が製作されているものの型式学的に弛緩したものであり，北部九州地域に広く流通するものとは形態的に懸隔があることから，可能性は低いと考え除外した。下七見遺跡で製作された片刃石斧の流通については今後の課題である。

石材が転礫（角礫）として散布していることを確認している。現状では理化学的分析が不十分であり不明であるが，対馬島であれば南部の小河川（神田川・権現川など）が石材の採取地として考えられる。

　他方，朝鮮半島南部では東南部（慶尚道地域）に分布発達する洛東層群が候補地として考えられる（図3-57）。洛東層群は中生代の生成過程を経ており，堆積した泥砂が熱変性を受けつつ，火山の降灰作用を挟みながら生成している。いずれも砂岩や頁岩とされ凝灰質であることが多く（梅﨑2004），層灰岩の岩石的特徴と適合する[42]。第2章で検討したように朝鮮半島南部における片刃石斧の大規模な製作遺跡としては，大邱・燕岩山遺跡（水石里式，弥生前期後半から中期初頭併行）（尹容鎭ほか2011），高霊・鳳坪里遺跡（青銅器時代後期）（裵成爀ほか編2011）が知られる。

　さてその場合，石材原産地を特定することは困難な状況ではあるが，いずれにしろ九州島の「外部」から石器が搬入されていたことを示している。従来の研究によると弥生時代の石器の生産・流通は，弥生時代の前半期をつうじて九州島の「内部」で良質な石材の原産地が開発され，小地域間の分業化が進展するなかで広域流通する石器が出現するという見解が一般的であった（下條2003など）。しかしながら九州島の「外部」に石器石材が求められ，「完成品」が広域的に流通するという現象は，石器生産・消費システムがこれまでの研究で指摘されてきた以上に重層的であったことを示唆する。II期においては，朝鮮半島南部からの人々の渡来などの外的な影響を契機として，石器の流通が成立・展開する過程も一方では存在したことが考えられるのである。

　前述したように片刃石斧の未成品や剝片類が多量に出土している原の辻遺跡の不條地区，閼繰地区では，朝鮮系無文土器・擬朝鮮系無文土器が集中している。また原の辻遺跡の集落の形成期は弥生前期後葉から前期末であり，これらの地区はその最初期の居住域とみられている（宮﨑2008）。原の辻遺跡で製作されている片刃石斧の製作技法（葉理方向）は縦目で占められるが，この製作技法は在来の石器製作の伝統に認められない。一方，朝鮮半島南部の青銅器時代から初期鉄器時代の片刃石斧の葉理方向は縦目系のものが比較的多い。

　これらのことから，原の辻遺跡での片刃石斧生産は朝鮮半島南部の片刃石斧の製作技法を知っている人々，具体的には渡来人によるものと考えられるのである。

(3) 小結

　弥生前期後葉頃から層灰岩製片刃石斧は福岡平野の遺跡を中心として少量認められるが（例えば福岡市比恵・那珂遺跡群，雀居遺跡など），弥生前期前半（夜臼式・板付I式）段階は砂岩ホルンフェルスなど層灰岩とは別の石材が主体を占めていたようである。弥生前期末から中期初頭頃に片刃石斧の使用石材の転換が生じていたと考えられ（柏原2002参照），今山系石斧

---

[42] 韓国の報告書において泥岩ホルンフェルス（이암혼펠스）と呼称されることの多い片刃石斧の石材は，洛東層群に由来するものと考えられる。

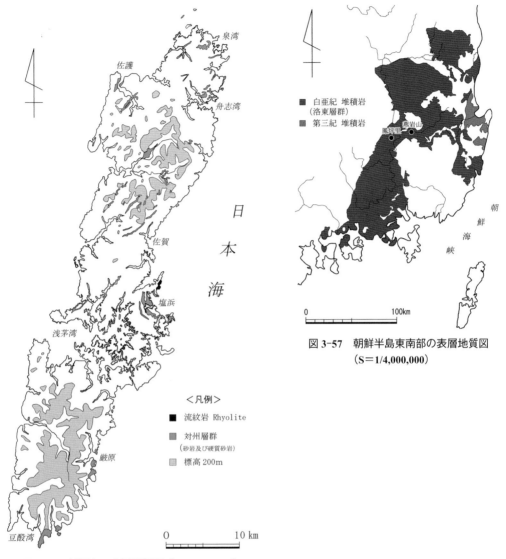

図 3-56 対馬島の表層地質図（S＝1/500,000）

図 3-57 朝鮮半島東南部の表層地質図（S＝1/4,000,000）

の流通や初期鉄器，半島系木製農具の流入（山口 2000）などの様々な考古学的現象と連動している可能性も高い。このような「石器器種と石材の固定化」という現象は，農耕社会の展開過程を考えるうえでも重要な論点と考えられるが（宮本 2009a, p. 127），両刃石斧と片刃石斧とでは石材が固定化される過程が異なる。片刃石斧の「完成品」の広域流通という現象は，木材加工斧が基本的に在来文化に存在しなかった物質文化であったことを遠因として発現したと考えられ，外的影響を背景とする新たな物流として展開したことが示唆されよう。

　片刃石斧未成品の分布状況からは粗加工品が原の辻遺跡に搬入され，原の辻遺跡で製作された完成品が北部九州に流通したと考える。層灰岩製片刃石斧の消費形態の特徴として，汎地域的に使用限界まで使い込まれる傾向が認められた。これは，日常的なコミュニケーションの範

囲の外部から入手されたことが石斧に「遠来」という付加価値を与え使用が長期になった結果
と解釈できる。

　また，鋳造鉄器の再加工品・破片と層灰岩製扁平片刃石斧の分布状況やそれぞれの形態が類
似することから，同一の道具のカテゴリーに含まれていた可能性が高い。このことは列島におけ
る初期鉄器の導入が，石器生産・消費システムの脈絡のなかで果たされたことを示していよう。

第4節　石庖丁の生産と消費形態

1．本節の課題

　立岩系石庖丁の生産・消費の具体的内容が明らかでない。また，この問題について時期的変
遷が検討されておらず，分布形成の過程やメカニズムが未解明である。このことは，第4章で
詳しく検討する石器から鉄器への流通システムの移行論（襴亘田1998；野島2000など）にも大
きく影響する。また東北部九州（遠賀川以東地域）を対象とした先行研究では，弥生中期後半
における石斧の生産・流通の縮小が小地域間関係の弱体化を促し，結果的に石庖丁の生産・流
通にも影響を与えたと評価されている（土屋ぁ2004）。北部九州地域においても同様の現象が認
められるのか，通時的に検討することが必要不可欠である。

2．資料と方法

（1）対象資料

　II期からV期の石庖丁1,463点（所属時期が判断可能な完成品1,049点）を対象とする。石
材は実見観察のほか，報告書の記載を参照した。所属時期は土器の型式により判断した。複数
の時期にわたる場合，新しい時期を所属時期とした。したがって消費地における石庖丁の入手
時期は若干遡る可能性があるが，大きな誤差は生じないものと考える。遺構出土の土器の型式
が3小期以上にわたるものは「所属時期不明」として除外した（414点）。

（2）分析方法

①石庖丁の出土数量について時期ごとに計上する。
②地域ごとに石庖丁の使用石材の組成比を検討し，石材利用の観点から各地域における石庖
　丁の消費傾向と立岩系石庖丁の入手形態の時期的変遷を把握する。

3．立岩系石庖丁の製作

（1）立岩遺跡群における石庖丁の出土傾向

　福岡県飯塚市立岩遺跡群は，遠賀川右岸の幅500m，長さ1kmの南北にのびる低丘陵上に
立地する。標高40mを最高峰とし，それを円環状に取りまいて蝟集する。遺跡の範囲は
東西500m，南北400m強で，この狭隘地の中に袋状貯蔵穴を単位とした，10数個の遺跡が

第3章 弥生時代北部九州における石器生産と消費形態　　　　　　　　　　　　　　　　111

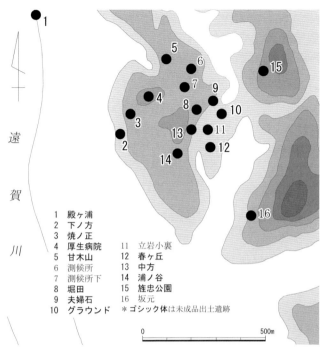

図 3-58　立岩遺跡群の遺跡分布（下條 1991 を改変，S＝1/15,000）

表 3-2　立岩遺跡群・周辺遺跡における遺構検出数

図中No.	遺跡名	所属時期	生活遺構 住居跡	貯蔵穴	土坑	溝	墓 甕棺墓	土坑墓	木棺墓	備考
2	下ノ方	前期末～中期前半		40						鋳型出土
3	焼ノ正	前期末～中期前半	4	27		○	1	1		鋳型出土
4	厚生病院						2			包含層あり
5	甘木山	前期末～中期前半		100＋		○	1	9		炭化米出土
6	測候所	中期後半		○			1			
7	測候所下	後期初頭？					○			包含層あり
8	堀田	前期末～中期後半		26			43	2		炭化米出土
9	夫婦石	前期末～中期前半		10	2		○			
10	グラウンド	中期後半					3			
11	立岩小裏		1	○			○			炭化米出土
12	春ヶ丘			○						
13	中方	前期末～中期前半	2	15		○	1		1	
	龍王寺	中期後半					4			
	柳本	中期末～後期								

＊龍王寺遺跡は春ヶ丘遺跡の南 100m に位置。甕棺墓のみ検出。
＊＊柳本遺跡は下ノ方遺跡の南西 400m に位置。低湿地遺跡（弥生中期末～後期）。

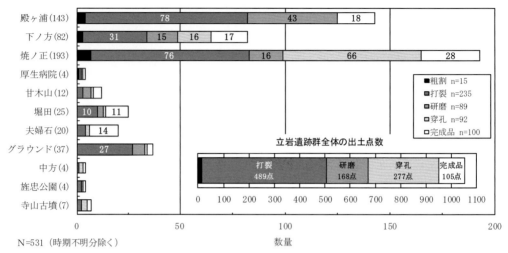

図 3-59　立岩遺跡群・周辺遺跡における石庖丁・石庖丁未成品の出土状況

密集している（図 3-58・表 3-2）。人口密度も加味すると農業生産には不向きな立地条件といえる。

　中島茂夫（中村修身）の論考（中島 1980）にそれ以降の発掘調査の成果（夫婦石遺跡・中方遺跡など）を加え，石庖丁・石庖丁未成品の分布状況をみたものが図 3-59 である。立岩丘陵の西側に位置する焼ノ正遺跡，下ノ方遺跡で石庖丁および石庖丁未成品の出土量が多く，他の遺跡では 50 点以下である。なお飯塚市殿ヶ浦遺跡出土の石庖丁・石庖丁未成品は，遠賀川河床の採土工事中に臼井耕一郎により採集されたものであるが（嶋田編 2011），所属時期は明確ではない。

　立岩丘陵では各遺跡において生活遺構が検出されており，複数の居住集団が存在していたと考えられる。炭化米なども出土していることから（表 3-2），農耕から分離した集落群ではないことは明らかである（下條 1983）。

　立岩遺跡群では II 期（弥生前期末〜中期前半）に石庖丁の生産が確認できるが，III 期（中期後半）以降は墓地（立岩堀田遺跡など）を除いて遺構が不明瞭になる。さらに IV 期以降には居住の痕跡がみられなくなることから III 期から IV 期にかけて，立岩丘陵から殿ヶ浦遺跡や柳本遺跡などの遠賀川右岸の低地に集落が移動した可能性を指摘できる。

（2）石庖丁の形態と製作技法 ── 立岩遺跡群出土石庖丁未成品の観察から ──
・形態分類と分布状況

　立岩遺跡群出土石庖丁（未成品を含む，すべて赤紫色泥岩製）について平面形を分類する（図 3-60）。形態分類は剝離調整が一定程度進行したものに限定する。

　分類の結果，背部が直線的なもの（外湾刃半月形）と外湾するもの（杏仁形）が主体をなすことが明らかになった。ただし遺跡別にみると下ノ方遺跡においては杏仁形の割合が高く

第 3 章 弥生時代北部九州における石器生産と消費形態

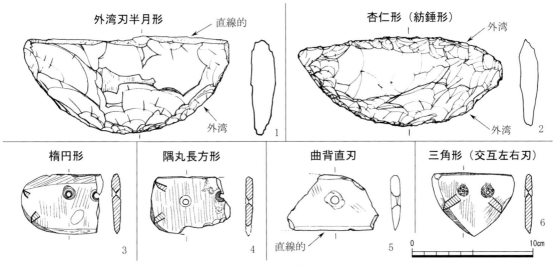

図 3-60 石庖丁の形態分類（立岩遺跡群，S＝1/3）

（34.5％），夫婦石遺跡では杏仁形が認められず，その他の形態（隅丸長方形など）の割合が高い（35.3％）（図 3-61）。

このように立岩遺跡群内の各遺跡で主要な形態は共有されるものの，遺跡間で製作内容（平面形態）に若干の差異が認められる。

・石庖丁製作技法の分類と分布状況

石庖丁の製作は，剝離成形（粗割）→剝離整形（打裂）→粗研磨→穿孔→研磨という過程を経る（村田 1999）。ここで注目したいのは穿孔工程の技法である。穿孔技法は大きく以下の 2 パターンが観察できる（写真 3-1）。

直接穿孔技法：敲打作業を経ずに錐による回転作業のみで両面から穿孔したもの。孔周辺に敲打痕がみられず，孔の内面に同心円状の線状痕跡が認められる（写真 3-1-1・2）。

敲打後穿孔技法：両面からの敲打で穿孔予定部分をある程度凹ませた後，または貫通させた後に，工具の回転作業によって孔を拡張，貫通させるもの。器面に不正形な敲打痕が認められる（写真 3-1-3・4）。なお，この技法を用いると直接穿孔技法に比べ孔外径が大きくなる傾向がある。狭い部分を敲打することは非常に難しいためである。

また，敲打後穿孔技法でも回転による痕跡により敲打痕が消える場合も想定できるため[43]，穿孔段階で破損した未成品を中心にデータを収集した（計 46 点）。筆者による石庖丁未成品の観察によれば，孔が破損しているものは敲打後穿孔技法によるものの方が多いことから，この技法の採用率が石材入手力を示しているという見解（高木 1999；寺前 2006）は妥当だと考える。

---

43) この点について，九州大学大学院における演習発表（2012 年 2 月 2 日）で端野晋平氏より御指摘を受けた。

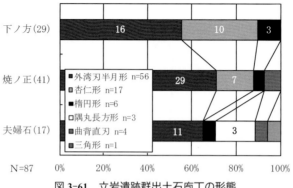

図 3-61　立岩遺跡群出土石庖丁の形態

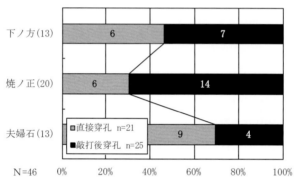

図 3-62　立岩遺跡群出土石庖丁の穿孔技法

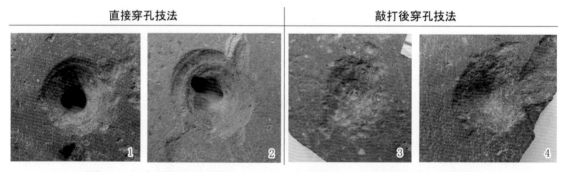

写真 3-1　石庖丁穿孔技法の差異（すべて立岩遺跡群出土・赤紫色泥岩製，縮尺任意）

　立岩遺跡群内で敲打後穿孔技法の採用率に差異が認められる（図 3-62）。焼ノ正遺跡が最も敲打後穿孔技法の採用率が高く（70.0％），夫婦石遺跡が最も低い（30.8％）。それぞれ弥生前期末から中期前半（II期）に該当する遺跡であり，それほど時間差は考慮しなくてもよいものと考える[44]。

第 3 章　弥生時代北部九州における石器生産と消費形態　　　　　　　　　115

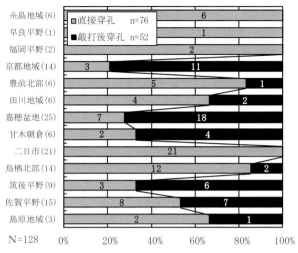

図 3-63　立岩系石庖丁の穿孔技法（II・III 期）

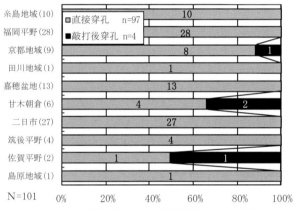

図 3-64　立岩系石庖丁の穿孔技法（IV・V 期）

次に立岩系石庖丁の穿孔技法について通時的に分布状況をみる（図 3-63・3-64）。

II～III 期において，敲打後穿孔技法により穿孔された石庖丁は北部九州において汎地域的に認められるが，嘉穂盆地（72.0％），京都平野（78.6％）に多い。立岩遺跡群に比較的近い地域において高頻度であるといえる。

IV・V 期になると直接穿孔技法が主体的になる。IV 期になると立岩遺跡群での石庖丁生産は終了し，各地域で穿孔される在り方に変化した可能性がある。

敲打後穿孔技法により穿孔された石庖丁の分布は，立岩遺跡群において（自家消費を超える特産品としての）大量生産された石庖丁の流通状況を示している可能性がある。これは II～III

44）ただし分析資料数が少ないため，今後福岡県立嘉穂高校所蔵品などのデータをもとに再検討する必要がある。

期に各地域に点的に流通している。

4. 石材構成からみた石庖丁の入手形態

(1) 出土量の時期的変遷 （図 3-65 右）

まず石庖丁全体の数量について時期的変遷を検討する。

石庖丁全体の出土量は II 期から III 期へと次第に増加する。III 期（弥生中期後半）は，前節で検討したように北部九州において今山系石斧の出土量が激減する時期である。つづく III 期から IV 期へと出土量は一旦減少する。IV 期から V 期へと再度出土量は増加する。

(2) 使用石材組成比（立岩系石庖丁の占有率）の時期的変遷 （図 3-65 左）

出土量の時期的変遷に呼応するように，立岩系石庖丁の占有率は漸移的に増加する。しかしながら，出土量の多い III 期でも石庖丁全体の 43.1％であり半数に満たない。II 期前半において今山系石斧は 87.2％（計 1,392 点）の占有率であるのと対照的である。石庖丁が各地域においても生産可能な道具であったことが，占有率に影響した可能性がある。IV 期から V 期にかけて立岩系石庖丁の占有率はやや減少しており，石庖丁数量の増加傾向とは異なる。これには後期以降，石庖丁に各地域で中期以前とは別の石材が用いられはじめた（渡部ほか 2011 参照），あるいは使用石材が多様化したことが影響したと考えられる。

(3) 石庖丁形態の時期的変遷

石庖丁の平面形態を外湾刃半月形，杏仁形（紡錘形），楕円形，隅丸長方形，曲背直刃，三角形（交互左右刃）の 6 種に分類する（図 3-60）。立岩遺跡群出土の石庖丁は外湾刃半月形が 87 点中 56 点（64.4％）を占める（図 3-61）。

時期的変遷についてみると，立岩系石庖丁については II 期から III 期へと外湾刃半月形が漸移的に増加していることがわかる（図 3-66）。立岩系石庖丁の形態は II 期から III 期にかけて次第に「規格化」した可能性が考えられる。III 期では外湾刃半月形は全体の 86.7％を占めている。

III 期から IV 期へと外湾刃半月形以外の形態のものが増加する。石庖丁の型式組列は一系統ではなく同時併存したと考えるが，時期を経るに従い外湾刃半月形が形態的に弛緩した結果，杏仁形や楕円形などの形態が派生した可能性がある（上田 2005 参照）。

このように IV 期以降，石庖丁の形態が多様化したと把握できる。これは他の石材製石庖丁も同様の傾向を示している（図 3-67）。すなわち，III 期から IV 期にかけて外湾刃半月形が減少し，形態的に多様化する。

以上の時期的変遷は，前述した使用石材の組成比の変遷とも関連すると考える。III 期から IV 期へと「石材の選択性」の変化に伴い形態も弛緩したと考える。

第3章 弥生時代北部九州における石器生産と消費形態　　117

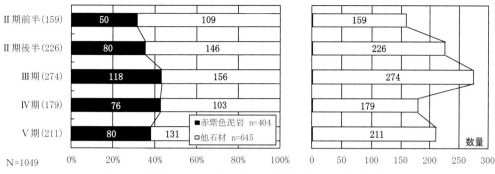

図 3-65　石庖丁の石材構成（左）と数量（右）の時期的変遷

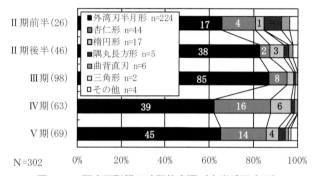

図 3-66　石庖丁形態の時期的変遷（立岩系石庖丁）

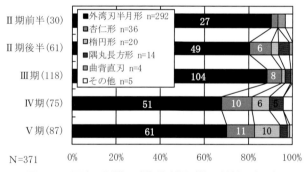

図 3-67　石庖丁形態の時期的変遷（他石材製石庖丁）

（4）石材構成と分布状況

通時的に各地域における石庖丁の石材構成について検討する。

・**II 期前半（弥生前期末～中期初頭）**（図 3-68・3-69）

II 期前半は立岩系石庖丁の流通が開始する時期であり，立岩遺跡群において石庖丁の製作が開始する時期（下條 1977b）に符号する。嘉穂盆地（福岡県桂川町土師地区遺跡群），京都平野（福岡県行橋市下稗田遺跡）に立岩系石庖丁の分布が集中する一方，ショウケ越や米ノ山峠を

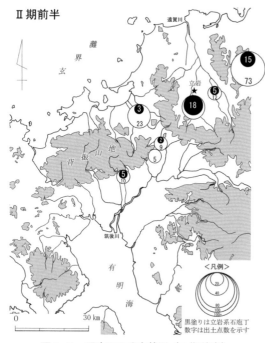

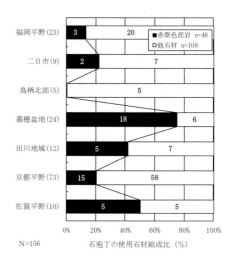

図 3-69　石庖丁使用石材の地域間比較（Ⅱ期前半）

図 3-68　石庖丁の分布状況（Ⅱ期前半）

越える三郡山地以西の地域（福岡平野地域・二日市地峡帯地域・佐賀平野地域）ではそれぞれ数点程度みられる状況である。嘉穂盆地から田川地域，京都平野へと東に向かうに従い立岩系石庖丁の占有率が減衰している。このことは，生産地の周辺で石庖丁が潤沢に流通し，遠隔地ほど入手機会が少なくなり減少するという，自然流通のパターンを示していると考える。

・Ⅱ期後半（弥生中期前半）（図 3-70・3-71）

Ⅱ期前半と同様，行橋市下稗田遺跡に立岩系石庖丁の分布が集中するが，占有率は29.7％とさほど高率ではない。また，田川地域の福岡県田川郡糸田町松ヶ迫遺跡においては他石材製石庖丁が多い。二日市地峡帯から鳥栖北部丘陵地域は点的に立岩系石庖丁が認められる。また，この時期は福岡平野地域には立岩系石庖丁がみられない。

立岩遺跡群が所在する嘉穂盆地から二日市地峡帯，鳥栖北部丘陵へと西に向かうに従い立岩系石庖丁の占有率が減衰しており，自然流通のパターンを示していると考える。

・Ⅲ期（弥生中期後半）（図 3-72・3-73）

石庖丁全体の出土量が増加し，立岩系石庖丁は広域に分布するようになる（長崎県南島原市今福遺跡・大分県宇佐市台ノ原遺跡・原の辻遺跡）。佐賀県鳥栖市柚比遺跡群（安永田遺跡）に多く確認されるが占有率は27.5％と低率であり，多様な石材が石庖丁に用いられている。

石庖丁は複数の遺跡で多量に出土しているが，組成比に占める立岩系石庖丁の割合など現象としては以前の時期から変化していない。二日市地峡帯地域（貝元遺跡，隈・西小田遺跡群），鳥栖北部丘陵地域（鳥栖市柚比遺跡群），佐賀平野（吉野ヶ里遺跡）といった小地域の核とな

第3章　弥生時代北部九州における石器生産と消費形態　　119

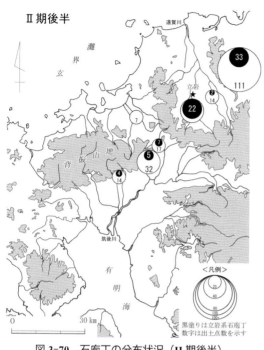

図 3-70　石庖丁の分布状況（Ⅱ期後半）

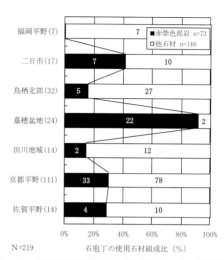

図 3-71　石庖丁使用石材の地域間比較（Ⅱ期後半）

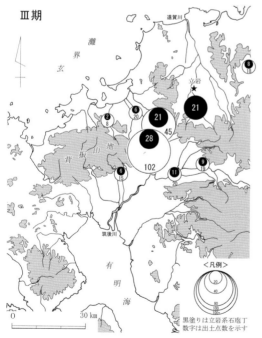

図 3-72　石庖丁の分布状況（Ⅲ期）

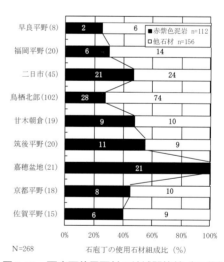

図 3-73　石庖丁使用石材の地域間比較（Ⅲ期）

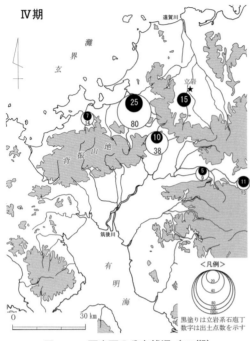

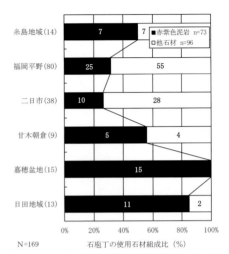

図 3-75　石包丁使用石材の地域間比較（IV 期）

図 3-74　石包丁の分布状況（IV 期）

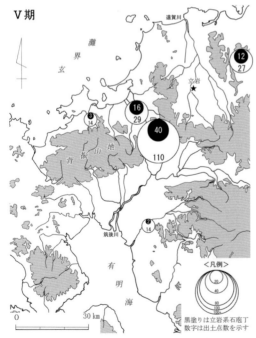

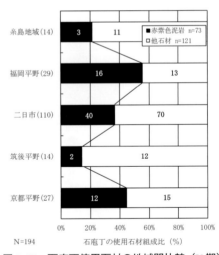

図 3-77　石包丁使用石材の地域間比較（V 期）

図 3-76　石包丁の分布状況（V 期）

る大規模集落を結ぶような，流通ルートの固定化（集落間ネットワークの安定化）が想定できる。

嘉穂盆地から二日市地峡帯，鳥栖北部丘陵に向かうに従い，立岩系石庖丁の占有率が減衰しており，量的にはII期後半から増加しているが依然として自然流通のパターンを示すものと考えられる。

• **IV期（弥生後期前半）** （図3-74・3-75）

石庖丁全体の出土量が減少する。立岩系石庖丁は前時期と異なり，福岡平野（福岡市比恵・那珂遺跡群）や糸島地域に分布の中心が移動する。また，福岡市飯倉D遺跡（余語1995）や福岡市今宿五郎江遺跡など立岩系石庖丁の石材原産地である笠置山から遠く離れた遺跡でも未成品が出土していることから，IV期以前の流通状況から変化したと考えられる。分布状況から立岩系石庖丁が，峠を介して三郡山地を越え二日市地峡帯地域や佐賀平野へと流通していた状況から，遠賀川の下流域へ向かい玄界灘沿岸部を介した流通へと変化した可能性も考えられよう。

• **V期（弥生後期後半〜古墳初頭）** （図3-76・3-77）

IV期と同様の傾向，すなわち福岡平野地域・糸島地域などに点的に流通する状況である。二日市地峡帯地域（筑紫野市以来尺遺跡・仮塚南遺跡）では40点（36.4%）を占める。これらの遺跡では石庖丁とともに鉄器も多く出土している。

5. 法量からみた立岩系石庖丁の消費形態

ここでは立岩系石庖丁の消費形態について，消費過程における変形に着目して検討する。

（1）属性の検討

石庖丁は，通常の使用で縮小するのは刃部のみで，背孔長，孔間長，厚さは製作されたときからほとんど変化しない。したがって刃部幅が最も消費形態を示す属性といえる。先行研究では，使用によって変化しない属性を重要視して型式変化（時期的な形態変遷）が把握されてきた（山口1978；武末1987）。しかし消費形態を明らかにするためには刃部幅の評価が必要不可欠である。

そこで以下の手順で分析する。①使用によって変化しない属性（背孔長・孔間長・厚さ）による形態変遷の把握（先行研究の評価），②使用によって変化する属性に着目して，立岩系石庖丁の消費過程を復元する。

• **計測位置** （図3-78）

①背孔長：背部から孔までの距離

②外径：外孔の直径（最大値）

③孔間長：孔と孔の間の距離（孔中心）

④厚さ：石庖丁の厚み（最大値）

⑤刃部幅：孔から刃端部までの距離

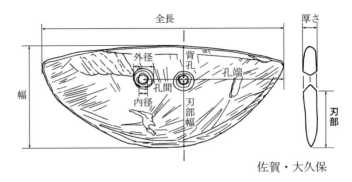

図 3-78　石庖丁の計測位置（立岩系石庖丁・III 期）

⑥縮小指数：刃部幅／幅，相対的な縮小の程度を示すパラメータ

このうち背孔長，外径，孔間長については先行研究で時期的変化が示されているが（武末 1988），資料数が限定的であるため，北部九州地域の全体的な傾向を示すものかどうかは未検討の課題になっている。以上の 6 属性を用いて，時期別・地域別に石庖丁の形態を比較することで，立岩系石庖丁の形態変遷と消費過程について明らかにする。

(2) 各属性の時期的変遷（図 3-84）

・背孔長の変遷

立岩系石庖丁における背孔長の時期的変遷をみると，IV 期（弥生後期前半）から縮小傾向を示し，V 期（後期後半～古墳初頭）では明らかに III 期以前より小さくなっている（図 3-79）。それぞれの時期間で背孔長に有意な差異があるか相互に t 検定をおこなった結果，II 期後半と IV 期との間に 5％水準での有意差，V 期と II 期前半～IV 期すべての時期の間に 1％水準での有意差が認められた（表 3-3）。このことから，立岩系石庖丁の背孔長は IV 期以降，有意に縮小したといえる。

・外径（外孔直径）の変遷

次に外径の時期的変遷をみる。外径も IV 期から縮小傾向を示し，V 期は明らかに前時期より小さい（図 3-80）。t 検定では背孔長で得られた結果と同様，II 期後半と IV 期との間に 5％水準での有意差，V 期と II 期前半～IV 期すべての時期の間に 1％水準での有意差が認められた（表 3-4）。外径もまた IV 期，V 期において II 期前半～III 期に比べ有意に小さいことがわかる。背孔長と外径の散布図は，以上の時期的変遷の傾向をおおむね示している（図 3-81）。

・孔間長の変遷

孔間長は V 期に小さくなる（図 3-82）。II 期～IV 期までは平均 27.0mm であるが，V 期では平均 22.7mm で，約 4mm 短くなっている。t 検定では V 期と II 期～IV 期すべての時期の間に 1％水準での有意差が認められた（表 3-5）。

第 3 章　弥生時代北部九州における石器生産と消費形態

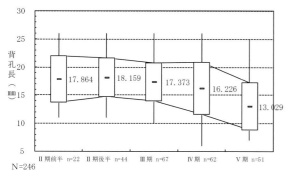

図 3-79　背孔長の時期的変遷

表 3-3　背孔長の t 検定（t 値両側確率）

①背孔長	II期前半	II期後半	III期	IV期	V期
II期前半		0.6731	0.5791	0.1514	0.0000**
II期後半			0.2375	0.0221*	0.0000**
III期				0.1099	0.0000**
IV期					0.0003**
V期					

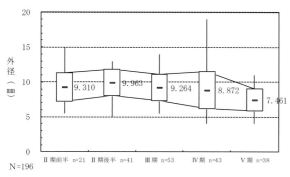

図 3-80　外径の時期的変遷

表 3-4　外径の t 検定（t 値両側確率）

②外径	II期前半	II期後半	III期	IV期	V期
II期前半		0.2273	0.9290	0.5171	0.0004**
II期後半			0.0825	0.0365*	0.0000**
III期				0.4060	0.0000**
IV期					0.0062**
V期					

* は 5％水準，** は 1％水準での有意差を示す。

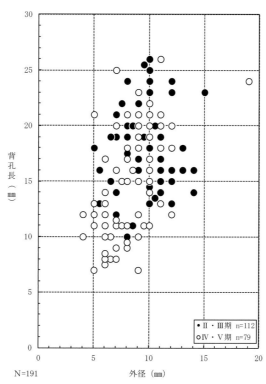

図 3-81　背孔長と外径の関係

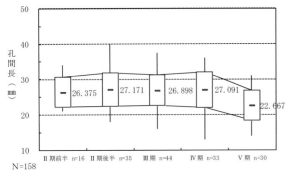

図 3-82　孔間長の時期的変遷

表 3-5　孔間長の t 検定（t 値両側確率）

③孔間長	II期前半	II期後半	III期	IV期	V期
II期前半		0.5732	0.6851	0.6304	0.0077**
II期後半			0.7922	0.9464	0.0002**
III期				0.8587	0.0001**
IV期					0.0004**
V期					

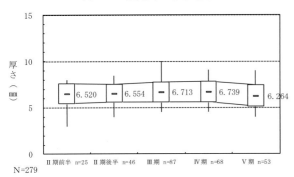

図 3-83　厚さの時期的変遷

表 3-6　厚さの t 検定（t 値両側確率）

④厚さ	II期前半	II期後半	III期	IV期	V期
II期前半		0.8911	0.4401	0.4126	0.3598
II期後半			0.4114	0.3733	0.1851
III期				0.8851	0.0238*
IV期					0.0277*
V期					

＊は 5% 水準，＊＊は 1% 水準での有意差を示す．

・厚さの変遷

　厚さは時期的にほとんど変化していない（図 3-83・表 3-6）。これは赤紫色泥岩の石材的な特性によるものと考えられる（ちなみに菫青石ホルンフェルス製石庖丁は厚さ 3～4mm 程度のものが多く，立岩系石庖丁と比較すると明らかに薄い）。

(3) 立岩系石庖丁の消費形態

　時期的変化を示す背孔長と石庖丁の消耗度合を示す刃部幅の関係をみる（図 3-85）。背孔長を縦軸，刃部幅を横軸にとる。背孔長が長い，すなわち背部から離れた位置に穿孔するものほど刃部幅が短く，反対に背孔長が短い，背部に近接した位置に穿孔するものほど刃部幅が長い。通時的に背孔長が短く，刃部幅が長くなる。このことは石庖丁の刃部端が孔に近接するまで使い込まれなくなったことを意味していよう。IV 期以降はその傾向が顕著に認められる。

　次に立岩系石庖丁の消費形態について地域間で比較する。石庖丁の消耗の度合を示す縮小指数（刃部幅／幅）を導入し検討する（図 3-86）。縮小指数は値が小さいほど刃端部が孔に近いことを示す。図 3-85 で得られた通時的な現象が，北部九州地域で普遍的なものではなかったことがみてとれる。II・III 期では各地域の変異は同程度だが，IV・V 期では糸島地域，福岡平野地域，京都平野地域，筑後平野地域で縮小指数 0.7～0.8 が増加する。一方，甘木・朝倉地域や二日市地峡帯地域では IV・V 期でも指数 0.6 前後が目立つ。各小地域内でも差異が存在し

第 3 章 弥生時代北部九州における石器生産と消費形態

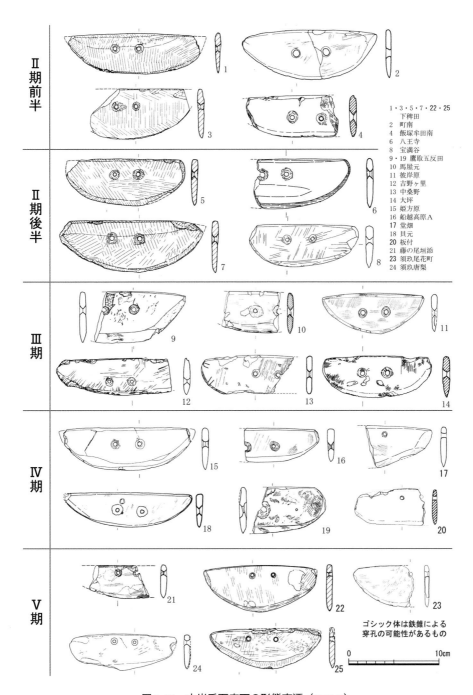

図 3-84 立岩系石庖丁の形態変遷（S＝1/4）

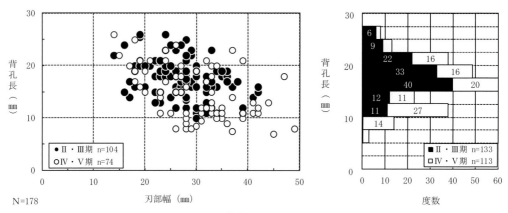

図 3-85　背孔長と刃部幅の関係

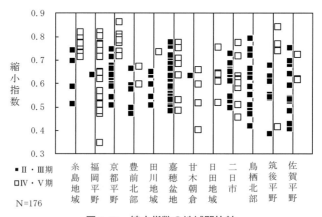

図 3-86　縮小指数の地域間比較

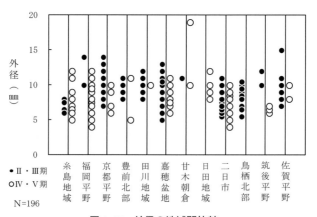

図 3-87　外径の地域間比較

ているものと考えられるが，石庖丁の使い込みの程度は時期的，地域的に差異が存在したといえる。

時期的変化を示す属性である外径についても地域間で比較した（図 3-87）。II 期前半〜III 期では各地域の変異は同程度だが，IV・V 期では糸島地域，福岡平野地域，筑後平野地域で 5〜6mm のものが増加する。

以上のことから，石庖丁の消耗の度合（石庖丁の使い込みの程度）と外径は，時期的な石庖丁の変遷において一定の対応関係にあったと捉えられる。ただし，地域的に均質な状況ではなかったといえる。

（4）小結
・立岩系石庖丁の形態変遷の背景

IV 期以降になると石庖丁の穿孔位置が上昇する傾向が認められた。これは穿孔技術の洗練化（直接的には鉄錐の導入）に起因するものと考えられる（武末 1987b 参照）。石庖丁の使用者にとって穿孔する位置は可能な限り背部に近い部分が望まれるが，石錐による穿孔では孔径が大きくなることから，背部に近くなればなるほど穿孔時に破損しやすくなる。鉄錐の導入によって孔径が縮小し，孔周辺の凹部の範囲も狭くなるため位置が上昇したといえる。鉄錐によるものとみられる石庖丁の穿孔は IV 期に出現する（図 3-84-17・20）。

最近，穿孔方法の変化を具体的に示す石庖丁が福岡県大野城市石勺遺跡 D 地点第 3 次調査で出土した（図 3-88）。石勺遺跡は春日市須玖遺跡群が所在する春日丘陵の東部に位置し，御笠川右岸段丘上の微高地に立地する。石庖丁は包含層（明褐色砂質土）中からの出土であり土器の時期幅は広いため所属時期を限定できないが，III 期以降を主体とする。

資料は立岩系石庖丁で，残存長 53mm，残存幅 33mm，刃部幅 14.5mm を測る。この石庖丁で最も注目される点は，背部側に穿孔し直している点である。孔に近い部分まで使い込み刃部が近接したため，刃部を広くとるため背部側の位置をずらした部分に新たに孔を設けようとし，その穿孔中に破損したとみられる。背部側の孔から刃部側の孔へと剝離痕が広がり，この位置で折損している。

背部側の穿孔は内径 2mm であり，鉄錐によるものと考えられる。他方，刃部側の穿孔は内径 4mm，外径 9.5mm，孔間長 24mm であり，石錐によるとみられる。

製作された当初の形態を復元するのは困難であるが，背部が直線的であることから外湾刃半月形であったとみられ，形態と法量から III 期に立岩遺跡群で製作されたものと考える。孔の位置と外形をもとに石勺遺跡の石庖丁の全形を復元し，行橋市下稗田遺跡出土の立岩系石庖丁完形品（III 期）の外形に重ね合わせたものが図 3-89 である。当初，立岩遺跡群で石錐により穿孔された製品が石勺遺跡に持ち込まれたが，使用に伴い縮小しやがて使用限界に達したため，鉄錐により再び穿孔されたといえる。

石勺遺跡では，仁王手遺跡などの鍛冶工房を抱える須玖遺跡群に近かったため北部九州のなかでも鉄錐の採用が早かった可能性があるが，この資料から III 期末〜IV 期頃に石庖丁の穿孔

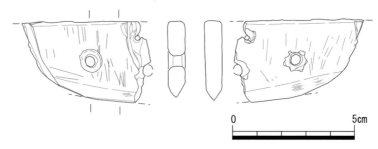

図 3-88　石勺遺跡出土の立岩系石庖丁（S＝2/3）

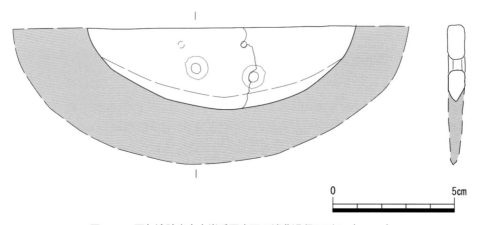

図 3-89　石勺遺跡出土立岩系石庖丁の消費過程モデル（S＝2/3）

具が石錐から鉄錐へと変化したことを示唆している。さらに孔に近い部分まで刃部を研ぎ直し，本来の刃部長の半分以下という限界まで使用されていることは，立岩系石庖丁が他の石庖丁に比べ相対的に価値が高かったことを示しているといえる（武末 2011b 参照）[45]。

　なお，鉄錐は京都府奈具岡遺跡（弥生中期後葉）のように玉作の工具として評価されることが多いが，鏨切りにより鉄鏃のような小型鉄器が製作された遺跡では，整形の際に微小裁断片が生成されることから鍛冶が開始される III 期以降，鉄錐が鉄器組成のなかに含まれていた可能性がある（村上恭 2007，p. 72）。なお，鉄製摘鎌（石庖丁がモデルになったものではない）は弥生後期後半に出現し，弥生終末期に農具の鉄器化が図られる（川越 1993）。

- 立岩系石庖丁の消費形態

　糸島地域，福岡平野は IV 期以降，縮小指数の高いものが増加する。また，外径は小さいものが主体である。一方，甘木・朝倉地域では 0.4，0.5 のものがみられ，外径が大きい。このことは当然，各地域内での石庖丁の変異幅を考慮する必要があるものの，背孔長や外径が縮小する現象は，鉄錐による穿孔の採用と連動して発現する。

---

45) 能登原孝道によると，立岩系石庖丁の素材である赤紫色泥岩はビッカース硬度試験での計測が不可能（ダイヤモンド圧子を押しつけた際，表面が丸くクレーター状につぶれる）なほど軟らかい（能登原ほか 2007, p. 6）。したがって縮小した石庖丁を長期間使用した結果とみることができるかは不明である。

6. 立岩系石庖丁の生産・消費形態の背景

(1) 立岩遺跡群における石庖丁生産

立岩遺跡群では集落の形成期である II 期前半に石庖丁の生産が開始される。このことから立岩遺跡群は集落形成の当初から石庖丁の流通を志向していた可能性がある。立岩遺跡群において石庖丁生産が明らかなのは，II 期のみである。III 期以降，立岩丘陵上では生活遺構がほとんど認められなくなることから，殿ヶ浦遺跡や柳本遺跡などの遠賀川石岸の低地に集落が移動した可能性が考えられる。立岩遺跡群は下ノ方遺跡・焼ノ正遺跡などの 12 遺跡が狭い丘陵上に密集し，非常に特異な集落形態といえる。

石庖丁の製作技法に着目すると，敲打後穿孔技法の採用率に遺跡ごとの差異が認められた。立岩遺跡群の各遺跡ではそれぞれ住居跡や貯蔵穴などの生活遺構が認められ，独立した石器製作址をもたないことから，複数の居住集団を単位として石庖丁生産をおこなっていたと考えられる。敲打後穿孔技法の採用は，穿孔の省力化という利点とともに破損の危険性が高まるという欠点があり，居住集団の石材入手力を反映している可能性が高い（高木 1999；寺前 2006）。もし立岩遺跡群において「首長」が一括して石材を入手し居住集団に分配していたのであれば，石材入手力は均等化するはずである。しかし本節（3）で述べたように，焼ノ正遺跡と夫婦石遺跡で敲打後穿孔の採用率に差異が認められることから，居住集団によって石材の入手力には差があったといえる。したがって首長介在型流通モデルでは説明しにくい。

以上のことから II 期は，都出比呂志のいう「他地域の消費者のために原材や製品を供給するという意味で，…一種の共同体間分業」（都出 1989, p. 366）により石庖丁が製作されたといえる。北部九州地域における石庖丁の需要の高まりに応じて，立岩遺跡群における石庖丁生産が複数の居住集団を基盤としておこなわれたと考えられる。

III 期における石庖丁生産については，現状の立岩遺跡群の出土資料に基づく限り不明である。ただし，北部九州地域で最も多量に立岩系石庖丁が出土する時期であることから，立岩遺跡群での石庖丁の生産も盛行していたものと把握できる。この段階には立岩堀田遺跡 10 号墓の被葬者が生前，石庖丁生産・流通に関与・差配していた可能性はある。能登原孝道は，弥生中期前半に立岩系石庖丁の生産・流通が縮小していることから，石庖丁の生産と流通の結果が立岩遺跡の首長墓の副葬品に表れたとする見解（下條 1975a・1983）に否定的である（能登原 2014）。首長の出現が III 期における立岩系石庖丁の生産・流通の再安定化に影響したと解釈できる。

IV・V 期になると立岩系石庖丁の出土は減少し，立岩遺跡群での石庖丁生産は終了したと考えられる。石庖丁の外径が地域ごとに差異がみられることから，各消費地での穿孔が想定できる。殿ヶ浦遺跡において穿孔段階の石庖丁未成品が出土していないことは，この現象を傍証している可能性がある（図 3-59）。IV 期には III 期以前の石器生産・消費システムから変化し，消費単位の縮小が認められるのである。

（2）立岩系石庖丁の流通について

　立岩系石庖丁はII期〜III期を通じて人口規模が大きく，石庖丁の需要が高い遺跡に大量に流通する。II期前半では桂川町土師地区遺跡群，行橋市下稗田遺跡，II期後半・III期においては筑紫野市貝元遺跡，隈・西小田遺跡群，神埼市吉野ヶ里遺跡などが挙げられる。これらの遺跡は他の集落と比較して非常に多数の居住集団（ソダリティー分節）が集住していたと考えられ，抱える人口が要求する物財・人・情報の集積効果を想定することが可能である（溝口2008, p. 87 参照）。III期は立岩遺跡群において立岩堀田遺跡10号墓に代表される厚葬墓が出現する時期である。立岩系石庖丁の生産量の増加はこのことと無関係ではなく，首長の管理下で集中的な大量生産をおこなう生産形態へと変化したといえる。ただし，石庖丁の分布状況からは武末純一が述べるような「製作された石器は立岩の首長のもとに集められ，各地の首長層へと流通していった」（武末1993）といった流通形態を読み取れない。立岩遺跡群の周辺では石庖丁が潤沢に流通し，距離が遠くなるに従い急激に減少する状況は本章第2節で検討した今山系石斧の流通形態と同様，互酬的な流通と評価できる。III期までは二日市地峡帯地域（隈・西小田遺跡群），鳥栖北部丘陵地域（柚比遺跡群），佐賀平野（吉野ヶ里遺跡）といった小地域の核となる大規模集落を結ぶようなルート上に石庖丁が分布していることから，弥生時代の前半期に形成された集落間ネットワークを基盤として流通したことを示唆する。

　また，敲打後穿孔技法が立岩遺跡群の居住集団の石材入手力を反映するならば，この技法により製作された石庖丁は「大量生産品（特産品）」という性格をあてることが可能かもしれない。この敲打後穿孔技法により穿孔された石庖丁は均質的・面的には分布せず，立岩遺跡群が位置する嘉穂盆地や立岩遺跡群の東方の京都平野でやや多い状況である。石庖丁の需要の高まりに伴い大量生産された石庖丁が，ソダリティー（非居住的集団）を媒介として集落を横断して流通した可能性を示しているといえる（溝口2008 参照）。

　IV・V期においては立岩系石庖丁の流通が衰退する。この段階に既存の集落間ネットワークが崩れた可能性が指摘できる。

（3）立岩系石庖丁の消費形態について

　II・III期において，立岩系石庖丁の縮小指数の変異は各地域で一定である。IV・V期は背部に近接した位置に穿孔するものが多くなり，使い込まれていないものが目立つようになる。このような穿孔位置の上昇傾向は，穿孔技術の洗練化（具体的には鉄錐の導入）に起因するものと考える。また，石庖丁の外径は地域ごとに差異がみられることから，各地の集落で穿孔されたと考えられる。

　このようにIV期になるとIII期までの石器生産・消費システムが解体したとみられる。穿孔具の差異（石錐・鉄錐）が，使い込みの程度として示される石庖丁の消費形態の地域的差異を生じさせた遠因であった可能性が指摘できる。

第5節　石器器種間の相互関係と通時的変化に関するまとめ

　本章では両刃石斧，片刃石斧，石庖丁を対象として石器生産・消費形態を通時的に分析した。

　弥生時代の北部九州地域における石器流通は，九州島内で良質な石材産地が開発されていく過程（今山系石斧・立岩系石庖丁）と，朝鮮半島南部からの人々の渡来など外的な影響を契機として生産・流通が成立し展開する過程（層灰岩製片刃石斧）の二つの様相が重層的に認められた。変化の時期的な接点が弥生前期末であり，集団間関係が変容する画期といえる。〈**第1の画期**〉

　石器の器種によって使用石材と製作技術に差異があり，製作技術には片刃石斧のように朝鮮半島南部に系譜をたどれるものもある。石器製品（完成品）の広域的な流通と消費は，石器製作の集約化・分業化を前提としており，器種に応じた製作の難易が石器に付加価値を与えたといえる。層灰岩製片刃石斧や立岩系石庖丁が限界まで研ぎ直され使用されていることは，石器の価値が他の石材製のものに比べ相対的に高かったことを示唆する。

　また，石庖丁はⅣ期以降においても数量はやや減少するものの使用が継続する。各集落での自家生産が可能な石器であったこと，つまり製作が簡易な器種であったことが石庖丁の使用の継続に影響したと考えられる。ただし，Ⅲ期における広域的な製品の流通と消費から，Ⅳ期では一転して生産・消費の単位が縮小する。また各地域において新たな在地産の石材が，石器器種として模索される（渡部芳ほか2011参照）。立岩系石庖丁についても未成品が遠隔地で出土し，Ⅲ期以前とは異なる流通ルートになったことが想定される。

　以上のように良質な石器石材の偏在性が共同体間の「分業化」を促進した。石器の器種に応じた生産・消費形態の差異は，その器物への「依存度合」に起因しており，ここで扱ったような日常的な生活財については，人口規模や需要量に応じた互酬的流通が一般的であったといえる。複数の石器器種の生産・消費形態の変遷から，Ⅲ期からⅣ期へと大きな変化があったと評価される。〈**第2の画期**〉

　第2の画期が発現する背景については，農工具の鉄器化と集落間のネットワークの変化が考えられるため，次章で詳しく検討する。

第4章

農工具の鉄器化と石器生産・消費形態

　本章では，朝鮮半島南部初期鉄器時代と北部九州弥生時代における農工具の材質変化，すなわち石器から鉄器への変化（鉄器化）と石器生産・消費形態の関係性を明らかにし，第1章第3節で取り上げた「**問題点4**」について検討する。また，鉄器生産と弥生後期の集落の動向について先行研究を整理しつつ，弥生時代の後半期における石器生産・消費形態の変化について考察する。

第1節　研究の現状と課題

　弥生時代における農工具の鉄器化に関する研究史については，第1章第2節ですでに述べた。本章では第3章とは異なる分析方法により鉄器化の解明について接近する。具体的には砥石を対象として研磨された対象物の鉄器化を把握する方法（本章第2節），木製斧柄の形態から着柄された斧身の鉄器化を把握する方法（本章第3節）である。これらの分析は分析の視点や用いる方法に大きな特徴があるため，分析に入るまえにまずその方法論について研究史をみておきたい。

1. 研　究　史

(1) 砥石の研究 —— 鉄器化の解明に対する新たなアプローチとして ——
　弥生時代の砥石に関しては，主に鉄器化，鉄器普及の過程について解明しようとする視点から検討が加えられてきた経緯がある。

　安田博幸は大阪府東山遺跡（弥生中期～後期）の発掘調査報告書中において，砥石に着目して鉄器化について考察している。この遺跡では泥岩製の砥石が多数出土している一方，磨製石器が数点のみの出土であることから，鉄器の大量使用が想定されている。また，砥石の表面に残存する使用痕にも着目している（安田 1979）。禰冝田佳男は石器組成から近畿地方における鉄器の普及度を検討し，弥生中期後半に砥石の量が増加すること，砥石には「目の細かいものが多数を占めている」ことを指摘した。そして「砥石の増加は磨製石器用の砥石に鉄器用の砥石が加わったため」と捉えた（禰冝田 1998, pp. 73-74）。しかしこの評価に対して，鉄器生産の観点から異なる見解も提示されている（村上恭1998）。砥石を対象とした分析において，石器組成に占める砥石の割合の増加や，目の細かい砥石の増加を鉄器化に結びつける捉え方は，一般的な前提となっている。しかしながら，先行研究や報告文中に認められる粗砥，中砥，仕上砥

といった砥石目（砥粒の大きさ，砥石粒度）の区分や使用痕などについてはそれぞれの報告者により主観的・経験的に述べられる傾向が強く，具体的な分類基準が示されることは皆無であった。

　こうした研究状況のなか2002年に村田裕一は，形態，使用痕といった砥石の諸属性を整理し各属性の分類基準を提示したうえで，弥生時代における砥石使用形態の時期的変遷について検討した。特に，サンドペーパー（研磨紙）を指標として砥石目を客観的に提示する方法を確立した点は非常に重要である（村田2002）。また村田は，福岡県行橋市下稗田遺跡における砥石目組成の時期的変遷について分析し，弥生後期（後期中頃から古墳初頭を含む）には，砥石目♯800（番目）相当以上の細粒の砥石の割合が全体の過半を大きく超え，画期であることを指摘した（図4-1）。そして，弥生後期には主要な道具の鉄器化が完了していたことを示唆している。砥石の検討から鉄器化についてアプローチするという先行研究の視点を継承しつつ，方法的に砥石研究の新たな方向性を示した点で非常に画期的な研究成果と評価できるだろう。

　近年は，村田により提示された分析方法をふまえて一遺跡や小地域を対象とした砥石の詳細な分析が進んでいる。渡辺尭志は，福岡市比恵・那珂遺跡群における砥石の変遷を検討した。砥石目，形態と重量，使用痕の属性について時期的変遷を示すとともに，鉄器化の進行との関連性や砥石自体の流通について総合的に評価している。砥石の細粒化を鉄器化のみと関連づけて捉える研究が多いなか，砥石自体の流通への着目は特に重要であると考える。渡辺が分析した比恵・那珂遺跡群における砥石目は，弥生前期から中期前葉において♯320と♯800への集中，中期中葉～後期前葉では♯800と♯2000への集中，後期中葉～終末期（古墳初頭）では♯2000への一極化という変遷過程が示されている（渡辺2007）（表4-1）。土屋みづほは，東北部

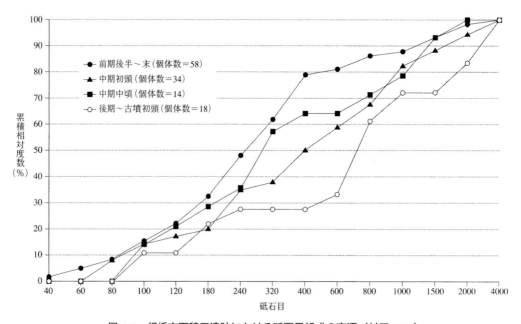

図4-1　行橋市下稗田遺跡における砥石目組成の変遷（村田2002）

九州（遠賀川以東地域）における砥石の分析から石器生産と鉄器化について考察している。砥石目の時期的変遷の分析から，石器から鉄器へという材質転換の過程が，ある時期をもって鉄器が石器を凌駕するという段階的な変化ではなく，比較的緩やかな変化であったと評価した（土屋ぁ2010, p. 408）。また，鉄器化の進行度合の安定，石器生産と流通の在り方の画期，石器製作への鉄器使用，といった諸現象がすべて弥生後期に生じていることから，後期を画期として規格性の高い定形砥石の流通が一般化した可能性を指摘した（土屋ぁ前掲, p. 417）。

また筆者は長崎県壱岐市カラカミ遺跡出土の砥石を対象として，弥生時代における道具の鉄器化について検討した。その結果，カラカミ遺跡では弥生中期後半には砥石目が細粒化しており，鉄器を研磨した際に生じたと考えられる痕跡（溝状痕）も認められた（森貴2013b）。ただしカラカミ遺跡は，壱岐島に所在する長距離交易の拠点と目されるやや性格の特異な集落であり，北部九州を代表させることが可能なのかは課題として残されている。

表 4-1　比恵・那珂遺跡群における砥石目組成（渡辺 2007）

粒度	I 期	II 期	III 期
80	0	0	0
100	2	0	0
120	0	0	0
150	0	0	0
180	0	0	0
240	0	1	0
320	9	1	1
400	3	8	1
600	7	7	2
800	11	14	2
1200	3	10	2
2000	3	21	14

* 表中の時期は本書と異なる点に注意。
I 期：弥生前期初頭〜中期前葉
II 期：弥生中期中葉〜後期前葉
III 期：弥生後期中葉〜弥生終末期（古墳初頭）

（2）斧柄の研究

斧の研究は斧柄と比較して斧身の研究を中心に展開してきた。それは木製斧柄が出土状況に大きく左右されることから，出土例が限られるためである。しかし近年，低湿地遺跡など水分の多い土壌環境の発掘調査の進展により木製品の出土例が急増しており，斧柄に対する研究も十分可能になってきたといえる。

斧身と柄を合わせた総合的な研究は，1984・1993 年の奈良国立文化財研究所（当時）による近畿地方の木器の集成的研究を契機として大きく進展した。そのなかで上原真人は，近畿地方の斧柄を集成した。そして詳細な観察に基づいて着柄方法を復原し，斧柄を分類した（上原編1993）。

深澤芳樹は近畿地方の斧柄 26 例を集成し，弥生 IV 期（弥生中期後半，本書 III 期）を境に鉄斧へと変化することを提示した（深澤 1986）。しかし，近畿地方を除いて斧柄に関する研究は限定的であり，報告書内で言及される程度である。

2. 本章の課題

第 3 章で明らかにした石器の生産・消費形態の変遷における鉄器化の影響関係が不明であ

る。特に，農工具の鉄器化を捉えるための実証的な分析が不足している。また，近年詳細な観察を可能とする鉄器資料が増加しているとはいえ，残存状況が大きく影響することから遺跡から普遍的に出土するわけではなく，鉄器の量的な検討は困難である。さらに，これまでの研究では研究対象として石器と鉄器とを分けて分析されることが多く，両者をつなぐ鉄器化の過程を把握することができない。

以上の問題の解決を図るために，石器と鉄器を横断する分析方法の開発・洗練化とその実践が求められる。

本章では，農工具の鉄器化を捉えるために二つの分析視点で検討する。1点目は砥石を対象として研磨された対象物の鉄器化を把握する方法，2点目は木製斧柄の形態から着柄された斧身の鉄器化を把握する方法である。得られた分析結果を総合し，弥生時代の後半期における鉄器化の過程について明らかにする。

第2節　砥石使用形態からみた鉄器化

1．資料と方法

（1）対象遺跡と資料

朝鮮半島南部の分析対象遺跡は金海・亀山洞遺跡，北部九州地域の分析対象遺跡は17遺跡出土の砥石231点である（図4-2）[1]。対象時期はⅢ期からⅤ期（弥生中期後半から古墳初頭）であり，Ⅲ期（弥生中期後半），Ⅳ期（後期前半），Ⅴ期前半（後期後半），Ⅴ期後半（弥生終末期～古墳初頭）の4期に区分した。なお砥石の所属時期に幅があり限定できない場合は「弥生後期不明」，「弥生後期以降」とし，3期以上にわたるものは「時期不明」として変遷に関する分析の資料から除外した。

・金海・亀山洞遺跡について

亀山洞遺跡は，朝鮮半島南部，慶尚南道金海市に所在する，高麗・朝鮮時代の墳墓と初期鉄器時代の集落を主体とする丘陵斜面上の遺跡である。初期鉄器時代の中心地とみられる金海・会峴里遺跡一帯より西北側の周辺部に位置する。2006年2月から2008年1月にかけて慶南考古学研究所（現在，三江文化財研究院）が調査し，2009年1月から2010年1月にかけて報告書が刊行された。本節で扱うのはこのうち初期鉄器時代の住居跡，竪穴などから出土した砥石である。

亀山洞遺跡では多量の弥生系土器が出土しており，泗川・勒島遺跡とならび，列島と朝鮮半島南部間の交流の結節点であったとみられる。また，鋳造鉄斧やその再加工品も出土していることから，鉄素材の確保，鉄器生産技術の獲得を目的として，弥生人集団が居住した可能性が

1）福岡県糸島市御床松原遺跡，春日市駿河A遺跡出土砥石については一部の資料のみを観察しているため，砥石目に関する分析には加えていない。

第 4 章　農工具の鉄器化と石器生産・消費形態　　　　　　　　　　　　　　　　　　　　　　137

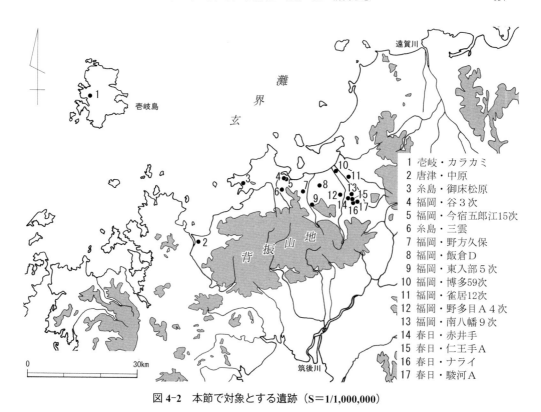

図 4-2　本節で対象とする遺跡（S＝1/1,000,000）

指摘されている（武末 2010, p. 167）。

（2）分析方法

　砥石のもつ属性には形態・重量・使用痕などがあるが，本節では砥石目を主な分析対象とし
て検討する。先行研究でも取り上げられてきたように，鉄器化という要因が砥石に影響を与え
るならば，切削・研磨機能に関わる属性である砥石目に最も直接的に反映されると想定できる
ためである。

　砥石目は村田裕一の方法（村田 2002, p. 199）にならい，サンドペーパーとの比較によって分
類する。分類の指標として用いたサンドペーパーは，JIS 規格♯40（番目，以下省略），♯60，
♯80，♯100，♯120，♯150，♯180，♯240，♯320，♯400，♯600，♯800，♯1000，♯1500，
♯2000 の 15 種類（三共理化学株式会社製）で，♯40 が最も粗く♯2000 が最も細かい[2]。また，
肉眼観察による砥石目の同定をおこなうために，手持ちルーペおよびコンパクト顕微鏡（コン
テック製 HE-18）により 20〜60 倍の範囲で相互に粒径を比較した。また，ワイヤレスデジタル
顕微鏡（スリー・アールシステム株式会社製 Anyty3R-WM401PC）による写真撮影を併行すること
で客観性を保持した。便宜上，♯120 までを粗砥，♯150 から♯400 までを中砥，♯600 以上を
仕上砥として区分した。砥石目によって研磨対象物に形成される凹凸の深さに差異があり，お
おむね粗砥・中砥・仕上砥の区分に対応するとされる（村松 1973, pp. 194-195）（図 4-3）。

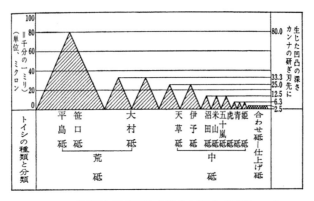

図 4-3　砥石目と研ぎ刃先の凹凸の深さ（村松 1973）

写真 4-1　溝状痕（× 7.3）
（カラカミ遺跡出土砥石）

写真 4-2　錆状付着物（× 10.0）
（カラカミ遺跡出土砥石）

　またその他の属性として，形態（定形・不定形）・重量・使用痕（溝状痕，錆状付着物，タール状付着物）について観察した（写真 4-1・4-2）。定形砥石は「平坦面が互いに稜をなして接しているもの，または加工痕がみとめられるもの」（土屋ほか 2010, p. 410）と定義し，それ以外のものを不定形砥石とする（図 4-4）。ただし柱状の砥石のうち，すべての面に自然面（礫面）が認められるものは不定形砥石に含めた（2 点）。
　砥石の時期的変遷の分析と現象の解釈にあたっては，以下の諸点を前提として論を進める。

2）砥石目は JIS 規格により 25.4mm（1 インチ）四方の枠を分割したふるいの目で表される。表記は「＃」を用い，例えば＃100 は 1 インチ四方の枠を 100 分割したふるいの目を通過できる大きさの砥粒であることを示す。なお，砥石目＃800 より細かいものについてはサンドペーパーとの対比が困難であるため，表面粗さ測定機（株式会社ミツトヨ製 SJ-210）を用いて細分した。表面粗さは砥石目とは原理的に異なる指数であるが，相関するものと仮定する。サンドペーパーの表面粗さ（算術平均粗さ Ra，単位 μm）をあらかじめ測定し，これを基準として分類する。サンドペーパーの表面粗さの平均値 $\overline{Ra}$ と標準偏差 σ（測定数 20）は以下のとおりである。砥石目＃800：$\overline{Ra}$ = 4.370・σ = 0.226，＃1000：$\overline{Ra}$ = 3.523・σ = 0.165，＃1500：$\overline{Ra}$ = 2.276・σ = 0.080，＃2000：$\overline{Ra}$ = 2.120・σ = 0.065。

第4章　農工具の鉄器化と石器生産・消費形態　　139

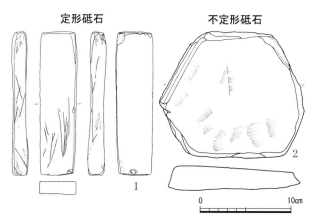

図4-4　砥石の形態分類（S＝1/4）（カラカミ遺跡出土砥石）

①砥石は石器にも鉄器にも使用される加工具であること，②鉄器の相対的な量が増加するほど，目の細かい砥石が増加すると推定できること，③溝状痕の存在は，その砥石が金属器を研いだことを示すものであっても，金属器のみを研いだことを示すものではないこと，④砥石自体が流通したのであれば，形態，砥石目といった属性にある程度の規格性が生じること，である（土屋ほか2010, p. 404）。

2．朝鮮半島南部初期鉄器時代における砥石使用形態

　金海・亀山洞遺跡を例に砥石目組成を検討した。その結果，砥石目♯600以上の仕上砥が大半を占めていることが明らかになった（図4-5）。形態は17点中11点（64.7％）が定形砥石であり，小型の手持砥が多い印象である。また，鉄器の研磨に関係する使用痕と考えられる溝状痕が6点（35.3％）に確認された（図4-6）。これは砥石の目が細かく小型のものに多く認められる。また，蔚山・達川(タルチョン)遺跡からは錆状付着物がみられる砥石が出土している。錆状付着物の存在は，鍛冶技術の導入過程と連動する可能性がある。

　資料は初期鉄器時代前半に属するものであり，後述する北部九州地域における鉄器化（III期，前1世紀後半）の「前段階」である。このことから鉄器化には地域的，時間的な段階性が存在し

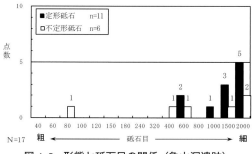

図4-5　形態と砥石目の関係（亀山洞遺跡）

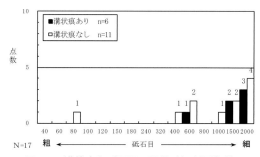

図4-6　溝状痕と砥石目の関係（亀山洞遺跡）

3. 弥生時代後半期における砥石使用形態

(1) 砥石目と形態

ここでは北部九州の集落遺跡出土砥石計 123 点の各時期の砥石目を比較することで，弥生時代の後半期（Ⅲ期～Ⅴ期）における砥石使用形態の変遷について検討する（図 4-8）。

Ⅲ期は砥石目♯400 より目の細かい砥石で構成され，各砥石目に同数程度の砥石がみられる。すなわち粗砥，中砥がほとんど含まれず，仕上砥が全体の 90％を超える状況である。また不定形砥石が 26 点中 17 点（65.4％）を占めており，形態的に多様といえる。Ⅳ期になると定形砥石が増加し，20 点中 13 点（65.0％）を占める。砥石目の細かいものほど定形砥石の数量が多い点が注目でき，砥石目♯2000 にその度数のピークが認められる。Ⅴ期前半では砥石目♯800 と♯2000 に二極化し，砥石目♯2000 の定形砥石が継続的に多くみられる（27.8％）。不定形砥石は砥石目♯600 に度数のピークが認められる。Ⅴ期後半は，弥生後期後半から一転して不定形砥石が多くなる（56.1％）。また定形砥石は♯800 と♯2000 が同数程度認められる。

このようにⅢ期にすでに砥石目が細粒化しており，Ⅳ期になると定形砥石が増加したこと，Ⅴ期前半はその傾向がさらに強くなったことがわかる。

ここで砥石目の細粒化を評価するために，時期を大きく遡って縄文時代後期中葉（鐘崎式）に属する長崎県対馬市佐賀貝塚の砥石 11 点の砥石目と比較してみよう（図 4-7）。佐賀貝塚では 310 点の磨製石斧・石斧未成品が出土していることから，砥石はこれらの石斧の研磨に用いられたと考えられる。

佐賀貝塚で出土した砥石はすべて砂岩製の不定形砥石で，砥石目♯80～600 のもので構成されている。石器の粗研磨には砥石目♯180 以下の砥石が用いられ，仕上げのために砥石目♯400・600 のものが用いられたといえる。砥石の使用面（砥面）の横断面形は緩やかに内湾するものが多く，磨製石斧など円筒状の石器の器面を研磨するのに適している。

このことから弥生時代の後半期における砥石目♯600 より細かい砥石の増加は，鉄器の研磨との関連性が考えられよう。また弥生時代の後半期は定形・不定形を問わず，砥面の横断面形が内湾するものは少なく平坦なものが一般的である。

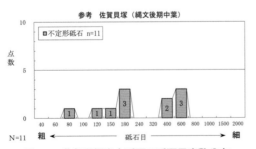

図 4-7　佐賀貝塚出土砥石の砥石目度数分布

(2) 使用石材

次に砥石目と使用石材の関係をみる（図 4-9）。砥石の使用石材は時期を通じて堆積岩系石材（泥岩，砂岩，頁岩など）が主体を占めている（85.3％）。これは砥石が石英などの鉱物粒子の均質性と組成が，切削・研磨機能に決定的な影響を与える道具であるためである（村松 1973；柴田書店編 1999；大工道具研

第4章 農工具の鉄器化と石器生産・消費形態

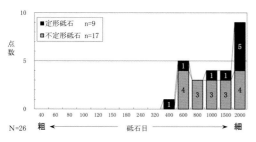
1．Ⅲ期（弥生中期後半）

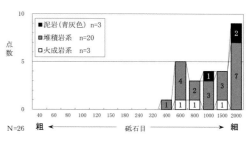
1．Ⅲ期（弥生中期後半）

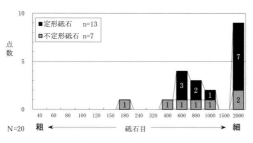
2．Ⅳ期（弥生後期前半）

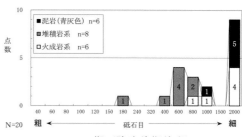
2．Ⅳ期（弥生後期前半）

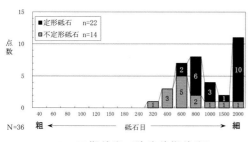
3．Ⅴ期前半（弥生後期後半）

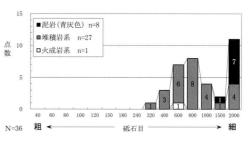
3．Ⅴ期前半（弥生後期後半）

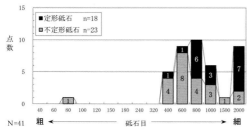
4．Ⅴ期後半（弥生終末期～古墳初頭）
図4-8　砥石目と形態の関係

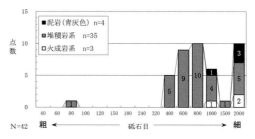
4．Ⅴ期後半（弥生終末期～古墳初頭）
図4-9　砥石目と使用石材の関係

究会編 2011)。したがって構成鉱物が大きく，そのサイズにばらつきがある火成岩系石材（玄武岩，凝灰岩など）は砥石の石材に適合せず，砥石目が粗い傾向にある。ただし，石英斑岩・流紋岩は火成岩系石材のなかでは砥石目が比較的細かい。

　また堆積岩系石材のうち♯600・800には砂岩，♯1500・2000には泥岩が用いられている[3]。砥石に構成される鉱物粒子の分級程度により，砥石目にこのような差異が生じるものと思われる。

　さて，砥石に用いられている石材のうち本節で注目したいのは，青灰色あるいは漆黒色の色調を呈する泥岩である（以下，青灰色泥岩と呼称）。この石材はII期以前の石器には用いられておらず，III期以降の砥石にのみ用いられている。また，後述するように筆者の肉眼観察によれば，III期以降の唐津平野，糸島地域，早良平野，福岡平野，須玖丘陵に所在する遺跡において認められる。

　III期から青灰色泥岩製砥石が認められ，堆積岩系石材が26点中23点（88.5％）を占めている。IV期になると青灰色泥岩製砥石がやや増加し20点中6点（30.0％）を占め，砥石目♯2000に多い。V期前半は砥石目♯1500・2000の青灰色泥岩製砥石が多く認められる。その他の堆積岩系石材は砥石目♯800に度数のピークが認められる。

(3) 使用痕

　砥石表面の使用痕（溝状痕，錆状付着物，タール状付着物）の有無を確認する（図4-10）。

　まず溝状痕について検討する。溝状痕とは砥面に認められる，幅2mm以下で横断面形がV字状あるいはレ字状を呈する痕跡である[4]。検証はされていないが鉄器を仕上げる際，刃先が接触することにより生じた痕跡と考えられている（村上恭1994；村田2002）。なお，溝状痕は先述した佐賀貝塚出土砥石には認められない。

　砥石目が細かいものほど溝状痕が多く確認できる。III期から数は少ないものの溝状痕が認められ，IV期以降は増加傾向にある。

　次に錆状付着物をみる。これは砥石の表面にみられる赤錆状の物質である。錆状付着物は報告書の記載で言及されることはあっても，これまで具体的に観察・分析されたことはほとんどなかった。筆者による実体顕微鏡を用いた詳細観察の結果，この付着物は石材を構成する鉱物に挟まれるように付着あるいは嵌入しており，表面には顕著な擦痕が認められるものも含まれることがわかった。また溝状痕の溝内面や周辺に認められる場合もあることから，この付着物は土壌中の鉄分ではなく，鉄器を研磨する際に付着したといえる。鉄器表面に生じたバリや鉄分が砥石を構成する鉱物に絡め取られ，水や酸素と反応することで錆化したものと考える。最も多く確認できるV期前半をみると，錆状付着物がみられる砥石は砥石目♯800に度数のピークがある。

　3）砂岩は粒径が2mm以下，泥岩は0.06mm以下で層状組織（葉理）が不明瞭な堆積岩である（五十嵐2006）。したがって粒径を基準とした石材の差異は砥石目に直接影響する。

　4）村田（2002）は手の動きを推定し使用痕を細分しているが，ここでは一括して溝状痕とする。

第 4 章 農工具の鉄器化と石器生産・消費形態

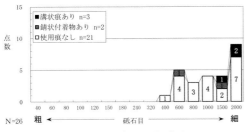

1．Ⅲ期（弥生中期後半）

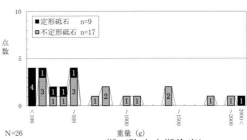

1．Ⅲ期（弥生中期後半）

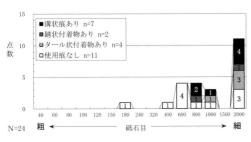

2．Ⅳ期（弥生後期前半）

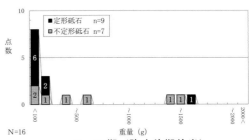

2．Ⅳ期（弥生後期前半）

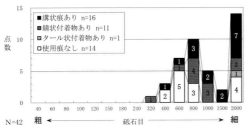

3．Ⅴ期（弥生後期後半）

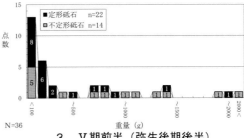

3．Ⅴ期前半（弥生後期後半）

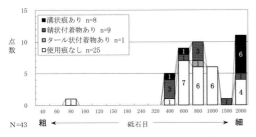

4．Ⅴ期後半（弥生終末期〜古墳初頭）

図 4-10　砥石目と使用痕の関係

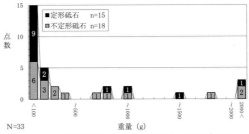

4．Ⅴ期後半（弥生終末期〜古墳初頭）

図 4-11　砥石重量の度数分布

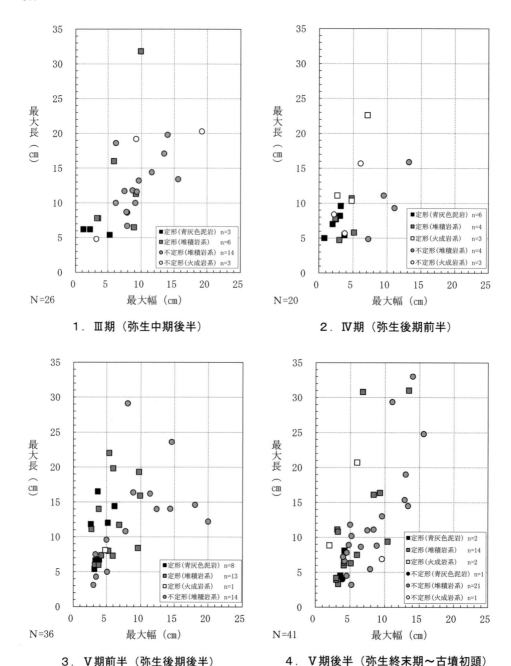

図 4-12　砥石法量の散布図

　最後にタール状付着物をみる。これは砥石の表面に面的に付着した黒色で粘着質の物質であり，砥石は熱を受けているものが多い。タール状付着物がみられる砥石は長崎県壱岐市カラカミ遺跡，唐津市中原遺跡，福岡市野方久保遺跡など，鍛冶関係遺構が検出されている遺跡で主に確認されることから，鍛冶作業との関係が示唆される。これについては対象資料数が現状で

は少ないため，類例の増加を待って検討したい。

（4）法量

次に砥石の法量（重量，長さ，幅）について検討する。砥石は基本的に破損しており，完形品が少ないため厳密に法量の区分をすることは困難だが，破片によってもおおよその傾向を把握することが可能であると考える。なお大きく破損している資料は除外した。

まず砥石の重量についてみる（図4-11）。III期は重量の度数分布に偏りがみられず，小型品（手持砥・提砥）と大型品（置砥）といった砥石の法量に基づく区分は緩やかだったといえる。III期は不定形砥石が多いことから，採取した砥石の素材の大きさに起因して法量にバリエーションがあるのだろう。

IV期になると200g以下の定形砥石が増加する。V期前半以降もこの傾向が継続するが，中・大型品も一定量含まれる。

次に最大幅と最大長の関係をみる（図4-12）。青灰色泥岩製砥石は幅7cm未満におさまり，基本的に定形砥石である。また他の堆積岩系石材製の砥石に比べ小型で，形態的にバリエーションが小さいといえる。全体の傾向として不定形砥石が定形砥石に比べ大型であることがわかる。V期前半以降，定形砥石はやや大型化する。

4．青灰色泥岩製定形砥石の分布

さて，前項でみた砥石に用いられている青灰色泥岩の石材採取地は現状では不明な点が多いものの，表層地質からみて玄武岩などの火成岩類が分布発達する玄界灘沿岸部（唐津平野・糸島地域・福岡平野）や壱岐島などは考えにくい（日本の地質『九州地方』編集委員会編1992）。また，川田壽文が網羅的に集成した日本の砥石産地の一覧表にも玄界灘沿岸部には中砥・仕上砥の産地はみられない（川田2004）。非常に緻密な堆積岩類が分布する最も可能性が高い候補地として，対馬島の浅茅湾周辺が考えられる。

対馬産の砥石は，近世の産物誌や地誌類に多く登場する。正保2（1645）年に刊行された松江重頼編『毛吹草』では日本各地9ヵ国10種類の砥石が記載されており，そのなかに対馬砥石もみられることから，近世前期にはすでに全国的に知られていたことがわかる。天保年間（1830～1844年）に刊行された『本草綱目訳義』には「又漆塗リノフシヲシガキヲトス磨石アリ，コレハ対州（対馬のこと）ヨリ出，ムシクイド ツシマド トギイシドト云，薄青黒ニシテ肌細ナリ，コレニハ小キ穴多シ，故ニムシクイドト云，コレ釈名ノ羊肝石ト云ナリ，一名鶏肝石ト云，輟耕録ニ出」（括弧内は筆者補足）とある。

このように対馬産の砥石は，薄青黒色の色調を呈し，肌目の細かい質感や丸みをもって表面が不規則的に剥離する特徴[5]を有することから，後漢の書物「釈名」にみえる「羊肝石」に類

5）浅茅湾の貝鮒で現在まで，砥石の採石・加工をされている阿比留啓次氏（明治期の阿比留久太郎氏から数えて3代目当主）によれば，こうした不規則的に剥離・風化し砥石として用いることができない石材は「コロビ」と呼称されている。

写真 4-3　対馬産砥石の石材（S＝1/2）

1　壱岐・カラカミ
2　唐津・中原
3　糸島・御床松原
4　糸島・三雲
5　福岡・野方久保
6　福岡・飯倉D
7　福岡・雀居12次
8　福岡・南八幡9次
9　春日・赤井手
10　春日・ナライ
11　春日・駿河A

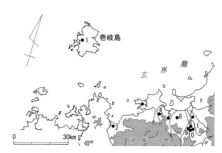

図 4-13　青灰色泥岩製砥石の出土遺跡
（S＝1/2,000,000）

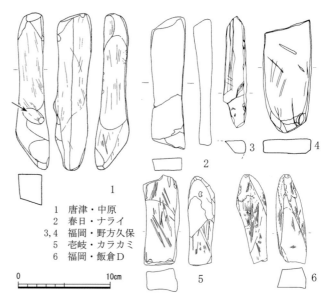

1　唐津・中原
2　春日・ナライ
3,4　福岡・野方久保
5　壱岐・カラカミ
6　福岡・飯倉D

図 4-14　青灰色泥岩製定形砥石の類例（S＝1/4）

似することが記載されているのである。これは本節で対象としている弥生時代後半期の青灰色泥岩製砥石の特徴とも合致する内容である。

　さらに，表面に径約 1cm の凹部が認められる砥石が特徴的に含まれており（図 4-14-1 矢印部分），文献史料にみられる「ムシクイド（虫喰い砥)」という記述はこのような砥石を示していると考えられる。この凹部は本来海水面に接していた部分で，穿孔性貝類によるものとみられる（佐々木 2010)。穿孔部分の断面形状や穿孔径から，イシマテ（*Lithophage*（*Leiosolenus*）*curta*，韓国語名돌맛조개トルマッツォゲ）などのイガイ科の二枚貝が考えられる[6]。イシマテは陸奥湾から九州・朝鮮半島南海岸にかけての潮間帯から水深 20m に生息する貝で，泥質や石灰質の基質に穿孔する習性をもつ（權伍吉ほか 1993；黒住 2002)。実際に長崎県対馬市豊玉町金木地区（いわゆる金磯砥）で採石された砥石石材の表面にも同様の凹部が認められる（写真4-3 矢印部分)[7]。こうした特徴も，砥石に用いられた泥岩が対馬島などの海岸部で採取された可能性が高いことを裏付けている。

　ここで青灰色泥岩製砥石の分布について検討する。前述したように，この石材製の砥石は基本的に定形砥石である。2. で述べた前提をふまえるならば砥石自体が流通した可能性が想定できる。自家消費として砥石を利用する場合，形態の規格性は相対的に低いものと考えられるからである。また，砥石に加工痕（整形痕）が認められるものもある。土屋みづほや櫻井拓馬が指摘するように，加工痕のみられる砥石の存在は製品としての流通を示している（土屋み2010；櫻井 2013)。現状では壱岐市カラカミ遺跡，唐津市中原遺跡，糸島市御床松原遺跡，福岡市野方久保遺跡，飯倉 D 遺跡，春日市ナライ遺跡，駿河 A 遺跡などで出土している（図 4-13)。それぞれの遺跡で砥石全体の 1〜2 割程度であり，占有率はさほど高くない。また，これまで未成品や砥石の製作痕跡が確認されていないことから，製品（完成品）として遺跡に搬入されたといえる。

5. 弥生時代における鉄器化の評価

　砥石の時期的変遷から，III 期にはすでに砥石目が細粒化していたことが明らかになった。また III 期から溝状痕がみられる砥石も認められる。佐賀貝塚出土砥石の検討で明らかにしたように石器の研磨には砥石目♯600 より粗い砥石が用いられることから，これより目の細かい砥石の増加，すなわち仕上砥の増加は鉄器の研磨の頻度が相対的に高まったことを示している。

　III 期は立岩系石庖丁の生産・消費の最盛期であり（能登原 2014)，器種によっては鉄器への転換が漸移的だったといえる。農耕具（収穫具・耕起具）の鉄器化は工具に比べ遅れることが先行研究でも指摘されており（松井 1982)，石庖丁などの石器は後期以降も継続して使用されている。このように，鉄器化を評価するうえでは器種を分けて考える必要性があるものの，全

　6）福岡大学人文学部の桃﨑祐輔先生に御教示いただいた。
　7）阿比留啓次氏に提供していただいた。

148

体的な傾向としては III 期が画期といえよう。

　次に問題となるのは生産・消費システムと鉄器化との関係である。

　II 期の石器の場合，工具（伐採斧・加工斧）・収穫具といった器種ごとに石材原産地が分散して存在しており，それぞれ固有の付加価値と道具としての体系性を有していた。またそれらは製品，あるいは製品に近い未成品の状態で北部九州の各地域に広範囲に流通し消費された。石器の有する価値は，各地域で一定ではなく，遺跡を取り巻く石材環境，石材原産地からの距離や製作技術の難易，抱える人口規模などに応じて多様な在り方を示す。

　一方，鉄という共通の素材を用いて様々な器種を生産することは，こうした既往の道具の体系性に大きな変更を生じさせることになった。

　筆者は III 期における鍛冶技術の導入を契機として，既往の石器生産・消費システムが断絶し，IV 期以降は新たなシステムが成立したと考える。III 期は，農工具の材質が石から鉄へと「置き換わる」，といった単純な現象ではなく，器物の生産・消費の「システム」が変化した画期的な時期として位置づけられよう。

　IV 期におけるきわめて細粒の定形砥石の増加は，こうした生産・消費システムの変化と関連するものと考える。

6. 鍛冶技術の導入と交易ネットワークの変化

　青灰色泥岩製の定形砥石が出土した遺跡の大多数において鍛冶関係遺構が検出されている。このことは III 期から IV 期にかけての器物の生産・消費システムの変化に，鍛冶技術の導入過程が密接に関係していることを示唆している。

　福岡市比恵遺跡群第 70 次調査の竪穴住居跡 SC03 では，鉄素材の可能性の高い棒状鉄製品と青灰色泥岩製砥石（おそらく定形砥石）が出土している（井上編 2001）（図 4-15）[8]。砥石の表面には穿孔性貝類による凹部が認められ，対馬産の可能性が高い。竪穴住居跡の所属時期は弥生後期後半から終末期である。

　この事例は，鉄素材と対馬産と考えられる定形砥石（青灰色泥岩製砥石）がセットとして搬入されたことを示唆し，弥生時代の後半期の交易ネットワークを考察するうえで非常に重要な資料である。もちろん，この砥石は仕上砥であるため鉄器の刃先の仕上げや手入れとして日常的に使用する加工具であり，鍛冶の際に用いるものではない。そのため鉄素材と定形砥石がセットとして入手されたことが，直接的に朝鮮半島南部からの鍛冶技術の導入を示すとまではいえないが，少なくとも「鉄器の研磨に特化」した砥石の必要性が増大し，III 期以降，新たに石材産地が開発されたと考えられよう[9]。そしてその産地は，朝鮮半島南部から北部九州の長距離交易ネットワークの中継地点に存在していた可能性が高いのである。

　8）福岡市教育委員会の長屋伸氏により鋳造品を脱炭処理した鉄素材と想定されている（井上編 2001, p. 36）。

　9）ただし比恵遺跡群ではこれまで鉄素材は出土しているが鍛冶遺構は検出されていない。最も可能性の高い近隣の鍛冶工房の候補地として，春日市須玖遺跡群が相当しよう。

Ⅲ期からⅣ期における器物の生産・消費システムの変化は，朝鮮半島南部から北部九州地域における長距離交易ネットワークの拡大，鍛冶技術の導入過程が影響を与えたとみられる。このようなネットワークの拡大には対馬島・壱岐島などの島々を往来する海人集団（倭の水人）が重要な役割を担ったと想定される（武末 2009）。また，交易品のなかに米・海産物や鉄素材のほか鉄器を仕上げるための定形砥石が含まれていた可能性も十分考えられ，『魏志』倭人伝の対馬国についての記事にある，「南北市糴」の内容の一側面を示しているといえよう。

ところで，楽浪郡から北部九州を結ぶ交易ルート上の拠点としての役割を担っていた朝鮮半島南部，泗川・勒島遺跡が衰退するのはこうした交易ネットワークの変化と無関係ではないと考える。井上主税によると，勒島遺跡が衰退するのは後1世紀で，Ⅲ期からⅣ期の過渡期にあたる。後1世紀後半代には弁辰狗邪国である金海勢力が台頭するが，鉄素材を媒介とした国際交易を基盤にして勢力を伸ばしたことが要因として考えられている（井上 2012, p. 91）。

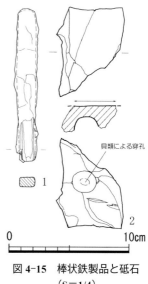

図 4-15　棒状鉄製品と砥石
（S=1/4）

Ⅲ期以降，鍛冶技術の導入を画期として工具，農具，武器の多くが鉄器化を果たしていった。朝鮮半島南部から鉄素材を入手するためには首長層の介在が必然で，交易ネットワークの整備・発達（広域化）がその前提となった。久住猛雄は弥生終末期（久住ⅠA期前後）において「加耶と北部九州中枢（伊都国・奴国）の首長層の間には，葬送用鉄鏃形式の共通性や威信財・儀器の相互贈答（水晶玉・銅矛↔板状鉄斧などの鉄製品）が存在」したと指摘する（久住 2007, p. 27）。朝鮮半島南部，金海・大成洞（テソンドン）45号墓出土の板状鉄斧（鉄素材）は春日市赤井手遺跡6号土坑（須玖遺跡群）の一括廃棄例と同型式である。また，金海・良洞里（ヤンドンニ）200号木槨墓にも同型式の板状鉄斧がみられ，この墓には「奴国」で生産された可能性の高い広形銅矛が副葬されている（後藤 2009）[10]。以上の内容は，首長間の交渉を背景として朝鮮半島南部の鉄素材が北部九州へ輸入されていたという見解を支持している。

一方，野島永によれば農工具などの鍛造鉄器そのものは首長層による独占的な貴重財ではなく，一般構成員の手に渡る日常的な消費財であったとされる（野島 2010）。各集落群で個別的に鉄器の生産がなされ，製品の広域的な流通はそれほど頻繁なものではなかったといえそうだ。こうした鉄器にみられる生産・消費の単位の縮小は石器のそれにも認められ，Ⅳ期以降，鉄器の消費を前提とするような器物の生産・消費システムへと変化したと考えられる。

---

10) 中広形・広形銅矛は倭とその首長層にとって最高位の儀器であり，鉄の入手など韓との関係・交渉を円滑にするために贈与したと考えられる（後藤 2009）。ただし田尻義了は，銅矛を用いた祭祀執行者が社会の垂直的区分で階層上位者であるかは不明と評価している（田尻 2012, p. 276）。

第3節　木製斧柄からみた工具の鉄器化

　本節では木製の斧柄の形態から着柄された斧身の材質，すなわち石斧（両刃石斧・柱状片刃石斧）か鉄斧（袋状鉄斧・板状鉄斧）かを推定し，斧柄形態の時期的変遷を分析することで工具の鉄器化を把握する。前節の砥石使用形態の分析結果を比較し，弥生時代の後半期における工具の鉄器化について評価する。

1. 資料と方法

　対象資料は北部九州地域の32遺跡出土，斧柄224点（そのうち未成品79点）である（図4-16）。斧身装着部（斧台・着柄孔）の形態がわかるものを重視する。時期はⅠ期からⅤ期

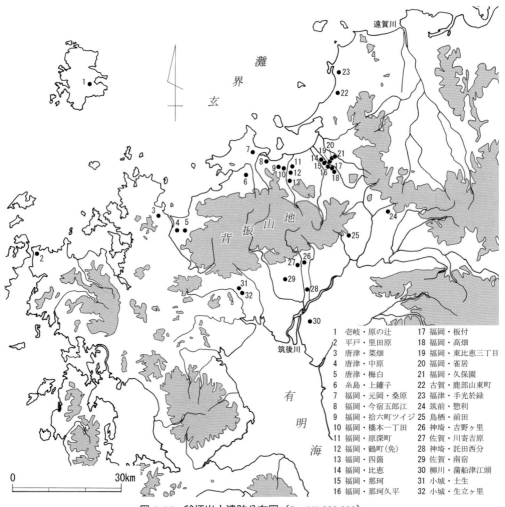

図4-16　斧柄出土遺跡分布図（S＝1/1,000,000）

（弥生早期から古墳前期）である。分析方法は①斧柄の形態分類，②斧柄に対応する斧身の特定，③量比の時期的変遷，④斧装着部の法量変化，である。

2. 斧柄の形態分類

斧は本体である身（斧身）とこれを装着する柄（斧柄）とから構成される。着柄の観点から，斧身の刃先が柄の主軸とほぼ平行するものを縦斧，ほぼ直交するものを横斧と呼称する（上原編 1993, p. 11）。おおむね縦斧は伐採斧（分断・分割），横斧は木材加工斧（斫る・切削）の機能が想定されている（佐原 1994）。また形態的には，まっすぐな棒状の頭部に孔をあけて斧身を嵌め込む直柄と，屈曲した頭部に斧身を装着するための斧台をつくりだす曲柄に分けられる。

まず，斧身の種類と着柄方法に基づいて分類する（図 4-17）。ここでは工具の鉄器化を捉えるという本節の目的により，細部の形態分類はせず，推定される斧身形態によりまとめた。

縦斧Ⅰ類：直柄で楕円形の装着孔をもつもの（図 4-18）。

縦斧Ⅱ類：雇柄（直柄に別材を嵌め，斧台としたもの）をもつ組合式のもの（図 4-20）。

縦斧Ⅲ類：曲柄で斧台と斧身が一体となったもの（図 4-20）。

縦斧Ⅳ類：直柄で長方形の装着孔をもつもの（図 4-18）。

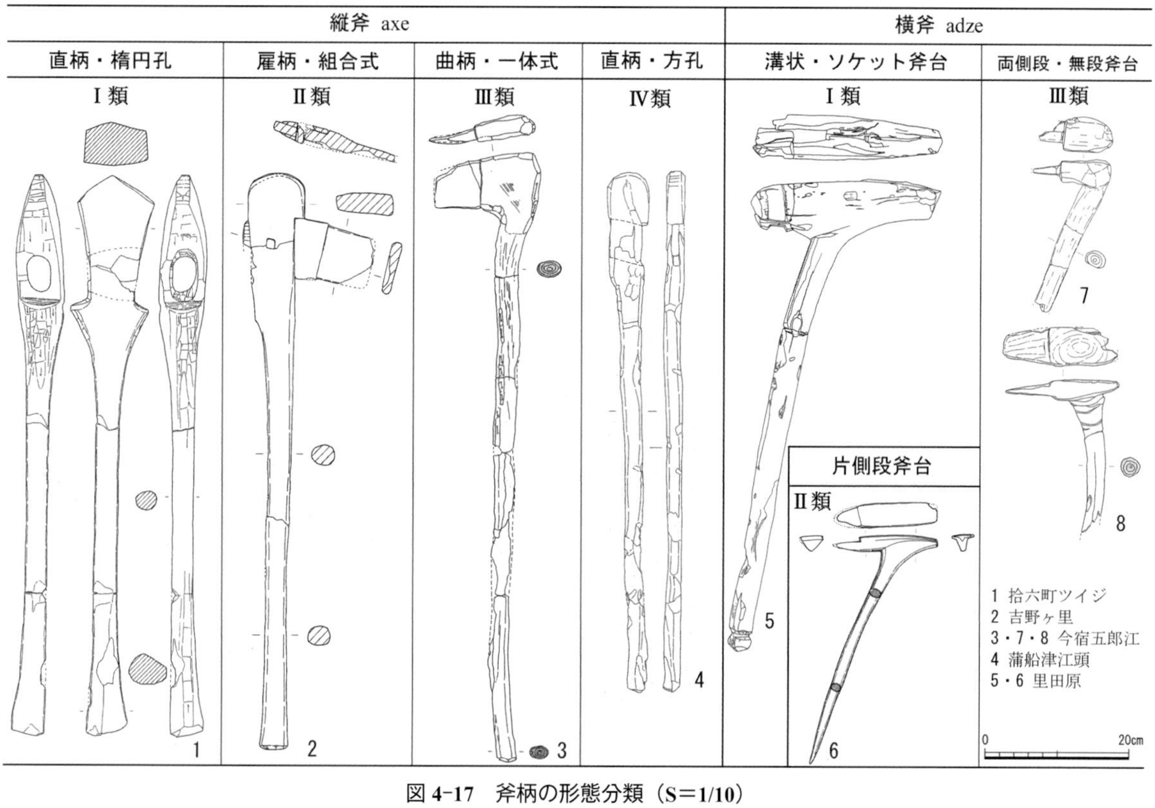

図 4-17 斧柄の形態分類（S＝1/10）

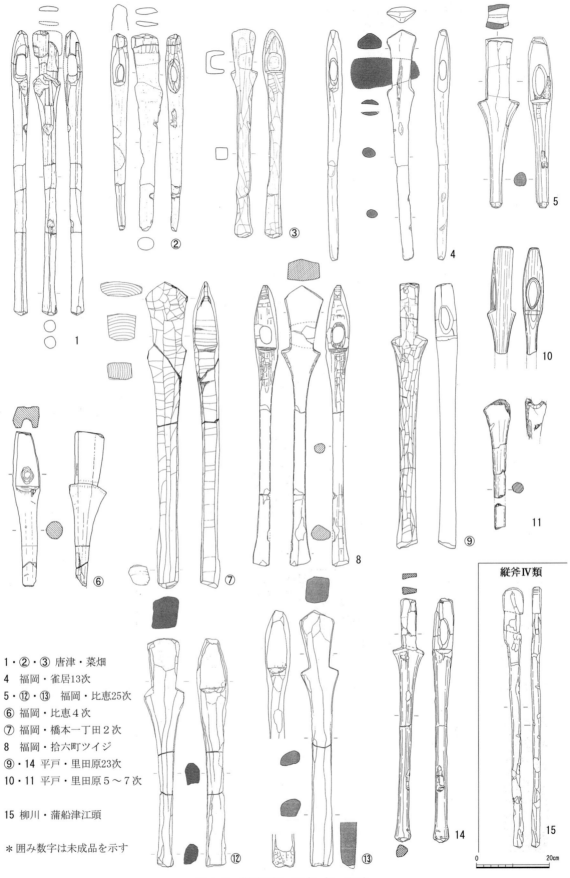

図 4-18 縦斧Ⅰ類・Ⅳ類（S＝1/10）

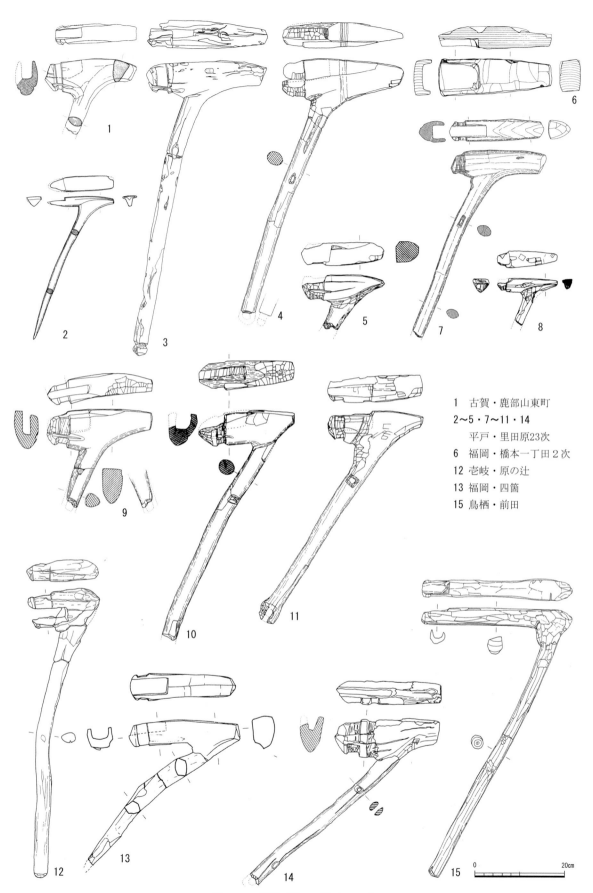

図 4-19 横斧 I 類・II 類（S＝1/8）

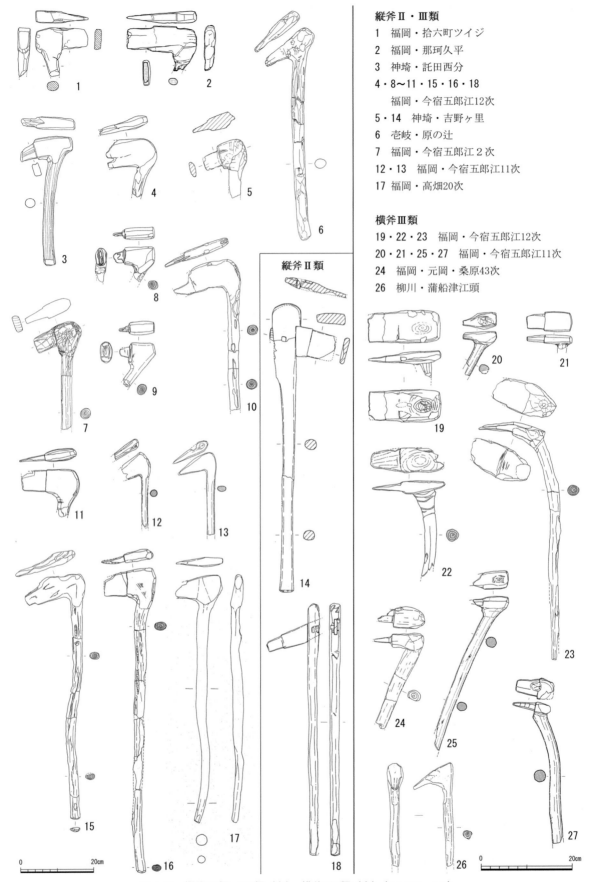

図 4-20　縦斧 II 類・III 類（左）・横斧 III 類（右）（S＝1/10, 1/8）

第 4 章　農工具の鉄器化と石器生産・消費形態　　　155

表 4-2　遺構に伴う斧柄出土例と所属時期

遺跡名	分布図 No.	斧柄形態	状態	出土遺構	所属時期	報告書
拾六町ツイジ	9	縦斧 III 類	製品	第 5 号土坑	弥生前期後葉	※ 1
比恵 25 次	14	横斧 II 類	未成品	土坑 SK11	弥生前期中葉	※ 2
		縦斧 I 類	製品	土坑 SK11	弥生前期中葉	
		縦斧 I 類	未成品	土坑 SK15	弥生前期中葉	
		縦斧 I 類	未成品	土坑 SK15	弥生前期中葉	
那珂 11 次	15	横斧 III 類	製品	第 1 号井戸	弥生中期末	※ 3
川寄吉原	27	横斧 I 類	製品	井戸 SE007	弥生後期前半	※ 4
託田西分	28	縦斧 III 類	製品	土坑 SK034	弥生中期前葉	※ 5
南宿	29	横斧 II 類	製品	井戸 SE421	弥生中期後半〜後期初頭	※ 6
生立ヶ里	32	横斧 III 類	製品	井戸 SE102	弥生中期前半	※ 7
		横斧 I 類	未成品	土坑 SK123	弥生中期前半	

※ 1　福岡市教育委員会 1983『拾六町ツイジ遺跡』福岡市埋蔵文化財調査報告書第 92 集
※ 2　福岡市教育委員会 1991『比恵遺跡群（10）』福岡市埋蔵文化財調査報告書第 255 集
※ 3　福岡市教育委員会 1992『那珂 5―第 10～12・14・16・17・21 次調査報告―』福岡市埋蔵文化財調査報告書第
　　　291 集
※ 4　佐賀県教育委員会 1981『川寄吉原遺跡』佐賀県文化財調査報告書第 61 集
※ 5　千代田町教育委員会 1983『託田西分貝塚・高志神社遺跡』千代田町文化財調査報告書第 2 集
※ 6　佐賀市教育委員会 1992『原ノ町遺跡・東高田遺跡・櫟木遺跡・北宿遺跡・南宿遺跡』佐賀市文化財調査報告書
　　　第 38 集
※ 7　牛津町教育委員会 1995『生立ヶ里遺跡 出土木製品図録篇』牛津町文化財調査報告書第 7 集

横斧 I 類：斧台が厚く斧台後面を平坦に仕上げ，そこに深い装着溝を穿った曲柄（図 4-19）。
横斧 II 類：斧台が薄く斧台先端を一段削り込んで装着面をつくる曲柄（図 4-19）。
横斧III類：斧台の後面が平坦でなく，先端に向けて徐々に窄まるもの，あるいは斧台全周が
　　段を成して先端に向けて窄まるもの（図 4-20）。

　装着部の幅と厚さが近似し，縦斧か横斧かが判断できないものは「曲柄不明」として検討か
ら除外した。以上の分類の結果，縦斧 I 類 34 点，縦斧 II 類 2 点，縦斧 III 類 35 点，縦斧 IV
類 1 点，横斧 I 類 72 点，横斧 II 類 18 点，横斧 III 類 46 点である。

　斧身の材質の観点からあらためて斧柄を整理すると，縦斧 I 類と横斧 I 類がそれぞれ両刃石
斧，柱状片刃石斧用の斧柄，縦斧 II・III・IV 類と横斧 III 類が鉄斧用の斧柄であることは明ら
かである。横斧 II 類は扁平片刃石斧用か板状鉄斧用かの峻別が困難である。横斧 II 類は両者
が兼用された可能性もあろう。

- **斧身が着柄状態で出土した事例（九州）**
①福岡市雀居遺跡第 13 次調査（図 4-18-4）：縦斧 I 類＋両刃石斧，弥生早期
②大分県大分市下郡桑苗遺跡：縦斧 I 類＋両刃石斧（太形蛤刃石斧），弥生中期初頭
③宮崎県宮崎市中須遺跡[11]：縦斧 I 類＋両刃石斧（太形蛤刃石斧），弥生中期後半
④宮崎県都城市加治屋 A 遺跡[12]：横斧 III 類＋鉄斧，弥生後期後半

斧柄と片刃石斧がセットで出土した事例はこれまでない。

・遺構に伴う斧柄の出土事例（表4-2）

縦斧I類は福岡市比恵遺跡第25次調査で板付IIa式に伴出している。製品のみでなく，ほぼ同じ形態の斧柄未成品も出土している（図4-18-5・⑫・⑬）。縦斧III類は福岡市拾六町ツイジ遺跡で第5号土坑から出土している（図4-20-1）。所属時期は周辺の土坑で出土した土器により弥生前期後葉から前期末と判断される[13]。鋳造鉄斧およびその再加工品が出現・盛行する「前段階」の可能性がある資料である。横斧III類は佐賀県小城市生立ヶ里遺跡で井戸から出土している。弥生中期前半と考えられる。また，福岡市那珂遺跡第11次調査で井戸内から弥生中期末の丹塗磨研土器とともに出土している。

3. 斧柄量比の時期的変遷

以上の斧柄の形態分類をもとに，斧柄の組成の変遷を検討する。

まず縦斧の変遷についてみる。縦斧I類は弥生早期から中期前半まで継続し，中期後半以降はまったくみられない。縦斧II類と縦斧IV類は全時期を通じて，ごく少量である。縦斧II類は斧柄構造が複雑で定着しなかった可能性，縦斧IV類は大型の板状鉄斧が北部九州では袋状鉄斧ほど普及しなかったことと関連するとみられる。弥生中期後半以降，国産の袋状鉄斧のなかにすでに大型品が定着していたためである（村上恭1998a, p. 69）。縦斧III類は弥生前期後半に出現し，中期後半以降，組成比の大半を占める（図4-21）。縦斧III類は後期前半に数量のピークが認められる。

以上から縦斧の鉄器化は弥生前期末（前期後半）に開始し，中期後半を画期として急速的に石斧から鉄斧へと置換したといえる。

一方，横斧I類は弥生早期から後期前半まで継続する。出現・盛行・消滅の推移が「紡錘形」を描くように変遷した。横斧II類は弥生早期から後期初頭まで継続する。扁平片刃石斧のみではなく，一部は板状鉄斧を装着したものの可能性があるが，後期前半以降みられなくなる。横斧III類は弥生前期末に出現する。縦斧III類より横斧III類の出現が時期的に後行するかは不明である。中期後半以降，次第に組成比の大半を占めるようになる（図4-22）。

以上から横斧の鉄器化は弥生前期末に開始し，中期前半から中期後半，後期前半にかけて縦斧よりも緩やかに鉄斧へと置換したといえる。縦斧に比べ漸移的な変遷過程をたどる。横斧II・III類が片刃石斧と鉄斧の双方を装着可能であったこと，すなわち装着対象の斧身の互換性が漸移的な鉄器化という現象を生じさせたといえよう。

11）宮崎市教育委員会西嶋剛広氏の御教示による。

12）都城市教育委員会楽畑光博氏の御教示による。

13）第5号土坑の時期について報告書では弥生前期後半とされ，列島内での鉄器使用の開始を示す非常に重要な資料である。ただし，この土坑に関して時期が判断できる土器について未報告資料を細大漏らさず精査したが1点も確認できなかったため，所属時期に関する検証は不可能である（九州大学大学院修士課程（当時）の梶原慎司氏の協力を得た）。

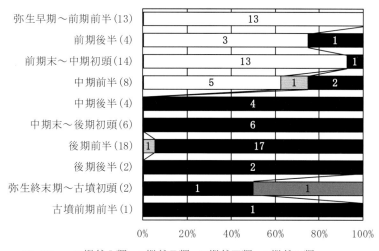

図 4-21　斧柄組成の時期的変遷（縦斧）

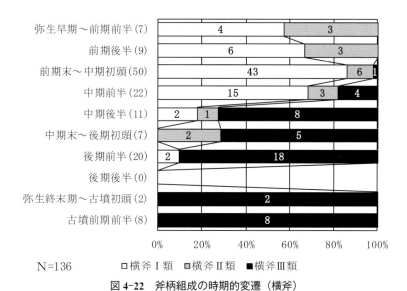

図 4-22　斧柄組成の時期的変遷（横斧）

4. 斧柄形態・斧身装着部の法量変化

　まず斧柄の形態の時期的変遷をみる。横斧Ⅰ類（図 4-19）と横斧Ⅲ類（図 4-20 右）を比較するとⅠ類からⅢ類へと斧柄の全長が短くなり，装着部の法量も縮小したことがみてとれる。着柄角度（曲柄の斧台と握りのなす角度，図 4-24）も変化した（図 4-23）。横斧Ⅰ類，Ⅲ類はともに着柄角度 60〜70°にピークがあるが，横斧Ⅰ類は 60°以下のものがやや多い（図 4-19-13・14）。一方，横斧Ⅲ類は 80°以上のものが含まれる（図 4-20-19・22・23・27）。横斧Ⅰ類の着柄角度の平均値は 62.0°，横斧Ⅲ類は 68.6°である。

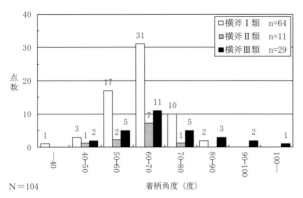

図 4-23 横斧着柄角度の度数分布

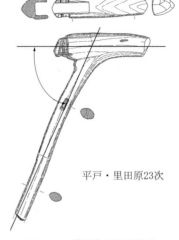

図 4-24 着柄角度計測位置

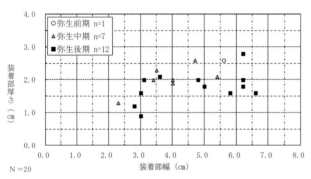

図 4-25 装着部法量の散布図（縦斧 III 類）

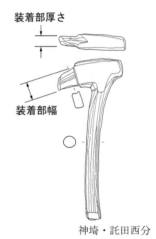

図 4-26 計測位置（縦斧 III 類）

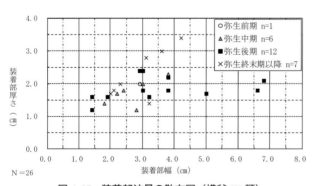

図 4-27 装着部法量の散布図（横斧 III 類）

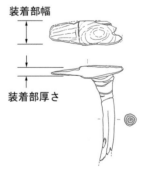

図 4-28 計測位置（横斧 III 類）

第4章　農工具の鉄器化と石器生産・消費形態　　159

　これらの斧柄の法量変化の内容は，「鉄器化」という現象が単に斧身の材質の変化という側面だけでなく，斧柄も含めた全体的な形態変化を促したことを示している。特に，横斧I類からIII類への変化は，全体形状の小型化と着柄角度に示される木材の加工技術，身体運動にも影響を与えたと考える。石斧と鉄斧では切削メカニズムがまったく異なっていたと考えられ（山田 2012, p. 334）。斧の構造全体の変化につながったのだろう。

　次に装着部の法量について検討する（図4-25・4-26・4-28）。縦斧III類はさほど通時的に変化はない。法量の変異は連続的であり大・中・小などの区分は困難である。他方，横斧III類は弥生中期から後期にかけて装着部幅の変異が大きくなる（図4-27）。装着部の幅が5cmを超えるもの（図4-20-19・22・23）や，装着部の幅と厚さが同程度で幅1.5cm以下のものが出現する。これは福岡市今宿五郎江遺跡で顕著である。装着部の形態から，このような斧柄には袋部をもつ薄鑿が装着されたと考える。

　以上のように，弥生中期から後期にかけて主に横斧の形態的な多様性が増大したといえる。

　田中謙は熊本県阿蘇市下扇原遺跡出土の鉄製工具の検討から，弥生後期（特に後期後半）に小型工具の多様化が認められると指摘している（田中謙2014）。斧柄に関する本節の分析結果は，この見解と整合的といえよう。今後，それぞれの斧柄にどのような鉄製工具が着柄されたかについて検討がさらに進展すれば，工具の機能分化の内容や意義についてより鮮明になると考える。

5. 工具の鉄器化と石斧生産の関係

　これまでの木製斧柄の検討から，III期を画期として主に鍛造鉄斧が使用されるようになったことが明らかになった。石斧と鉄斧とで着柄方法に起因して斧柄の構造がまったく異なることから，鉄斧の導入は斧全体の構造の変化を促したといえる。

　石斧の柄，特に縦斧I類は形態や装着部の法量のバリエーションが小さい。このことは装着される石斧の法量の規格化を図る必要があったことを示している。石斧の法量に統一性がない場合，着柄は非常に困難であったと考えられる。II期に今山系石斧の幅や厚さが規格化するのは，こうした斧柄への装着を容易にするための共同的な志向性といえるだろう。

　一方，鉄斧の柄は形態的に多様である。斧柄の装着部の法量も多様であり，様々なサイズに合わせて斧柄が製作されたと考えられる。鍛造の袋状鉄斧は法量に統一性がない場合でも，折り返し部分を加工したり，袋部の隙間に木材をかませることで着柄は可能である。つまり斧身の形状に合わせて斧柄，特に装着部を加工し直さないですむのである。このように様々な法量の鉄斧が使用されるようになることは，斧柄との関連でいえば鉄斧の生産・消費の単位が石斧よりも縮小したことを意味しよう。

　ところで，今山遺跡での集中的な石斧生産はIII期に終了する（米倉編2005）。木製斧柄からみた工具の鉄器化はこうした石斧生産の終了と時期を同じくしており，縦斧がIII期を画期として急速的に石斧から鉄斧へと置換したとする検討結果と整合的である。

第4節　農工具の鉄器化と石器生産・消費形態の変遷過程

　本節では農工具の鉄器化と石器生産・消費形態の関係について，鉄器生産の動向と弥生後期の交易ネットワークなどとの比較から検討する。

1.　鉄器生産の動向と工具変遷の諸段階

　鉄および鉄器生産の工程は，製錬（Smelting），精錬（Refining），鍛冶（Smiting）という段階に分けられる。それぞれの工程で排出される鉄滓も，製錬滓，精錬鍛冶滓，鍛錬鍛冶滓と呼び分けられ（松井2001），鉄滓の組成から鉄生産の段階を知ることができる。近年では笹田朋孝（2013）が最も的確に，鉄・鉄器生産の工程とその詳細な内容，特徴的な鉄滓を整理している。鉄・鉄器生産に関わる用語についてはこれに従う。

　まず，製錬（製鉄）は砂鉄や鉄鉱石などの原料から鉄を生産する工程，精錬は生産された粗鉄の成分を調整して精製する工程，鍛冶はハンマーなどで鍛打することで製品を製作する工程，鋳造は銑鉄を溶解炉や坩堝内で溶解して鋳型に流し込むことにより製品を製作する工程である（図4-29）。

　鍛冶工程の後半にあたる鍛錬鍛冶は，さらにいくつかの工程に細分できる。それは，異なる成分の鉄を鍛接する場合や折返し鍛錬などの鉄の表面が半溶解するほどの高温でおこなう「沸かし」工程，叩き延ばしなどの成形をおこなう「素延べ」工程，歪みの補正など細かな部分の仕上げ（整形）をおこなう「火造り」工程の3つである。また，鍛錬鍛冶の工程が進むにつれ操業温度が低くなること，不純物を多く含む鉄を素材とする精錬鍛冶工程では大型の精錬鍛冶滓ときわめて厚手の鍛造剥片が生成することが指摘されている（笹田2013）。

　近年，朝鮮半島南部の初期鉄器時代から三国時代の鉄・鉄器生産の変遷が明らかになりつつある。初期鉄器時代には鍛冶，原三国時代前半期には精錬・鍛冶，原三国時代後半期には製錬・精錬・鍛冶が確認され，通時的に高温操業の鉄・鉄器生産技術へと発展したことが指摘されている（金想民ほか2012）。

（1）朝鮮半島南部における鉄器生産の時期的変遷

　朝鮮半島南部の鉄・鉄器生産に関連する遺跡数は，製錬9遺跡，鍛冶47遺跡，鋳造関連9遺跡の約60遺跡が確認されている。鉄・鉄器の生産段階の区分に基づいて（金想民ほか2012），鉄器生産の時期的な変遷について概観する。金想民は，初期鉄器時代から三国時代にかけての鉄・鉄器生産遺跡の時期を4期に区分している。ここでは弥生時代に時期的に併行する生産1期（前2世紀から紀元前後，本書II期後半からIII期に併行），生産2期（紀元前後から3世紀，本書IV・V期に併行）の状況をみていく。

・生産1期

住居跡内で素材とみられる鉄器と鋳造鉄斧の破片，スラグの固着した磨石が確認されている

第 4 章　農工具の鉄器化と石器生産・消費形態　　　　　　　　　　　　　　　　　161

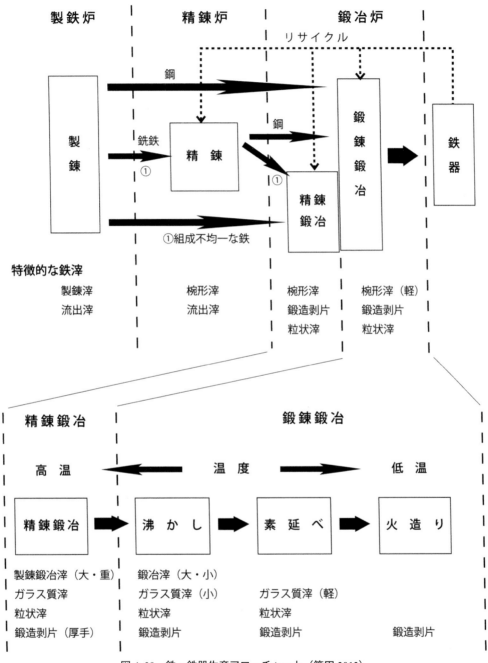

図 4-29　鉄・鉄器生産フローチャート（笹田 2013）

が，明確な鍛冶炉は確認されていない。炉の存在が明確でないことは低温鍛冶工程であったことを示唆する。生産1期に該当する亀山洞遺跡では，生産関連遺構は密集していない。

 ・生産2期

　鍛冶が住居跡内部だけでなく独立した施設でおこなわれる。また，出土する遺物も送風管片や鍛造剝片，還元鉄材，炉壁片など，より多様化する。このような遺物の状況から，鉄器生産において低温作業とともに高温作業など多様な生産工程へ発展したと理解できる。鉄器生産において高温から低温作業にわたる，分業化した鉄器生産集団への発展が考えられている。勒島遺跡および同時期の周辺の墳墓と住居跡内で，板状鉄器のような素材として使われる鉄器類が出土しており，生産2期では高温の精錬過程が存在した可能性が指摘されている。

　以上のように朝鮮半島南部における鉄器生産は，生産1期から生産2期へと通時的に低温の鍛冶工程から，二次素材を作り出す高温の精錬鍛冶へと展開したといえる。

　このような鉄器生産技術の進展は，交易ネットワークの拡大とも密接に関わっているものと考えられる（宮本2011・2012）。

　後1世紀後半以降，金海勢力が慶南海岸一帯の小国を一つの交易体系のなかに組み込む中心勢力として台頭し，他勢力の交易を管理・統制した可能性が指摘されている（井上2012, p. 93）。その結果，勒島遺跡は交易拠点としての役割を終えたと考えられるが，勒島遺跡が衰退する時期にカラカミ遺跡が出現する点は非常に興味深い。すなわち，交易の拠点が勒島遺跡からカラカミ遺跡へと推移したと考えられる。

　ところで，壱岐市カラカミ遺跡では地上式炉（周堤付炉跡）[14]がみつかっている。炉構造には泗川・勒島遺跡との共通性が認められ，精錬鍛冶がおこなわれた可能性も指摘されている（宮本2012）。一方，金想民はカラカミ遺跡と勒島遺跡の鍛冶炉や鍛冶関連遺物の比較から技術交流ではなく，鉄素材流通を介した交流と評価する。カラカミ遺跡では高温の精錬鍛冶によって棒状や板状の素材（二次素材）を製作し，北部九州に流通した可能性もある。

（2）北部九州における鉄器生産の時期的変遷

　北部九州の弥生時代の鉄器生産に関する研究はこれまで数多く発表されており，研究の到達点として村上恭通による一連の研究があげられる（村上恭1994・2000・2007・2011）。村上は，弥生時代の鍛冶炉について，掘り方の有無や形状，内部構造，焼土面の拡がりなどを基準として以下のⅠ類からⅣ類に分類した。

　Ⅰ類：掘り方を大きくとり，その内壁や底をよく焼き締め，そのなかに木炭や土を交互に重ねた防湿目的と考えられる地下構造を備えるタイプ。平面形から船形あるいは楕円形（Ⅰa類），円形（Ⅰb類）に二大別できる。

　Ⅱ類：掘り方のみで，その内壁がわずかに焼けているタイプ。わずかなカーボン・ベッドをもつ。平面形は様々である。

14）鍛冶炉の分類は後述する。

III類：ほとんど掘り方をもたず，床面をそのまま炉として使用するか，若干の粘土を敷いて操業するタイプ。燃料と区別しがたいが，わずかながらカーボン・ベッドをもつものと思われる。

IV類：掘り方がなく，床面をそのまま炉底として使用し，その操業温度は低いため，焼け方がかなり弱いタイプ。

　さらに宮本一夫は，カラカミ遺跡で発見された地上式と考えられる鍛冶炉を，V類として新たに分類に加えている（宮本2012・2016）。鞴羽口や二次素材とみられる板状鉄器は出土しているが椀形滓が認められないことなど，鉄器生産の内容の評価は慎重を期する。最近は鞴を伴った地上式炉によって，鋳鉄を脱炭して鍛鉄の素材を作る銑卸し鉄の可能性も指摘されている（宮本2016）。北部九州の鍛冶炉と構造的に異なる点が注目され，精錬鍛冶工程が存在していた可能性を示唆する[15]。

　以上の鍛冶炉の分類をふまえ，北部九州の鉄器生産の時期的変遷について述べる。北部九州では弥生中期末に掘り方をもつI類とII類の鍛冶炉が出現する。福岡県では仁王手遺跡A地点（Ia類），安武深田遺跡（Ib類），赤井手遺跡（II類）など，この段階にすでに複数の類型の鍛冶炉が存在する。弥生中期末の須玖遺跡群では青銅器やガラス製品も生産されており，さまざまな製品の生産拠点であり，仁王手遺跡A地点，赤井手遺跡もそのような生産遺跡群に含まれる。鍛冶炉の能力は若干の重複をもちながらもI類の方がより高温で，幅広い作業に対応できたものと考えられる。II類鍛冶炉では準備された鉄素材（二次素材）から製品生産のみがおこなわれ，大型で地下構造も丁寧に造られたI類鍛冶炉はII類と同様の生産に加え，加工しやすい鉄素材への加工あるいは鉄戈のような大型鉄器の生産も可能であった（川越1975）。このように須玖遺跡群では，高い生産技術が必要とされる鉄戈のような長大な鉄製武器のほか，多種多様の農工具をすでに生産していたとみられる（村上恭2007, p. 36）。また工程を異にする鍛冶炉が，一つの遺跡群に併存する在り方から分業化[16]を認めることができる（村上恭2000, p. 147）。こうした背景のもと，中期末には大小の袋状鉄斧・板状鉄斧，鉇，鑿，鎌，鏃，剣など工具，農具，武器の多くが鉄器化を果たす[17]。

　弥生後期以降，北部九州において鍛冶工房の動向がやや不明になる。福岡県八女市西山ノ上遺跡のように後期前葉から終末期にかけて5，6軒の鍛冶工房が営まれる場合があり，拠点的な集落では，一定空間内でわずかに場所を移しながら鍛冶工房が継続的に営まれていたようである（村上恭2007）。しかし，後期中葉以降には地下構造をもつI類鍛冶炉は激減し，II類が主体となる（村上恭2011）。

15）村上恭通によれば，地上式鍛冶炉は朝鮮半島南部で少なくとも三国時代初期に出現する。また地上式鍛冶炉は列島内で変容し，一旦その系譜は途絶える（村上恭2012）。

16）ここでいう分業とは，生産工程を複数に分割する技術的分業を指す。

17）一般に鋤や鍬の先といわれる，両端を折り曲げた方形板状鉄製品もこの時期から製作されはじめる（川越1993；村上恭1998）。ただし，方形板状鉄製品には儀礼的なものや別用途の刃器が含まれる可能性もあることから，弥生中期後半に耕作具・開墾具の鉄器化が進んだという見解への疑義が指摘されている（松木2011, p. 160）。

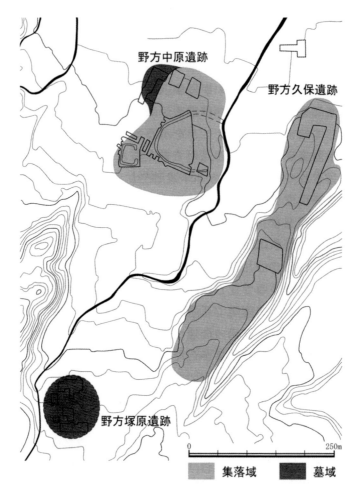

図 4-30　野方遺跡群の集落構造（宮本 2012）

　さて，弥生時代における鉄器生産と消費の関係性について把握することは，現在の資料的状況では非常に困難である。近年，宮本は，福岡市野方遺跡群を例に鍛冶工房の配置と居住集団の階層化，住居跡の規模の関係を分析しており（宮本 2012），ここではこの分析結果を参考にする。

　弥生後期中葉から古墳初頭にかけて存続する野方遺跡群では，環濠集落からなる野方中原遺跡と一般集落である野方久保遺跡が存在し（図 4-30），それぞれに墓域（野方中原遺跡，野方塚原遺跡）をもつことが指摘されている（小澤 2011）。野方中原遺跡と野方久保遺跡は十郎川を挟んでほぼ同時期に存続していることから，相互に密接な関係があったことが想定される。野方中原遺跡では環濠が掘削されるほか方形環濠を伴う掘立柱建物があることから，集落を構成する施設をみると野方久保遺跡に比べ野方中原遺跡の方がやや優位とされる。また墓域における副葬品の内容からも野方久保遺跡と野方中原遺跡の間に階層差が認められる（小澤 2008, p. 27）[18]。

第4章　農工具の鉄器化と石器生産・消費形態　　　165

　さて，野方遺跡群のなかでは野方久保遺跡の住居跡 SC61 に鍛冶炉[19]が存在し，集落群全体の鉄器をここで生産して分配していたとみられる。萌芽的な首長層（野方遺跡群内では野方中原遺跡の首長層）が介在することで鉄素材が入手され，集落群内の下位集団（野方久保遺跡の居住者）が鉄器生産をおこない，集落群内に分配したとモデル化されている（宮本 2012, p. 60）。IV 期以降に認められるこのような生産・消費の単位の縮小は，第3章第4節の石庖丁の分析結果とも整合的である。

　ところで，野島永は弥生後期における住居跡の規模と鉄器出土量の関係を分析し，鉄器の保有と社会的地位（階層）との間には顕著な差異が認められないことを指摘している。このことから日常的に用いられる農工具などの鉄器は，貴重財として贈与交換に供されていたのではなく「九州北部中枢部内の各地の市場から供給され，拡散していった耐久消費財」であったと評価する（野島 2010）。宮本は，鉄器が出土した住居跡が野方遺跡群のなかでは比較的大型と指摘しており（宮本 2012, p. 59），野島の見解と異なるが，さほど明瞭ではない。

　このことから日常的な鉄器の「保有」は階層差を表すものではなく，集落群が一つの生産と消費の単位となっていたと評価される。そしてこのような生産・消費単位の縮小が，III 期から IV 期にかけての変化の特徴である。

　本章第2節 6. で述べたように，金海・大成洞 45 号墓と良洞里 200 号木槨墓出土の板状鉄斧（鉄素材）は赤井手遺跡 6 号土坑の一括廃棄例と同型式である。また，「奴国」で生産された可能性の高い広形銅矛が副葬されている。このことは，首長間交渉を背景として鉄素材が輸入されていたことを支持している。

　筆者は，水晶玉や銅矛，鉄素材のほか本章第2節で検討した，対馬産の可能性が高い青灰色泥岩製の定形砥石も交易品に含まれていたと考える。ただしこれは，威信財・儀器の相互贈答とは交換領域の異なる器物とみられる。III 期以降，玄界灘沿岸部を中心に鉄器生産が開始され，工具，農具，武器の多くが鉄器化を果たしていくなかで，鉄器用の極細粒の仕上砥の必要性が増大し交易ネットワークに組み込まれたのだろう。

（3）工具変遷の諸段階

　下條信行（2010a），田中謙（2014）の研究成果に従い，把握される木工具一式を使用が想定される工程順に並べるという方法で，工具組成の変化の段階とその内容を整理する。

・**鉄器導入以前の道具組成と使用順序**（弥生前期後半以前，I 期）

両刃石斧　→　柱状片刃石斧　→　扁平片刃石斧　→　鑿形石斧

この段階は伐採から加工まですべての工程において「石斧頼み」の段階であった。

18）ただし，それぞれの墓の所属時期について久住猛雄による批判がある。小澤佳憲が弥生後期末とした野方中原 6 号石棺墓は IIA 期（古墳初頭），野方塚原 3 号石棺墓は IIA 期（古墳初頭），野方塚原 4 号石棺墓は IIB 期（古墳前期前半）とされる（久住 2010）。

19）SC61 の鍛冶炉の構造は不明である。

・鋳造鉄器の再加工品の利用開始（弥生前期末以降，II 期）

II 期前半には，舶載鋳造鉄器の再加工品（野島 1992；村上恭1998）が導入される初期鉄器段階を迎える。ただし鉄器は木材加工の一工程を担う存在にはならず，あくまでも「石器との協同」であった。

両刃石斧（太形蛤刃石斧）→ 柱状片刃石斧 → 扁平片刃石斧・板状鉄斧（鋳造鉄斧の再加工品）→ 鑿形石斧・鑿形鉄斧（鋳造鉄斧の再加工品）

さらにこの段階には，木製品の仕上げあるいは細部加工の道具として青銅製鉇や鉇状に刃部を研ぎ出した鋳造鉄器再加工品も認められる。

第 3 章第 3 節で検討したように，層灰岩製扁平片刃石斧，鑿形石斧の法量と鋳造鉄器の再加工品の長さや幅が近似していることから，磨製石器の使用方法に即した形で鉄器が部分的に導入されたと考えられる。さらに，鋳造鉄器の再加工品は墓から出土することは稀で，多くは土坑や貯蔵穴，住居跡などの集落域から出土する。

また，第 3 章で明らかにしたように両刃石斧の石材として玄武岩（今山系石斧），扁平片刃石斧・鑿形石斧の石材として層灰岩が主に用いられており，器種ごとに石材原産地と石器製作地が異なっている。

・鍛冶技術の導入以降（弥生中期後半以降，III 期以降）

III 期以降，鋳造鉄器の再加工品が残存する一方，各地で鍛造の鉄製工具が普及しはじめる。ただし刃先のバリエーションは顕著ではなく，用途は石斧と同様であった（田中謙2014, p. 18）。本章第 2 節・第 3 節で明らかにしたように，工具の鉄器化が進行する第一の画期である。

石器から転換した鉄製工具は，IV 期以降に機能・用途に応じて多様化する。とりわけ V 期前半にはそれが顕著になる。斧柄の分析でみたように装着部の法量は非常に多様化している。

両刃石斧・鉄斧（袋状鉄斧）→ 中型鉄斧 → 小型鉄斧 → 薄鑿（鉄鑿）→ 鑿状工具（鉄鑿）→ 鉄製穿孔具 → 鉄鉇・鉄製刀子

この工具の時期的変遷に現れた後期における機能分化は，機能・用途に応じた多様な刃をもつ「鑿」，「穿孔具」，「鉇」が引き起こしている。多様な刃部をもつという点が鉄製工具の特徴であり，石斧類と大きく異なる点である。

また，この変遷にみられる画期は第 4 章第 2 節で検討した砥石の通時的変化とも呼応しているとみられる。渡辺堯志によると比恵・那珂遺跡群の砥石目は，弥生前期から中期前葉において♯320 と♯800 への集中，中期中葉から後期前葉では♯800 と♯2000 への集中，後期中葉から弥生終末期（古墳初頭）では♯2000 への一極化という変遷過程をたどる（渡辺 2007）。第一の画期は III 期，第二の画期は V 期前半である。比恵・那珂遺跡群は福岡平野の中核的な大規模集落とみられるが，III 期に鉄器化が生じ，V 期前半には消費地[20]としての性格を高めていった。IV 期以降の極細粒の仕上砥は，鉄器の刃部の細部調整に用いられたと考えられる。

---

20) ただし遺跡の規模や構造，外来系土器・鉄素材・中国産朱の出土様相などから，一般的な消費地ではなく，「原の辻＝三雲貿易」（久住 2007）の交易拠点でもあっただろう。

さて，用途に応じて機能分化を可能にすることこそ，素材として鉄を用いることの利点である。IV 期以降には，それほど高度な鍛冶技術を必要としない小型の鉄製工具の量産と刃先の多様化が生じており（田中謙2014），鉄素材や製作技術の限界性の中で，様々な鉄製工具を作り出した。まさに，この点に北部九州における弥生時代の後半期の特質をみることができる。

　しかし，物財のカテゴリーの観点でみた場合，鍛冶技術の導入はきわめて大きな変化であったと考えられる。第 3 章で明らかにしたように，北部九州における弥生時代の前半期の場合，石器は「器種ごと」に空間的に異なる石材原産地や石器製作地をもち，製品あるいは製品に近い未成品の状態で広域的に流通していた。また，それぞれの石器器種は個別的には機能せず，全体として道具の体系性を有していた。そして，おそらく交換レートが存在していたと考えられ，石器には器種ごとに固有の価値が与えられていただろう。

　鉄という「共通」の素材を用いて様々な器種を生産することは，このような既往の道具の体系性に大きな変更を生じさせることになった。III 期は，道具の材質が石から鉄へと「置き換わる」，といった単純な現象ではなく，石器生産・消費の「システム」が変化した画期的な時期として位置づけられよう。

2. 北部九州における弥生後期の集落動向 ―― 弥生中期から後期へ ――

　本項では，弥生後期社会の集落動向と石器生産・消費形態との関係について述べる。弥生後期社会の集落動向については，小澤佳憲による一連の研究があげられる（小澤 2000a・2002・2008・2009・2013）（図 4-31）。小澤は北部九州における集落動態を詳細に分析し，中期末から後期初頭において北部九州全域で画期が存在することを明らかにした[21]。具体的には，多くの集落がこの時期に断絶する一方，中期から継続する拠点的集落は規模が増大する現象を指摘し，集団の集住化が説明されている。流行病や争いなどで地域社会の人口が急激に減少した可能性は低いとされている。またこの時期の墓制の動向をふまえ，居住集団の明確化と集団間の序列化が一定程度進展したと結論づけている。さらに後期中葉から後葉にかけて，居住集団間に格差が生じ，それが徐々に拡大していったと指摘する（小澤 2008・2009）。弥生中期段階に現れはじめていた墓域における差異表現（序列化）が，住居の規模や鉄器保有率，掘立柱建物の有無や規模などのように，居住域においても，居住集団間の優位―劣位の格差が表現されるようになる，とされる（小澤 2009, p. 187）。小澤はこのような様相から，弥生中期末から後期初頭を首長制社会の初期段階とみる。

　また溝口孝司によれば，弥生中期末から後期初頭に生じた多くの集落の一時的放棄と特定集落の存続という現象は，前漢末の混乱[22]と対応する蓋然性が高いという（溝口 2008, p. 90）。

---

21) 久住猛雄は，遺跡の時期の認定方法や弥生中期末以降も継続する集落の存在などの点から小澤が示した集落の消長表に疑義を呈し，画期として強調しすぎていると批判する（久住 2010）。山崎頼人も福岡県内陸部の宝満川流域（二日市地峡帯地域）では中期の拠点集落が後期に継続しないことを指摘する（山崎頼2015, p. 204）。筆者は，弥生中期末から後期初頭の時期がさほど劇的でないにしろ，集落動態以外の側面もふまえた場合，画期として認めてよいと考える。なお，弥生後期の集落動態についての最新の研究動向として，遠藤茜・上田龍児による研究（遠藤・上田 2009）を参照した。

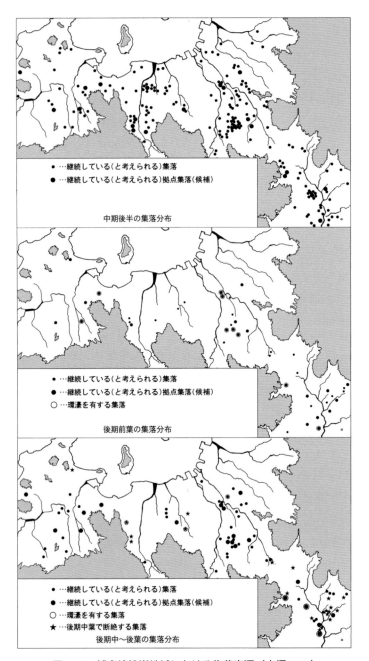

図 4-31　博多湾沿岸地域における集落変遷（小澤 2013）

22）この時期の東アジアの国際情勢として，王莽の対外政策が重要と考えられる。王莽政権によって創始された新王朝（後 8～23 年）は，徹底した中華思想（王化思想）に基づいて外交を進め，周辺民族の諸侯王を公，四夷の王を侯に格下げした。こうした屈辱的な降格の冊封を強行したことにより，匈奴や高句麗などの東北の諸民族は王莽から離反した。周辺民族の離反は，辺境の治安の悪化を招き，やがて内乱へと連動していったとされる（西嶋 1985；鶴間 2004）。倭との関係でいえば，朝鮮半島北部（楽浪郡）を経由して舶載される器物が途絶することに大きく影響した可能性がある。弥生後期初頭前後に，福岡平野内で小形仿製鏡が後漢鏡の不足を補うため製作されはじめる（田尻 2012, p. 223）のも，こうした国際情勢と無関係ではないと考える。

第4章　農工具の鉄器化と石器生産・消費形態　　　169

　第3章第4節の石庖丁に関する分析の結果，III期からIV期にかけて石器生産・消費の単位の縮小が認められた。また，弥生後期になると中期以前とは異なる，新たな石器石材を用いた石庖丁の生産・消費が認められる（渡部芳ほか2011）。

　以上のように石器生産・消費形態の変遷は弥生中期末から後期初頭における大規模な集落再編と無関係ではなく，同様な画期が存在する。III期からIV期にかけての石器生産・消費形態の変化，具体的には生産・消費の単位の縮小は，農工具の鉄器化という技術的な側面のほか，集落の再編（集住化）という集落間のネットワークの側面も影響したと考えられる。

第5節　農工具の鉄器化と弥生時代後半期における社会変容

　本章では砥石および木製斧柄の分析に基づいて，弥生時代の後半期における鉄器化の過程について検討した。その結果，以下の点が明らかになった。
① III期に工具類の鉄器化が進行し，I期からII期にかけて形成された石器石材と器種の固定，製品の流通関係が断ち切られた。
②鍛冶技術の導入を画期として，鉄器の消費を前提とする器物の生産・消費システムへと変化した。鉄素材の入手に際し，II期以前より広域的な社会関係を取り結ぶ必要性が増大した。日常的な器物の入手における長距離交易の必要性は，大きな方向転換となった。
　このように石器の生産・消費形態の側面において鍛冶技術の導入が画期であった。

　II期以前において，石器器種と石材原産地が固定化するほど石器生産は地域内部で分業化が進行し，製品が安定的に流通するような集落間ネットワークも発達していた。

　一方，鉄は可塑性があることから様々なサイズの工具が製作されるようになる。特に横斧はIII期からIV期にかけて形態的な多様性が増大する。鉄という同じ素材を用いて，異なるカテゴリーに含まれる物財が生産されはじめたことは，石器の価値体系を根本から動揺させただろう。鉄器生産が進展するIV期以降，生産・消費の単位は縮小していくが，III期以前に醸成された石器の生産・消費システムは鉄器の出現により断絶したと考えられよう。

第5章

考察：石器生産と消費形態からみた北部九州弥生社会の特質

　本章ではこれまでの分析の結果をまとめ，石器生産と消費形態からみた弥生社会の特質について朝鮮半島南部青銅器時代・初期鉄器時代の状況と比較しつつ考察する。石器生産と消費形態の時期的な変遷過程にみられた画期の意義と，認められた現象の発現のメカニズムや背景について，異なる物質文化などとの対比から明らかにしたい。

第1節　石器生産と消費形態の時期的変遷と画期の評価

1.　朝鮮半島南部青銅器・初期鉄器時代

　第2章の片刃石斧に関する分析の結果，朝鮮半島南部では嶺南1・2期（青銅器時代前期後半）から嶺南3期（青銅器時代後期前半）へと通時的に，石器生産・消費システムが自給型から重点生産型へ変化したことが明らかになった。このような石器生産・消費システムの変遷において嶺南3期は画期であり，集落ごとに自家消費的に石器を製作し消費される段階から，規格性が高く高品質の製品（完成品）が広域的に流通する段階への変化を示している。

　近年，裵眞晟により青銅器時代前期後半における石製工具の発達やそのセット関係の完備が高く評価され，前期後半を前期から分離して新たに青銅器時代「中期」と設定する向きもある（裵眞晟2012）。しかし，第2章で述べたように朝鮮半島南部における石器生産・消費システムの内容については有溝石斧の出現が契機となっており，青銅器時代後期が画期である。朝鮮半島南部の石器生産・消費システムの時期的変遷を大略的に述べるならば，青銅器時代前期は「量的」な発展期，後期は「質的」な転換期と捉えられることから，前期後半を分離することはできないと考える。

　このような質的に異なる石器の生産・消費システムへと転換した背景には，松菊里文化の伝播が存在したものと考えられる。嶺南地域において松菊里文化は外的な農耕文化として位置づけられる。

　ここで松菊里文化の形成と展開について，端野晋平による松菊里型住居に関する研究を参照したい。朝鮮半島南部においての，初めての本格的な農耕文化である松菊里文化を定義づける一つの文化要素として，「松菊里型住居跡」と呼ばれる住居跡がある。これは竪穴の中央部に楕円形の土坑をもち，その両脇に柱穴があることを特徴とする住居である。半島南部では，こうした住居は水稲農耕が本格化する青銅器時代後期に出現・盛行し，さらに水稲農耕とともに

弥生時代開始期に日本列島にも伝わる。

端野はこの松菊里型住居について細部の特徴から20種類のタイプに分類し，各タイプの地域ごとの出現頻度を空間的セリエーションにより提示した。その結果に基づき，松菊里型住居は半島南部の中西部地域で発生し，西海岸ライン（中西部地域—錦江中・下流域—栄山江流域—宝城江流域）と小白山脈越えライン（中西部地域—錦江上流域—南江流域あるいは中西部地域—錦江上流域—大邱地域）におおむね沿って拡散すること，半島南部各地に広がる過程で変容したと指摘した（端野2008a）。

有溝石斧の半島内の伝播過程については未検討であるが，嶺南地域のなかでは洛東江流域よりも南江・黄江流域の方が出現は早いとされる（庄田2009b）。

初期鉄器時代（粘土帯土器文化）になると大邱・燕岩山遺跡における有溝石斧の生産のように，同一の石器器種を大量に生産する遺跡が出現する。このような重点生産型（原産地直下型）の石器生産は，嶺南3期の高霊・義鳳山周辺の遺跡群や南江流域のハンピン遺跡・召南里遺跡での石器生産の内容が継承され集約化したといえる。ただし嶺南3期では同一の石材を用いて有溝石斧のみならず磨製石剣や磨製石鏃も生産されている一方，初期鉄器時代になると一貫して有溝石斧のみが生産されるようになる。石器の種類に応じて生産地が分散するような石器生産・消費システムは，地域内部の分業化が青銅器時代からさらに進展した結果生じたとみることができる。

2. 北部九州弥生時代

(1) 両刃石斧

I期を通じて石材の原産地が次第に今山に固定化され，II期前半以降，北部九州の大半の地域は両刃石斧を今山系石斧に依存するようになる。両刃石斧の石材が玄武岩へと収斂していく現象は，伐採の機能性を高めるための厚斧化（石斧重量の増加）との関連性が考えられる。堆積岩系石材は石斧の素材となる厚手のブランクが得にくく，薄く剝離性に富む。一方，玄武岩を含め火成岩系石材の素材の形状は厚いものとなりやすく，相対的に硬質である。なお，縄文時代の両刃石斧（蛇紋岩による桜町式石斧の復元製作品）によりアカガシ亜属の大径材を伐採することは不可能であることが，実験考古学的手法による研究により示されている（山田編2003；岡本ほか2009）。

また，玄武岩がI期からII期には基本的に両刃石斧以外には用いられないことも注意される[1]。厚さと硬度といった石斧の機能性を満たす石材として，各地の石材環境において様々な石材のなかから両刃石斧に玄武岩が選択され用いられたのである。このことは逆にいえば，玄武岩のような硬質緻密で両刃石斧に最適な石材が北部九州に存在しなければ，各地で様々な石材が用いられ続けることになり，原産地直下型の集中的な石斧製品生産は生じなかったといえ

1）ただしIII期以降，今山近郊の今宿五郎江遺跡で玄武岩を用いてスクレイパーなどが製作されている（森貴2013a）。今山遺跡における集中的な石斧生産の終了とともに石斧以外の器種が生産されはじめるという現象は，石材原産地近郊において生業様式の裾野が広がった，とも解釈され興味深い。

第5章　考察：石器生産と消費形態からみた北部九州弥生社会の特質　　173

る。さらに，両刃石斧が発達しなければ，農工具などの木製品に用いられる硬いカシ類の伐採や大規模な土地開発は不可能であっただろう。

　このように北部九州一円の集団共有の「志向性」として，両刃石斧を今山系石斧に強く依存することは集団の「共同性」が最も顕在化した状態といえる。安定的な製品流通と，それを支える高品質で規格的な製品製作がI期からII期にかけて醸成されたのである。

　III期に今山遺跡における集中的な石斧生産が終了し，以降は両刃石斧が激減する。この要因としては第4章第3節で検討したように，III期を画期として鉄器化が急速的に進んだことが影響したと考える。しかしながらこの段階に鉄素材が潤沢に北部九州へと流入したとは考えられず，鉄器を生産する鍛冶技術も限定的な状況であった。IV期以降，カシ類の大径木利用が減少し（村上由2011, p. 130），伐採活動の頻度が少なくなった可能性もあるが，鉄器化により伐採効率が飛躍的に高まったといえる。

（2）片刃石斧

　弥生時代開始期以前に，朝鮮半島南部から少量の片刃石斧（無抉柱状片刃石斧・大型扁平片刃石斧）が搬入されたとみられるが，それ以降の列島の弥生時代には定着しない。これらの片刃石斧は嶺南2期（青銅器時代前期後半）以前のものであり，朝鮮半島南部との時期的な併行関係からみれば縄文後期末から晩期中葉に属するものである。

　弥生時代開始期には佐賀県唐津市菜畑遺跡などで柱状片刃石斧，扁平片刃石斧，鑿形石斧といった片刃石斧類のほか磨製石剣，磨製石鏃などが認められることから，大陸系磨製石器がセットとして朝鮮半島南部から搬入されたとみられる。ただしこの時期の両刃石斧は薄手で，半島から厚斧は伝わっていない。

　II期には，層灰岩製片刃石斧が多く認められるようになる。先行研究では層灰岩の石材原産地について北九州市域・脇野亜層群とされてきたが，第3章第3節の片刃石斧の製作技術に関する分析の結果，朝鮮半島南部もしくは対馬島に石材原産地が求められることが明らかになった。石材の葉理方向が石斧刃部に直交する「縦目」という，製作が困難で特殊な製作技術で製作されており，製品もしくは製品に近い未成品の形態で広域的に流通した。この製作技術は朝鮮半島南部に系譜をもち，長崎県壱岐市原の辻遺跡での片刃石斧製作の開始は半島南部からの人々の渡来が契機となっていた可能性が高い。

　層灰岩製片刃石斧の消費形態の特徴として，北部九州において汎地域的に使い込まれる傾向が認められた。このことは，石材が九州島の「外部」に求められることも併せ，片刃石斧の使用価値が高かったことを示唆する。片刃石斧は外来の文化要素であり，日常的なコミュニケーションの範囲の外部から入手されたことが「遠来」という価値を新たに付加し使用が長期になったのだろう。

　また，鋳造鉄器の再加工品・破片と層灰岩製扁平片刃石斧の形態や分布状況が類似する点から，同一の道具のカテゴリーに含まれていた可能性が高いといえる。このことは初期鉄器の導入が，石器生産・消費システムのなかで果たされたことを示唆する。

II期までの倭人は，石器製作の延長として鋳造鉄器を捉え，砥石により研磨することで新たな刃器として再利用した。鋳造鉄器は高炭素であるため堅固である一方，脆い性質を本来もっている。したがってそのままの状態では，砥石で研磨し変形を加えることは困難である。しかし，大澤正己の金属学的研究により，発達した施設と高度な技術によって，これらの鋳造鉄器はほぼ全体にわたり脱炭処理が施されていたことが判明した（大澤1996）。鋳造鉄器が大陸においてすでに脱炭が施された「可鍛鋳鉄」製品であったために，研磨による刃付けが可能であったのである。村上恭通は，II期の鉄器について「九州北半地域における鉄器の需要を満たしたのは斧を主体とする舶載鋳造鉄器とその破損品の再加工によるリサイクル鉄器」と評価する（村上恭2007, p. 13）。破損した鋳造鉄器破片を研磨することで刃器としてリサイクルするという姿は，当時の列島における鉄器生産技術の限界性を示している。また同時に，鉄器の切れ味を知ったことが，倭人の鉄器の獲得欲を高めることにもつながったとみられる。

III期以降，工具は石斧から鉄斧へと変化する。下條信行によれば，北部九州では弥生中期中葉には大陸系磨製石器群のなかで小型加工石斧が急激に減少する（下條1998）。第4章第3節の斧柄の分析結果によればIII期以降も横斧については石斧用のものが残存するが，次第に鍛造鉄斧が主体となり片刃石斧はなくなる。III期を画期としてほぼすべての斧が鉄斧になったのである。

(3) 石庖丁

立岩系石庖丁はII期前半から生産が開始される。飯塚市立岩遺跡群では下ノ方・焼ノ正遺跡などの12遺跡が狭隘な丘陵上に密集しており，非常に特異な集落形態をとっていたといえる。北部九州地域における石庖丁の需要に応じて，複数の居住集団により石庖丁が製作されたと考える。

III期における石庖丁生産については，現状の立岩遺跡群の出土資料に基づく限り不明であるが，北部九州では最も多量に出土する時期であることから，生産も盛行していたと考える。

IV期になると立岩系石庖丁の分布中心が変化するとともに石材原産地である笠置山から遠く離れた遺跡でも未成品がみられるようになる。各地域における立岩系石庖丁の占める割合は最も出土量の多い中期後半でも各地域において30〜50％であり，基本的に在地産石庖丁を超えることはない（下條1977b, p. 189）。

IV期は立岩遺跡群での石庖丁生産が終了する一方，各地で未成品が認められ，さらに穿孔も各地でされたと考えられる。各地域で製作可能な器種であったことが石庖丁の残存した原因といえる。III期以前における石庖丁製品の広域的な流通から，IV期以降における石庖丁生産・消費の単位の縮小という変化は，鉄器の生産・消費システムに取り込まれたことにより生じたと考えられる。また，集住化に伴う集落間の諸関係の再編が影響したのだろう。

第5章　考察：石器生産と消費形態からみた北部九州弥生社会の特質　　175

第2節　日韓の地域間比較と北部九州弥生社会の特質

1. 農耕文化の伝播と石器生産・消費形態 ── 朝鮮半島南部との比較 ──

　朝鮮半島南部では，高霊・義鳳山周辺のホルンフェルスを用いて片刃石斧のほか磨製石剣が製作されている。有節柄式石剣の形態の類似性から，張龍俊と平郡達哉は埋葬儀礼の側面において各地域のリーダーが広域的に関係を取り結んでいたと指摘する（張龍俊・平郡2009）。このような有節柄式石剣の製作情報など，石器製作に関連するネットワーク（相互交流網）が素地として存在したことが，青銅器時代後期の分業化進行の速さに影響したと評価できる。有節柄式石剣に時期的に先行する二段柄式石剣の段階では各集落単位で石剣の製作がなされており，義鳳山周辺のホルンフェルスが磨製石器の素材として使用されはじめるのは青銅器時代前期後半段階である（黄昌漢2011）。有節柄式石剣は二段柄式石剣に比べ剣長が長いことから，製作が非常に困難である。高霊地域の集団は石材の特性を熟知するとともにホルンフェルスを用いた石器製作に長けており，製作が困難な石剣のような石器の製作により培われた技術基盤で片刃石斧の製作もなされたと考えられる[2]。

　このように磨製石剣という各地域のリーダー間で贈与交換されるような副葬用の武器形石器と，木材加工斧である有溝石斧の使用石材が同一であったことは，朝鮮半島南部の石器生産・消費システムを評価するうえで非常に重要である。この点は社会内部における階層化が前提となって地域間の関係が取り結ばれ[3]，それに付随して石器生産・消費システムが変化したと捉えられ，北部九州の弥生時代と大きく異なっていたといえよう（表5-1）。

　一方，北部九州地域では朝鮮半島南部からの水田稲作農耕の伝播と石器生産・消費システムの変化には時期差・段階差が存在する。弥生時代開始期においては，同時期の朝鮮半島南部の嶺南3期（青銅器時代後期前半）に認められるような，重点生産型（原産地直下型）の石器生産・消費システムは列島に移転されなかった。

　弥生時代開始期には朝鮮半島南部から搬入されたと考えられる片刃石斧の製品が少量認められるが，列島では石斧製作の痕跡は認められない。さらに，半島から両刃石斧は伝播しておらず，縄文時代の両刃石斧が弥生時代も継承され，弥生前期を通して徐々に厚斧化していく（下條1986）。

　2）ただし磨製石剣が「横目」の製作技術により製作されるのに対し，柱状片刃石斧は「縦目」の製作技術で製作されることから（第1章図1-4），磨製石剣と片刃石斧に技術的な系統性が存在したとまではいえない。ここではホルンフェルスを用いた石器製作に長けていた集団が高霊地域に居住していた，と指摘しておきたい。

　3）朝鮮半島南部の青銅器時代においては，遼寧式銅剣を副葬する墓が階層的にはより上位に属する（宮本2009b）。

表 5-1　朝鮮半島南部における石器生産・消費システムの変遷

時期	石器生産遺跡の類型	生産・消費システムの安定化・変化要因
青銅器時代前期中葉	自給型	
青銅器時代前期後葉	原産地近郊型	磨製石剣などリーダー間の相互作用網
青銅器時代後期		中西部地域からの松菊里文化の流入
初期鉄器時代	重点生産型（原産地直下型）	

2. 石器生産・消費形態の評価と北部九州弥生社会の特質

　ここでは弥生時代における石器生産・消費形態を評価するために，関連する諸事象を整理する。そして，これまでの分析結果を総合，解釈し弥生時代社会の特質について通時的に明らかにする。

（1）人口増加と土地開発との関連

　田中良之は，北部九州で最も発掘調査の密度が高い地域の一つである福岡県小郡市三国丘陵を対象として，時期別の遺跡数の比較から人口増加率を求めた。縄文晩期中葉の遺跡数が7遺跡，弥生前期末の遺跡数が28遺跡であり，0.639％という年間人口増加率を提示した（田中1991）。その後，増加した資料を加えて再度計算され，前期後半（板付II式）までが0.726％，前期後半から前期末までが0.986％，弥生初頭から前期末までが0.973％という値が提示されている（田中・小沢2001）。

　中橋孝博は，型式別の甕棺墓の数量から弥生前期末以降の人口増加率を算定した結果，中期後半まで1.0％を超える増加をしていたという結果を提示している（中橋1993）。小澤佳憲は，集落動態を検討するなかで，正確な遺跡面積を時期ごとに求めて，糸島・早良・福岡平野における弥生前期前半から中期後半までで0.713％という人口増加率を提示している（小澤2000b）（図5-1）。このように弥生時代の前半期，なかでも前期末から中期前半に相当の高率で人口が増加したことが示されている。

　以上の結果は，弥生時代開始期から爆発的といってよい人口増加が北部九州において生じたことを示している。また，II期前半頃の時期の急激的な人口増加は，この時期の遺跡数の増加からみて玄界灘沿岸のみならず汎西日本的な現象であったといえる。

　田崎博之は，花粉分析からみた福岡平野の比恵台地の集落立地と土地開発の変遷を検討し，弥生前期の森林開発は限定的であったとする（田崎1998）。畑中健一は北部九州における照葉樹林の破壊とその後の二次林の形成は弥生中期後半から後期に進行したと復元している（畑中健1984）。地形環境の変化として，弥生前期末から中期前半に洪水が多発し氾濫原面では土地条件が不安定となり，居住環境の悪化をもたらしたことが指摘されている（高橋1995；外山2006）。

　こうした人口増加と遺跡周辺の自然環境・地形環境の変化は，II期前半における新たな土地

第5章　考察：石器生産と消費形態からみた北部九州弥生社会の特質　　　　　　　　　　　　　　177

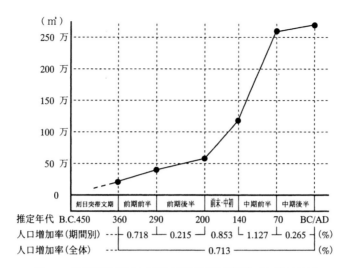

図 5-1　玄界灘沿岸における人口増加率の推移（小澤 2000b）

開発，丘陵上への集落の新出や拡大化，さらに「母村―分村」という集落間の関係の成立を促したといえる。II 期前半に二日市地峡帯地域で今山系石斧が大量に出土する背景には，このような人口増加と自然環境的な要因が影響したといえよう。

　新たな土地開発（分村化）に際しての今山系石斧の大量入手は，分村化していく各集落の偶発的・個別的なものではなく，I 期以来の既存の母村を介した集落間のネットワークに基づくものであったと考える。二日市地峡帯地域は，I 期後半から他の地域に先駆けて今山系石斧を大量に入手している。そして，大量の石斧が II 期以降も継続的かつ安定的にこの地域に供給されていることは，このことを示唆する。

(2) 木材利用との関連

　伊東隆夫・山田昌久編（2012）の遺跡出土木材データベースをもとにした佐々木由香の検討によると，アカガシ亜属の木材が出土した九州地方の弥生時代の遺跡数は 70 遺跡，出土総数では 831 点と，縄文時代の 8 倍近い出土数であるという（山崎ほか 2014, p. 79）。また，農具用材において樹種がクヌギ節からアカガシ亜属へ，利用する原木の太さが直径 20～30cm から直径 50cm 程度へ，そして木取りの方法が板目から柾目へと通時的に変化したことが明らかにされている（山口 2000）。さらに，村上由美子の検討によれば農具の木取りによって原木径が異なり，例えば身幅 20cm の鍬を作る場合，板目であれば原木径は直径 30cm 程度，柾目ならば直径 50～60cm 必要となる（村上由 2014）（図 5-2）。木取りの方法の変化は原木径の大型化を示しているのである。

　もうすこし詳しく時期ごとに用材についてみると，まず弥生時代開始期の農具にはクヌギ節があてられていた（山口 2012b）。これは同段階，すなわち青銅器時代後期の朝鮮半島南部の農具がクヌギ節であったことが影響したと考えられるが，クヌギ節は気乾比重 0.85 と硬質であ

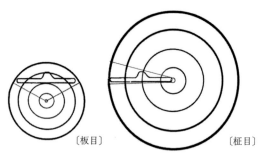

図 5-2　鍬の木取りと原木径（村上由2014）

表 5-2　弥生時代における主要樹種の変遷（村上由2014）

弥生早・前期			弥生中期			弥生後期～古墳初頭		
樹種	点数(n=1894)	割合(%)	樹種	点数(n=16758)	割合(%)	樹種	点数(n=28962)	割合(%)
アカガシ亜属	566	29.9	アカガシ亜属	3148	18.8	スギ ※	7189	24.8
シイ属	129	6.8	クヌギ節	1340	8.0	クヌギ節	3156	10.9
クヌギ節	126	6.7	スギ	1304	7.8	アカガシ亜属	2527	8.7
クスノキ	118	6.2	シイ属	921	5.5	コナラ節	1911	6.6
スギ	93	4.9	クリ	692	4.1	クリ	1717	5.9

※肉眼観察によりスギと判別された1974点を含む

る。弥生前期前半になるとクヌギ節からアカガシ亜属に使用される木材が変わる。アカガシ亜属は鋤や鍬を製作するのに適している一方，気乾比重0.87もありさらに硬質であることからその製作は容易ではない。

　縄文時代にはみられなかった，硬いアカガシ亜属を柾目にとる技術は，弥生時代における木材加工具の発達と無関係ではない。また，アカガシ亜属の大径木の伐採には刃部が厚く重量のある両刃石斧が用いられるようになり（山田2012），各種の木製品の製作へと広がったとみられる。

　ところで，弥生時代の福岡平野の遺跡では鋤の未成品は出土するが，鍬の未成品がほとんど出土していないことが知られている。山口譲治は，西北九州地域において佐賀平野には鍬の未成品が多いことに着目して，弥生時代の鍬鋤類は佐賀平野周辺の居住者が製作し，福岡平野の居住者に供給していたと説明する（山口2007）。福岡平野の居住者が自らの居住地の森に鍬鋤類の用材を求めなかった理由について，山田昌久は木製品製作の分業化という社会的な要因のほかに，物理的な資源条件の要因が介在していた可能性を示唆する（山田2003, pp. 80-81）。鍬の身幅を考えると直径60～70cm程の木を分割した柾目板が素材となるが，素材となるような大径材に生長するまでには，80～100年の時間が必要とされる。このようなアカガシ亜属の大径木を確保しうる森林植生上の差異が，木材利用に影響した可能性がある。

　以上述べたような木材利用の傾向は，石製工具の消費形態を捉えるうえで重要である。

第 5 章　考察：石器生産と消費形態からみた北部九州弥生社会の特質　　　179

（3）石器生産の分業化の評価 —— 他の器物の生産との比較から ——

　北部九州の弥生時代における石器生産の評価について分業論の観点から考察する。第 1 章で述べたように，石器生産の分業論的な評価は弥生時代の社会像と密接に関連する。ここでは弥生時代における石器以外の器物（土器・木器・鉄器・青銅器）の生産との比較から検討したい。

・土器生産

　田崎博之は，土器焼成失敗品（焼成破裂痕土器・焼成剥離土器片・焼成時破損土器）および土器焼成施設残滓（焼成粘土塊）を分析素材として，土器生産の分業化や社会集団間の交流に関する検討を進めている。遺跡群の動態を併せて検討した結果，弥生前期には住居群単位での生産を想定し，弥生中期後葉から後期初頭に，大規模集落内部に土器製作専門工房域が設定されること，約 2km 圏に展開する遺跡群を単位とする土器が生産されること，特定の器種が集中生産される器種別分業が成立することを指摘した（田崎 2004）。

　鐘ヶ江賢二は弥生土器の胎土分析をおこない，弥生中期から後期にかけての土器生産・消費についてモデル化している（鐘ヶ江 2007）。

　鐘ヶ江はまず，弥生中期は近接した遺跡間においても蛍光 X 線分析による元素分布や構成鉱物の組成に差異が認められることから，土器生産はそれぞれ異なる集団単位を基礎としておこなわれたと推測する。また，佐賀県神埼市吉野ヶ里遺跡や長崎県壱岐市原の辻遺跡など大規模集落の内部においても複数の単位を基礎として土器製作と分配，消費がなされていたとし，特定の限られた集団が土器を集中的に製作し土器を製作しない集団に分配していた可能性を否定する。

　弥生後期になると蛍光 X 線分析による元素分布がやや複雑になることから，土器生産と分配，消費の過程が中期とは別の原理であったと指摘する。そして，自給自足的な生産と消費システムを超えて，集落内にモノが集まり，そこから新たに分配される「市」とも評価できるようなセンターが存在した可能性を示唆する。また，弥生中期から後期にかけての集落の改変が，このような土器生産・消費システムの変化を促したと推測している。

・木器生産

　渡部芳久（2008）による木工具組成の分析によると，弥生中期初頭から中期前半の集落における木工活動の在り方は「協同的」かつ「互恵的」な性格であったとされる。鳥栖北部丘陵の各集落では互いに隣接して営まれているが，木工具組成に顕著な差異がみられないことから集落同士の協同によって原材の獲得・管理・移送がなされたといえる。一方，佐賀平野の託田西分貝塚のように集落周辺での木材獲得が不利な立地環境である沖積平野の集落は，上流域の集落（吉野ヶ里遺跡など）からの供給に木材を依存していた。佐賀平野の河川の上流域と下流域の集落間相互で，日常的・安定的に生産品の交換関係が機能していることから，木工活動も「分業」とみなせる可能性があるが，渡部はバンド社会から部族社会に特徴的な「均衡的互恵性」（サーリンズ 1972［山内訳 1984］）をもとにした「交易」であったと評価している。

　弥生中期後半以降になると，北九州市域において製品より未成品の方が多く出土する遺跡も

存在するようになる。福岡県北九州市長野西小田遺跡では中期後半から後期にかけての水漬け遺構の中から，各製作工程段階の一木鋤未成品も出土している（佐藤浩2008）。同様の木製品の水漬け遺構をもつ遺跡が同じ地域内に複数同時併存しており，それぞれにほぼ同内容の木製品が製作されている。このことから小集落ごとに異なる器種を製作するような分業体制ではなく，基本的に各集落単位で自給自足的に消費されたと考えられる（樋上2011）。

ただし，福岡平野の比恵・那珂遺跡群では原材や未成品がほとんど出土していないことから，平野外からの製品供給に頼っていたとみられる。

• 鉄器生産

鉄器生産の変遷については第4章第4節ですでに述べたが，分業論の観点からあらためて整理しておこう。

III期末に出現する鍛冶炉には，すでにI類とII類という複数の類型が認められる。福岡県春日市須玖遺跡群のなかで鍛冶炉としてI類（仁王手遺跡A地点）とII類（赤井手遺跡），須玖唐梨遺跡のように鉄器生産関連遺物を出土する遺跡が散見される。I類鍛冶炉では加工しやすい鉄素材への加工あるいは鉄戈のような長大な鉄製武器類，II類鍛冶炉では小型の農工具などが生産されたと考えられる。

このように鉄器生産という手工業生産の一部門において，工程を異にする工房が分化し，それらが一つの遺跡群内で併存していることから，村上恭通は作業内容（高温操業・低温操業）や生産物の相違に基づく分業（技術的分業）の存在を認めている。また鉄戈を含む鉄製武器の生産は「奴国」の王権に付随したものと推測され，権力的差配による鉄器生産としては日本列島で最初の例である（村上恭2007, p. 36）。

田尻義了は，春日丘陵の鉄器生産で鉄戈が製作された可能性に言及しつつ，銅戈と鉄戈では使用方法が異なる点，青銅器は石製鋳型を用いる点などから，別の生産体制であったと述べる（田尻2012）。一方，長友朋子は赤井手遺跡のように同一の遺跡で青銅器と鉄器を製作している点から，それぞれの生産の管理主体者は同一とみる（長友2013, p. 121）。

• 青銅器生産

近年の田尻義了による弥生時代北部九州の青銅器生産に関する研究によれば，青銅器生産の在り方，生産組織の管理形態は，弥生中期から後期へと「自立・分散」型の生産体制から「ネットワーク」型の生産体制へと変化するという（田尻2012）。

弥生中期の「自立・分散」型の生産体制においては，基本的に個々の製作地ごとに，自立的に，また分散して青銅器生産がおこなわれていたと評価する。青銅器製作に関する様々な場面での規制が緩く，自由度が高い。具体的には，生産準備段階や生産段階に相当する青銅原材料の入手，鋳型石材の材質，製作される製品の形態などの項目で製作地ごとの独自性が認められる。他方，弥生後期の「ネットワーク」型の生産体制では，生産準備段階や生産段階に統一性が認められるが，製品の流通段階や使用廃棄段階において自由度が高くなる傾向が認められる。

では，本書で検討してきた弥生時代の石器生産はどのように評価できるだろうか。他の器物生産と比較して，どのような差異や共通性が認められるだろうか。

まず，縄文晩期中葉（黒川式期）に福岡県北九州市貫川遺跡の石庖丁のほかごく少数の片刃石斧類（無抉柱状片刃石斧・大型扁平片刃石斧）の朝鮮半島南部からの流入が認められる。ただし，これらは在来文化や既往の道具体系に影響を与えるものでなかった。朝鮮半島南部の初期農耕文化との接触という意味で評価できるが，石器生産には影響を与えなかった。半島との情報の交流の結果，石器の一部がもたらされたものといえる（下條 2014 参照）。

弥生時代開始期前後には朝鮮半島南部から大陸系磨製石器がセットとして流入するが，両刃石斧や打製石鏃など在来の縄文文化に存在する文化要素については継続的に利用される。稲作農耕に必要不可分な文化要素が受容されたが，その受容は選択的であったといえる。

弥生時代開始期から前期は各集落で自家消費的に石器生産がなされていた。それぞれの集落周辺の石材が用いられており，石材や形態は多様である。ただし，縄文時代に石斧の石材として多用された蛇紋岩などの変成岩類は，弥生時代以降減少する。弥生前期前半に今山遺跡での両刃石斧の生産が開始されるが，玄武岩の利用はこの時期客体的である。集落周辺の石器石材の一つとして玄武岩も利用されたといえる。

弥生前期を通じて石材原産地と器種の固定化が進んでいく。両刃石斧を例にみると，小郡市三国丘陵など二日市地峡帯地域や吉野ヶ里遺跡では，I 期後半から今山系石斧が多く出土する。特に三国丘陵では土地開発・木工活動にあたり，いちはやく大量の伐採用の両刃石斧を入手する必要が生じたといえる。II 期前半以降，北部九州の各地域は圧倒的に今山系石斧に依存するようになる。北部九州のなかで石器器種ごとに石材原産地が分散し，製作遺跡が限定化していく過程は，生産と消費の分化過程そのものであり，分業化を示している。

III 期に朝鮮半島南部からの鍛冶技術の導入を契機として，こうした石器の製品流通という広域的な共同体間分業の関係は崩壊していく。IV 期には，III 期以前の器物の生産・消費システムから質的な変化が認められるのである。このような変化を考えるうえで鉄器生産の状況は示唆的である。すなわち，III 期末に出現する鍛冶炉は，須玖遺跡群にみるように製作工程を異にするものがすでに分化し，それらが一つの遺跡群内で併存しているのである。鉄素材は長距離交易により朝鮮半島南部から入手されるが，日常用の鉄器自体は集落群の内部で生産・消費が閉じていった。このような縮小した生産・消費の単位は，『魏志』倭人伝に記述された「国」の状況を示しているといえるだろう。

（4）鉄器化の評価

弥生時代の北部九州において鉄器は，舶載鋳造鉄器の再加工品として II 期前半に使用されはじめた。II 期前半頃の鋳造鉄斧の破片利用は石器生産・消費システムのなかで果たされた。

こうした鋳造鉄斧がどこから入手されたかについて，中国や朝鮮半島南部と想定されてきたが，朝鮮半島北部の衛満朝鮮からもたらされたとする見解もみられる（白井 1996）。中村大介は，日本列島の鋳造鉄斧片には二条突帯が多いが，衛満朝鮮および楽浪郡，朝鮮半島東南部で

は現時点でほとんど二条突帯の鋳造鉄斧がみられないことから，遼東地域からもたらされた可能性が高いとする（中村_大2015a）。そして，粘土帯土器文化の移動と流通によって形成された朝鮮半島西海岸の交易ルートを通じてもたらされたと考えられている。

第4章第3節で明らかにしたようにⅢ期以降，工具には鍛造鉄斧が主に利用されるようになり，鉄器化が果たされる。Ⅳ期には鉄器を中心とした器物の生産・消費システムへと変化する。

このようなⅢ期からⅣ期の変化の背景には，交易ネットワークの変化があると考えられる。

朝鮮半島南部から北部九州におけるⅢ期からⅣ期，初期鉄器時代から原三国時代の長距離交易の中継拠点として，第4章第1節で対象とした金海・亀山洞遺跡，カラカミ遺跡のほかに泗川・勒島遺跡がある。時間を経るに従って次第に交易拠点が北部九州に近接化する点が注目される。また，勒島遺跡の後半期やカラカミ遺跡の集落の形成期は楽浪郡の成立時期に対応しており，Ⅲ期に相当する。こうした段階から交易拠点を介して鉄素材が北部九州地域にもたらされ，鍛冶による鉄器生産が開始されたと考えられる（宮本2012, pp. 62-63）。

以上のようにⅢ期からⅣ期における器物の生産・消費システムの変化は，朝鮮半島南部から北部九州地域にかけての長距離交易ネットワークの拡大，鍛冶技術の導入過程が影響を与えたとみられる。このようなネットワークの拡大には対馬島・壱岐島などの島々を往来する海人集団（倭の水人）が重要な役割を担ったと想定される（武末2009）。また，交易品のなかに米・海産物や鉄素材のほか鉄器を仕上げるための定形砥石が含まれていた可能性も十分考えられ，『魏志』倭人伝の対馬国についての記事にある，「無良田食海物自活乗船南北市糴（なんぼくしてき）」[4]の内容の一側面を示しているといえよう。

ところで，楽浪郡から北部九州を結ぶ交易ルート上の拠点としての役割を担っていた勒島遺跡が衰退するのは長距離交易ネットワークの変化と無関係ではないと考える。井上主税（2012）によると，勒島遺跡の衰退は後1世紀で，本書のⅢ期からⅣ期の過渡期にあたる。後1世紀後半代には弁辰狗邪国である金海勢力が台頭するが，鉄素材を媒介とした国際交易を基盤にして勢力を伸ばしたことがその要因として考えられている（井上前掲, p. 91）。

鉄という同じ素材を用いて，異なるカテゴリーに含まれる物財が生産される。Ⅲ期以降，鍛冶技術の導入を画期として工具，農具，武器の多くが鉄器化を果たしていく。鉄器生産においては鉄素材の入手が最も重要であり，長距離交易によって朝鮮半島南部から入手され，集落群内で鍛冶による鉄器生産がなされたと考えられる。

鉄器の出現は既往の道具カテゴリーの認識を大きく揺動させたであろう。Ⅱ期前半頃に導入された鋳造鉄器の破片は，この段階では「よく切れる」素材として石器の道具体系に含まれており[5]，石器生産・消費システムの一部であった。

4）「良い田はなく，海産物を食べて自活し，船に乗って南北にゆき，米を買うなどする」という意味である（石原編訳1951）。

しかしIII期以降，北部九州において鍛冶が開始されるとそれまでの状況から一変する。石庖丁は弥生後期にも残存し，摘鎌が普及するのは弥生終末期以降であるが（山口1995），石庖丁などの農具を除いて，ほとんどの器種が鉄器化を果たす。第3章第4節で明らかにしたようにIII期からIV期にかけて器物の生産・消費システムは変化した。

さて，先行研究では弥生後期になると石器から鉄器へと「置き換わる」という説明がなされてきた。禰冝田佳男は「石の流通システム」から「鉄の流通システム」への移行が弥生後期を画期として生じたと説明する（禰冝田1998）。また，松木武彦は互恵的な自給自足型の経済システムから，一定の富の集約を要する外部資源依存型の経済システムへの転換が，鉄の普及によって生じたと解釈した（松木1996）。

野島永は，北部九州地域において鎌・摘鎌・鉄斧の生産・普及にも関わらず，弥生後期後半まで石庖丁や石斧などが残存する状況から，石器と鉄器とが別々の交換領域にあったものと推定している（野島2000）。筆者も材質に応じて交換領域が異なり重層的であったと考えるが，石器が残存する状況をその根拠にしている点は問題と考える。この議論では「物財」の価値の側面が強調される一方，それぞれの器物の生産の過程があまり考慮されていないように感じる。野島が言及した「二重経済構造（Dual economy）」に関連して森岡秀人は，交換における財の威信序列による領域形成は石器と鉄器という材質差だけでなく，器種においても生じていた可能性を示唆する（森岡2002, pp. 205-208）。この指摘は，本書の第3章の分析結果と整合的である。

寺澤薫は鉄素材や鉄製武器が石器の流通システムに乗って流通したと評価している（寺澤2000, p. 208）。前述したようにII期の鋳造鉄器の破片の導入に関してはその可能性が考えられるものの，第4章第2節の砥石の分析から，IV期以降においては流通内容に鉄器の製作・消費過程が不可分に埋め込まれた状況となっている。石器生産・消費の単位も小規模化しており，III期以前の生産・消費システムとは質的に異なることから，この見解も全面的には受け入れられない。

朝鮮半島南部からの鉄素材の入手にあたっては，必要に応じて入手する，といった偶発的な交渉ではありえない。野島は外部社会との交易に関して仲介する諸制度が未熟の場合，対内的な経済活動も複雑化・不安定化して，それが社会不安や騒乱に結びつく場合もあると指摘する。そして恒常的な対外長距離交易に関する諸制度の統一過程の一局面として，「倭国乱」という社会騒乱が生じた可能性を示唆する（野島2009, pp. 251-252）。

また，恒常的な対外長距離交易に関する諸制度として，交易港や交易の日時などの選定とともに，統一化された尺度・交換レートの合意が必要となる（野島2009参照）。

この統一化された尺度に関連して近年，武末純一が権（秤量用の錘）の分析を進めており注目される（武末2013）。武末によれば，権は朝鮮半島南部の泗川・勒島遺跡，壱岐市原の辻遺

5）笹田朋孝は列島の初期鉄器を「よく切れる石器」という表現で評価する（笹田2014, p. 32）。鋳造鉄器の再加工品が石器の道具体系に含まれ，当該期の石器生産・消費システムのなかで使用されたと考える点は筆者も同意見であるが，語句としてはやや不適当であると考える。

跡や鳥取県鳥取市青谷上寺地遺跡など，朝鮮半島南部から日本海沿岸の対外交流の拠点と評価される遺跡で出土している。

　なお最近，福岡市比恵遺跡群第125次調査において板状の鉄素材（図5-4-2）と石権（図5-6）が出土した。板状の鉄素材は竪穴住居址SC08，石権は井戸SE391から出土した。SC08の時期は弥生中期末から後期初頭（本書III～IV期），SE391は弥生後期中頃（本書IV期）である。所属時期に差があるためセットで用いられたとは言い切れないが，IV期前後からは，朝鮮半島南部から鉄素材など，を入手する際に，統一化された尺度や交換レートが存在したことをうかがわせる[6]。

　大澤正己の分析によれば，この板状鉄素材は鉄マンガン鉱石を始発原料とした高純度の炒鋼製品の軟鋼（C：0.28％）である（大澤2014）。炒鋼法は銑鉄を液体の状態で鋼鉄に変える製鋼技術であり，中国前漢代に発明された。この炒鋼法による鉄素材は，鉄中の非金属介在物が少なく焼きなましが施された均質な組織であることから，折り返し曲げ鍛接や貼り合わせ技術などの鍛冶作業にも耐える素材であった，とされる（大澤1997）。

　比恵遺跡群第125次調査区の周辺では鍛冶関連遺構が検出されていないことから，鉄素材は別の場所にある鍛冶工房に運ばれて鉄器に加工される予定のものであった可能性が高い（松尾2014, p. 138）。最も可能性の高い近隣の鍛冶工房の候補地として，春日市須玖遺跡群が相当しよう。「奴国」の出先機関あるいは交易のセンターとして，比恵・那珂遺跡群の機能を想定できるかもしれない。

　鉄素材および鉄素材と考えられる資料は，壱岐島，福岡平野を中心に分布している（図5-3～5-5・表5-3）。III期には福岡平野の比恵・那珂遺跡群や春日丘陵の須玖遺跡群（春日市赤井手遺跡など）で板状の鉄素材が認められ，V期前半になると唐津市中原遺跡や八女市西山ノ上遺跡など，北部九州のより広範な地域でみられるようになる。板状のものは平面形が多角形状のものが多い。また棒状のものも認められる。V期後半になると大型鑿状の鉄素材（赤井手遺跡第5号土坑例など）が出土する。

　これらの鉄素材の製鋼法については金属学的分析の事例が未だ少数のため明瞭ではないが，III期末の炒鋼法製品（比恵遺跡群第57次・第125次）からV期前半の鋳鉄脱炭鋼（西山ノ上遺跡）へと通時的に変遷している。鉄生産の技術レベルとしては退行していると捉えられるが，これは二次素材の製作地，鉄素材の入手元の変化（中国東北部から朝鮮半島東南部への変化）を示している可能性があろう。

　さて，弥生時代前半期の石器の場合，器種ごとに石材原産地が分散して存在しており，それぞれに固有の付加価値と道具としての体系性を有していた。またそれは製品，あるいは製品に

　6）ただし権は鉄素材の重量を量るものでなく，「辰砂（中国産朱）」を量ったとみられる。なお，炒鋼法による鉄素材（図5-4-1）が出土した比恵遺跡群第57次調査SC28の柱穴から辰砂が出土しており，同様の鉄素材（図5-4-2）が出土した第125次調査区北側の第69次調査の柱穴SP06からも辰砂が出土している。このことは鉄素材と中国産朱が同じ脈絡で輸入されたことを示唆する。硫黄同位体比分析によると，福岡県筑紫郡那珂川町安徳台遺跡や春日市須玖遺跡群の立石遺跡で中国産朱が認められ，「奴国」王から領域内の有力首長へ中国産朱が配布された可能性が指摘されている（河野ほか2014）。

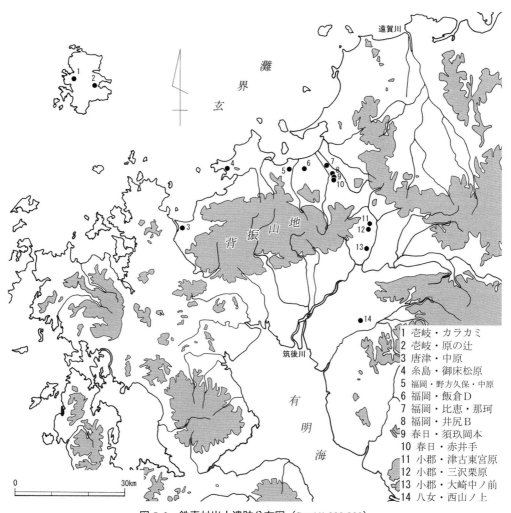

図 5-3　鉄素材出土遺跡分布図（S＝1/1,000,000）

近い未成品の状態で北部九州の各地域に広範囲に流通し消費された。石器の有する「価値」は，各地域で一定ではなく，遺跡を取り巻く石材環境，石材原産地からの距離や製作技術の難易，抱える人口規模などに起因して様々であった。

このように石器生産・消費形態を社会のサブ・システムという観点からみた場合，石器から鉄器へと道具の材質が「置き換わった」という説明は現象の一側面は示しているといえるが，きわめて素朴な議論である。こうした議論では道具の「系譜」，入手形態，その生産の技術やメカニズム，集団間の関係性など，様々な鉄器化の背景が捨象されてしまうからである。

筆者は III 期における鍛冶技術の導入を画期として，それまでに集落間ネットワークを発達させることで安定していた既往の石器生産・消費システムが断絶し，IV 期以降は新たな器物の生産・消費システムが成立したと考える。集落群を単位として鍛造鉄器が生産されるようになり，農工具をはじめとする日常的な消費財については，広域的な製品の流通はなくなって

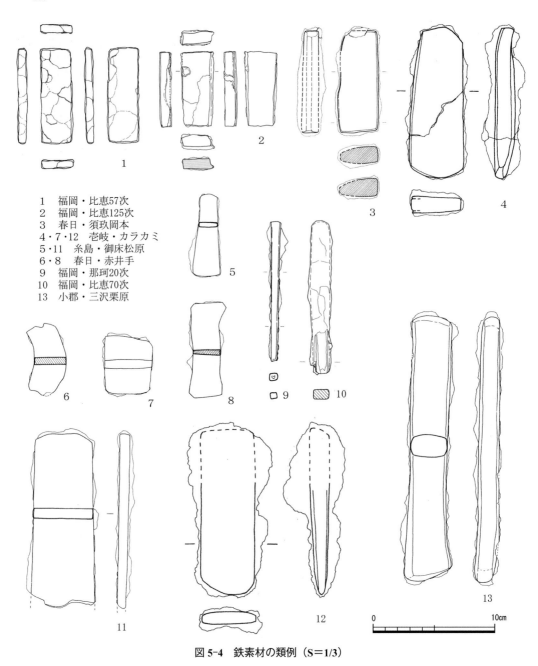

1　福岡・比恵57次
2　福岡・比恵125次
3　春日・須玖岡本
4・7・12　壱岐・カラカミ
5・11　糸島・御床松原
6・8　春日・赤井手
9　福岡・那珂20次
10　福岡・比恵70次
13　小郡・三沢栗原

図 5-4　鉄素材の類例（S＝1/3）

いった。
　また，世界的な見地に立った場合，日本列島においては鉄器化が「工具」に投入された側面にも着目できるかもしれない。L. ネスプルスによれば，ヨーロッパの第一期鉄器時代（ハルシュタット文化，前 800～前 480 年）では武器類の鉄器化，すなわち「戦闘的な現象」の拡大が進行したと説く。一方，列島では農工具の鉄器化，結果としての「社会と経済の鉄器化」が武器類の鉄器化に先行したことに強い関心を示す（ネスプルス 2014）。

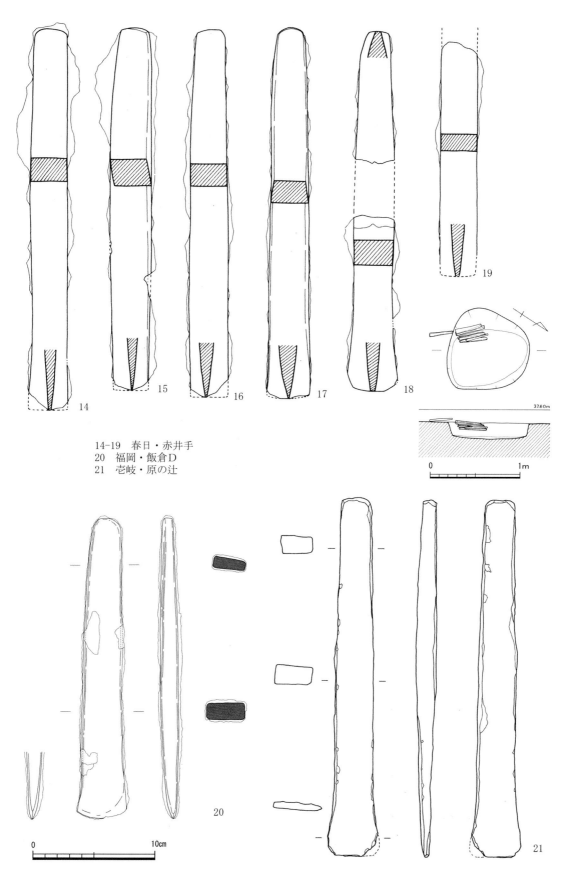

14-19　春日・赤井手
20　福岡・飯倉D
21　壱岐・原の辻

図 5-5　鉄素材の類例と赤井手遺跡第 5 号土坑（S＝1/3，1/40）

188

表 5-3　弥生時代における鉄素材集成表

分布図	地域	所在地	遺跡名	調査次・地点	実測図	遺構	時期	形態	残存長(cm)	残存幅(cm)	残存厚(cm)	重量(g)	製鋼法	金属学的調査	備考	報告書
1	壱岐地域	長崎県壱岐市勝本町立石東触	カラカミ	東亞第2地点	7	D区	弥生後期前半～後期中葉	板状	4.55	3.85	0.7	—	—	—		※1
				第4号住居跡SB4	12		弥生中期後半	板状	6.85	3.4	2.35	44.34	—			※2
					4	3層下面	弥生中期後半～後期後半	板状	6.15	2.45	1.45	33.91	鍛造品	大澤・鈴木2013		
						3層	弥生中期後半～後期後半	板状	5.85	2.6	0.9	18.33	—	—	木質残存	
						第2号住居跡SB2	弥生中期後半	棒状	9.55	1.65	1.25	20.47	軟鉄材鍛造品	大澤・鈴木2013		
						第2号住居跡SB2	弥生中期後半	棒状	11.1	1.5	1.7	40.7	—	—		
						4a層	弥生後期後半	棒状	5.7	2.5	1.4	27.31	軟鉄材鍛造品	大澤・鈴木2013		
				7区		環濠3層	弥生後期後半	棒状	3.8	0.5	0.35	1.59	—	—		
				第7トレンチ		2層	弥生後期後半	板状	7.4	2.5	0.55	42.02	—	—	外面に一部木質	
				7区		環濠3層	弥生後期後半	棒状	5.3	0.8	0.85	7.12	—	—		※3
				第6地点		環濠D区4層1面	弥生後期前半	板状	6.3	1.7	0.4	13.88	可鍛鋳鉄	大澤・鈴木2013		
2	壱岐地域	長崎県壱岐市芦辺町深江鶴亀触	原の辻			原の辻上層	弥生後期	板状	13.7	6.9	0.6					岡崎1956
					21	河道	弥生後期	大型鑿状	28.5	4.1	1.7					※4
3	東松浦地域	佐賀県唐津市原字溜ノ内・西ノ畑	中原	12区		SH12027	弥生後期後半	板状	7.8	2	0.3	—	—	—		※5
						SH12027	弥生後期後半	板状	6	2.1	0.3	—	—	—		
						SH12035	弥生終末期	板状	7	2.1	0.2	—	—	—	折り曲げの痕跡	
						SH12036	弥生終末期	板状	7.3	4	0.4					
						SH12041	弥生終末期	板状	6.3	3.4	0.3					
						SH12027	弥生後期後半	板状	3	2	—					
4	糸島地域	福岡県糸島市志摩町御床字松原	御床松原		5	包含層	弥生後期	板状	6.5	2.3	0.4					※6
					11	包含層(層位不明)	不明	板状	13.8	5.2	0.8					
5	早良平野	福岡市西区野方字久保	野方久保	1次		A地点SC-61	弥生後期後半	板状	4.3	2.05	1					※7
		福岡市西区野方字中原ほか	野方中原	2次		SC-18	弥生後期後半	板状	7.8	5.7	0.6					※8
						SC-18	弥生後期後半	板状	8.3	5.4	0.9					
6	福岡平野	福岡市城南区七隈3丁目	飯倉D	1次	20	竪穴住居址SC074	弥生後期前半	大型鑿状	23.7	4.1	1.5					比佐2007
7	福岡平野	福岡市博多区博多駅南6丁目11番地4ほか	比恵	57次	1	竪穴住居址SC028	弥生中期後半～中期末	板状	7.7	2.6	0.7	72.73	炒鋼法	大澤1997		※9
		福岡市博多区博多駅南4丁目	比恵	70次	10	竪穴住居址SC03	弥生後期後葉～終末期	棒状	12	1.2	0.7	52.73	鋳鉄脱炭鋼か	長家氏による実見		※10
		福岡市博多区博多駅南5丁目110番1		125次	2	竪穴住居址SC08下層	弥生中期末～後期初頭	板状	8.6	3.83	1.3	290.36	炒鋼法	大澤2014		※11
		福岡市那珂2丁目	那珂	20次	9	溝SD-01	弥生中期後半～後期	棒状	11	0.8	0.6					※12
8	福岡平野	福岡市南区井尻	井尻B	3次		M-14住居跡	弥生後期後半～終末期	棒状	5.2	0.8	0.9					※13
9	福岡平野	福岡県春日市岡本1丁目	須玖岡本	坂本地区3次	3	ピット26	不明	板状	7.9	3.2	1.4					※14
		福岡県春日市岡本1丁目		坂本地区6次		Aトレンチ包含層	不明	板状	5.25	1.85	0.5					※15
10	福岡平野	福岡県春日市小倉	赤井手			19号住居跡	弥生中期末	棒状	5.7	1.9	1.2					※16
						22号住居跡	弥生後期初頭	棒状	5.3	2.2	1.6					
					6	33号住居址	弥生中期後葉～中期末	板状	5.7	2.6	0.6				弧状を呈する	
					8	33号住居址	弥生中期後葉～中期末	板状	7.4	2.2	0.4					
						5号土坑	弥生中期末～後期前半	棒状	8	1.9	1.8	—	鋳鉄脱炭鋼	—	大鍛冶炉の可能性	

第 5 章　考察：石器生産と消費形態からみた北部九州弥生社会の特質　　　　　189

分布図	地域	所在地	遺跡名	調査次・地点	実測図	遺構	時期	形態	残存長(cm)	残存幅(cm)	残存厚(cm)	重量(g)	製鋼法	金属学的調査	備考	報告書
10	福岡平野	福岡県春日市小倉	赤井手		14	6号土坑	弥生終末期以降	大型鑿状	30	3.2	1.9	—				※16
					15	6号土坑	弥生終末期以降	大型鑿状	28.5	3.3	2.2	—				
					16	6号土坑	弥生終末期以降	大型鑿状	27.4	3.2	1.8	—				
					17	6号土坑	弥生終末期以降	大型鑿状	29.3	3.6	1.8	—				
					18	6号土坑	弥生終末期以降	大型鑿状								
					19	6号土坑	弥生終末期以降	大型鑿状								
11	二日市地峡帯	福岡県小郡市津古字東宮原	津古東宮原			ピット87	不明	板状	3.5	2.9	0.9					※17
						表土	不明	板状	2.8	2.8	0.3					
12	二日市地峡帯	福岡県小郡市三沢	三沢栗原	IV区	13	85号住居跡	弥生後期	棒状	21.1	2.9	0.9					※18
13	二日市地峡帯	福岡県小郡市大崎字中ノ前	大崎中ノ前			3号祭祀土坑	弥生中期後半	板状	5.5	2.8	0.3					※19
14	筑後平野	福岡県八女市大字室岡字西山ノ上	西山ノ上	1次		18号竪穴住居跡	弥生後期後半	板状	6	8.1	1	66.5	鋳鉄脱炭鋼	大澤2004		※20
						18号竪穴住居跡	弥生後期後半	板状	7.5	3.5	0.8	28.9	鋳鉄脱炭鋼			
						18号竪穴住居跡	弥生後期後半	棒状	4.8	0.9	0.5	6.4	鋳鉄脱炭鋼			
						18号竪穴住居跡	弥生後期後半	棒状	5.1	2	0.7	8.1	鋳鉄脱炭鋼			
						21号竪穴住居跡	弥生後期後半	棒状	4.2	1.2	0.6	4.9	鋳鉄脱炭鋼			
						21号竪穴住居跡	弥生後期後半	棒状	4.1	1.2	0.9	10.2	鋳鉄脱炭鋼			
						21号竪穴住居跡	弥生後期後半	棒状	7	1.1	1.1	36.9	鋳鉄脱炭鋼			

※1　宮本一夫（編）2008『壱岐カラカミ遺跡I―カラカミ遺跡東亞考古学会第2地点の発掘調査―』九州大学大学院人文科学研究院考古学研究室
※2　宮本一夫（編）2011『壱岐カラカミ遺跡III―カラカミ遺跡第1地点の発掘調査（2005～2008年）―』九州大学大学院人文科学研究院考古学研究室
※3　宮本一夫（編）2013『壱岐カラカミ遺跡IV―カラカミ遺跡第5～7地点の発掘調査（1977・2011年）―』九州大学大学院人文科学研究院考古学研究室
※4　長崎県教育庁県の辻遺跡調査事務所1999『原の辻遺跡』原の辻遺跡調査事務所調査報告書第11集
※5　佐賀県教育委員会2014『中原遺跡VIII』佐賀県文化財調査報告書第203集
※6　志摩町教育委員会1983『御床松原遺跡』志摩町文化財調査報告書第3集
※7　福岡市教育委員会1993『野方久保遺跡II』福岡市埋蔵文化財調査報告書第348集
※8　福岡市教育委員会1992『福岡市西区国史跡野方遺跡環境整備報告書』福岡市埋蔵文化財調査報告書第313集
※9　福岡市教育委員会1997『比恵遺跡群（24）―第57次調査報告』福岡市埋蔵文化財調査報告書第530集
※10　福岡市教育委員会2001『比恵30―比恵遺跡群第69・70・71次発掘調査報告―』福岡市埋蔵文化財調査報告書第671集
※11　福岡市教育委員会2014『比恵66―比恵遺跡群第125次調査の報告―』福岡市埋蔵文化財調査報告書第1237集
※12　福岡市教育委員会1993『那珂遺跡8―那珂遺跡群第20次調査の報告―』福岡市埋蔵文化財調査報告書第324集
※13　福岡市教育委員会1995『井尻B遺跡2―第3次調査報告―』福岡市埋蔵文化財調査報告書第411集
※14　春日市教育委員会2011『須玖岡本遺跡4―坂本地区3・4次調査の報告』春日市文化財調査報告書第61集
※15　春日市教育委員会2012『須玖岡本遺跡5―坂本地区5・6次調査の報告―』春日市文化財調査報告書第66集
※16　春日市教育委員会1980『赤井手遺跡（福岡県春日市大字小倉所在遺跡の調査）』春日市文化財調査報告書第6集
※17　小郡市教育委員会1993『津古遺跡群　福岡県小郡市津古所在遺跡群の調査1』小郡市文化財調査報告書第84集
※18　小郡市教育委員会1985『三沢栗原遺跡3・4』小郡市文化財調査報告書第23集
※19　小郡市教育委員会1997『埋蔵文化財調査報告書』小郡市文化財調査報告書第116集
※20　八女市教育委員会2003『西山ノ上遺跡（1・2次調査）』八女市文化財調査報告書第70集

　　加藤徹（2008）は，弥生前期末以降にみられる鋳造鉄器の再加工品は出土状況からみて日常消費財であったと指摘する。笹田朋孝も，鋳造鉄器の再加工品が扁平片刃石斧のフォルムに類似している点や墓に副葬されない点から，これらが実用品であったとみる（笹田2014）。また野島（2010）によれば，IV期以降の鍛造鉄器の保有形態も首長層による独占的な貴重財ではなかったとされる。

　　鉄素材は朝鮮半島南部から搬入されるため，II期以前の集落間関係では入手は不可能で，長

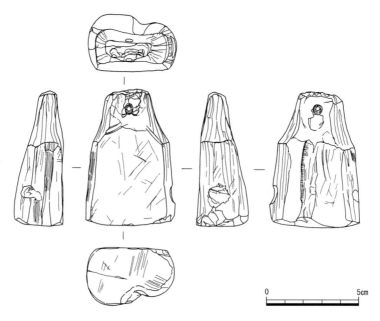

図 5-6　比恵遺跡群第 125 次調査出土石権（S=1/2）

距離交易ネットワークの整備・発達がその前提となった。こうした長距離交易は朝鮮半島北部の楽浪郡の設置を画期として生じたと考えられる。朝鮮半島北部では燕の移民である衛満が建国した衛氏朝鮮が漢の武帝により紀元前 108 年に滅ぼされ，楽浪郡以下 4 郡（臨屯郡・真番郡・玄菟郡）が設置された。紀元前 75 年には玄菟郡治の沃沮城などが楽浪郡に組み込まれ，いわゆる大楽浪郡が現在の平壌を中心に成立する。

　草葉文鏡や日光鏡・昭明鏡などの漢鏡は楽浪郡を介して入手される貴重財であり，「奴国」や「伊都国」の首長は多数の前漢鏡を副葬する墳丘墓を営んだ。春日市須玖岡本遺跡 D 地点墓には約 27 面，糸島市三雲南小路遺跡 1 号甕棺墓には 35 面以上の前漢鏡が副葬されていた。こうした前漢鏡をはじめとする中国鏡群は威信財として捉えられ，北部九州における威信財システム[7]の萌芽的段階とされている（穴沢 1995；Mizoguchi 2002；辻田 2006）。また，「奴国」や「伊都国」などの首長を戴く政治的なまとまりが形成されていく段階である。

　7）ここでいう威信財システムとは，J. フリードマンと M. ローランズによってまとめられた定義（Friedman and Rowlands 1977）に基づいている。以下では辻田淳一郎による整理（辻田 2006, p. 35）を引用する。威信財（prestige goods）は，元来経済人類学の脈絡において使用された概念であり，その後構造マルクス主義人類学やそれに影響を受けた考古学において，首長制社会と国家形成過程を説明する枠組みとして取り入れられてきた。フリードマンとローランズは，社会的諸関係に埋め込まれた生産関係という観点から，部族システム，「アジア的」国家，威信財システム，領域国家／都市国家という社会進化の後生説モデルを提示している。新進化主義の枠組み（サーヴィス 1971［松園訳 1979］）との対比でいえば，「アジア的」国家および威信財システムは首長制社会にほぼ対応する。「アジア的」国家では，首長リニージからの血縁的系譜的距離によって社会内部が階層的に分節化される。威信財システムは，こうした首長制社会の範囲が拡大し，上位層同士が相互の政治的同盟関係を維持・確認するために，多くの場合は外来の貴重な財を分配するというものである。

第5章　考察：石器生産と消費形態からみた北部九州弥生社会の特質　　　191

　このような首長の形成については，学史的に，水田稲作農耕の定着・普及に伴う生産力の発展の結果，土地・水利の利害関係，共同体的集団規制を調整・掌握するために集団の代表者として首長権が確立していった，という図式が描かれてきた。第1章でみた近藤義郎（1966・1983）や橋口達也（1987・1999）の両者の議論に通底する見解である。

　本書ではこのような点に加え，鉄素材などの外部資源の入手において朝鮮半島南部あるいは中国大陸との長距離交易の必要性が増大した結果，北部九州内での集団の代表者的機能が促進され，首長層が形成された可能性を指摘したい。

　一方，日常的に用いられる農工具などの鍛造鉄器は首長層のみが保有するものではなく，一般構成員の手に渡る。各集落群で個別的に鉄器の生産がなされ，製品の広域的な流通はそれほど頻繁なものではなかったといえる。鉄器にみられる生産・消費の単位の縮小は石器のそれにも認められる。これは集落間のネットワークが次第に閉じていく状況を反映しており，『魏志』倭人伝に記述された「国」のような地域的まとまりが形成されたことを示しているといえる。

（5）通時的なモデル化 ── 農耕社会の展開過程 ──

・縄文後期末から弥生前期後半（I 期）

　縄文後期末から晩期には，朝鮮半島南部から無柄柱状片刃石斧や大型扁平片刃石斧など在来の縄文文化になかった石器がごく少量伝来するが，弥生時代以降には定着しない。朝鮮半島南部との情報の交流の結果と評価できる。

　弥生早期には大陸系磨製石器がセットとして伝来する。一部の石器器種単体でなく，道具体系全体が伝わったとみられる。ただし，朝鮮半島南部で認められる伐採用の厚斧は伝わらず，縄文系の薄手の両刃石斧が継続的に使用されるなど選択的な文化要素の受容と評価できる。また，弥生早期に時期的に併行する青銅器時代後期（嶺南3期）の原産地集中型の石器生産・消費システムは北部九州に移転されなかった。弥生時代は遺跡周辺の石材を用いた自給的な石器生産から開始されたのである。

　以上の内容を基に，I期（弥生前期後半まで）の石器生産・消費システムについて図5-8のようにモデル化した。この図において，一番外枠は北部九州という地域単位を示し，その内部に複数の小地域単位が認められる。石材原産地は複数の小地域で共有されており，各小地域の集落から出向いた構成員によって石器が製作される。具体的には今山遺跡における石斧生産において，こうした石材原産地の共同利用の在り方が認められた（第3章第1節）。

　石器は石材原産地に近い，もしくは比較的規模の大きな集落から小地域内の他の集落へと流通した。それぞれの集落には複数のクラン分節が居住し，クランの紐帯によって集落間のまとまり，結びつきという機能が担われたと考える（溝口2006参照）。これは社会人類学者のR.キージングのいうタイプ4のコミュニティに該当する（図5-7）。本書では各小地域内での石器の入手・消費過程についての検討が不十分であるが，各集落が石器を入手するにあたっては集落を横断して存在するクランを介したものと考える。図5-7の集落間の関係（図中の矢印）は，こうした人類学的な居住集団の認識に基づいている。

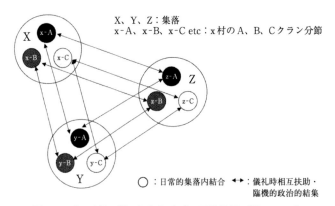

図 5-7　キージングによるタイプ 4 居住集団（溝口 2006）

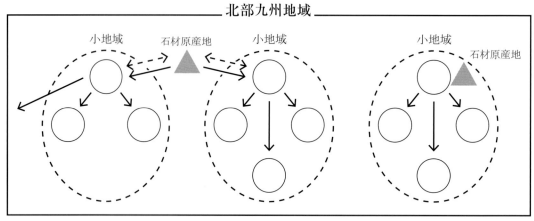

図 5-8　I 期における石器生産・消費システムのモデル

・弥生前期末から中期前半（II 期）

　I 期を通じて次第に石器の器種と石材が固定化され，生産の規模が増大し広域的に流通する石器製品が出現する。II 期前半には今山系石斧，層灰岩製片刃石斧，立岩系石庖丁がそれぞれ今山遺跡，原の辻遺跡，立岩遺跡群で大量に生産されるようになる。今山系石斧と層灰岩製片刃石斧は木工用具としての道具の体系性を有しており，流通の在り方は類似する。また II 期前半頃から二条突帯斧を中心とした鋳造鉄器が日本列島へ舶載され，破損品の再加工品が認められるようになる。鋳造鉄器の再加工品の導入は石器の生産・消費システムのなかで果たされたといえる。II 期前半は人口増加のピークであり，二日市地峡帯地域はそれが顕著に認められる。しかしながら，この地域は今山系石斧，層灰岩製片刃石斧，立岩系石庖丁をはじめ多くの物資を他地域からの供給に依存していた。水田稲作農耕を営むうえで必要不可欠な道具類を外部から恒常的・安定的に入手しえたのは，I 期に共同体間分業が発達・整備されたからであり，これは「部族社会的な側面」を示しているといえよう。

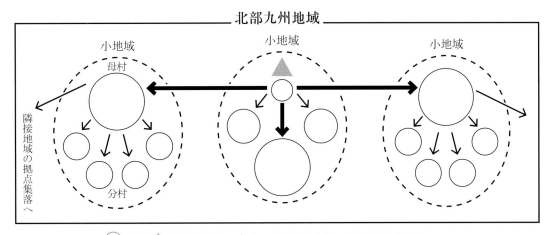

図 5-9　II 期における石器生産・消費システムのモデル

　以上の内容をもとに，II 期（弥生前期末から中期前半）の石器生産・消費システムについて図 5-9 のようにモデル化した。II 期の各小地域において人口が増加し，母村—分村関係が生じた。特定の石材原産地で製作された製品が広域的に流通するようになり，石材が固定化される。また，北部九州のなかで石器器種ごとに石材原産地が分散し，製作遺跡が限定化していく。小地域ごとに異なる石材原産地と製作遺跡をもち，地域間が相互に連係するような生産・消費システムとなっており，共同体間分業が進展した結果とみることができる。石器は，I 期後半以前から存在する各小地域の拠点集落といえる母村に流通し，周辺の集落へと分配されたと考えられる。

・弥生中期後半から後期（III 期以降）

　III 期に鍛冶技術が伝来し，弥生時代の前半期をかけて醸成された既往の石器の道具体系，すなわち石器と使用石材の関係に認められるような共同体間の関係性を根本から大きく揺動させた。III 期を画期として工具，農具，武器のほとんどの器種が鉄器化を果たす。これは単純に石器から鉄器へと材質が「置き換わった」のではなく，生産・消費システムが一新したと評価できる。

　中国前漢末の混乱を遠因とする III 期末から IV 期の画期には，特定の集落への集住化が進み，鉄器などの器物の生産・消費の単位が縮小する。これは『魏志』倭人伝に記述された「国」の領域の顕在化とも関連するとみられる。I 期から II 期にかけて発達した共同体間分業のような集落間関係・ネットワークが解体し，器物の生産・消費の単位が閉じていく過程を示している。石庖丁などの各集落で生産可能な石器の使用は継続するものの，III 期以前の広域的な製品流通ではなく，各集落で個別的に製作され消費されるようになる。また IV 期になると III 期以前とは異なる，新たな石器石材を用いた石庖丁の生産・消費が認められる（渡部ほか 2011）。

　このように器物の生産・消費の単位が閉じていく一方，鉄素材は長距離交易により朝鮮半島

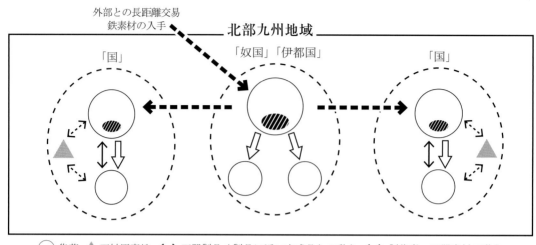

図 5-10　III 期以降における石器生産・消費システムのモデル

表 5-4　北部九州における石器生産・消費システムの変遷

時期	石器生産遺跡の類型	生産・消費システムの安定化・変化要因
I 期（弥生開始期〜前期後半）	自給型	農耕文化伝来／選択的な器物の導入
II 期（弥生前期末〜中期前半）	原産地近郊型 重点生産型（原産地直下型）	人口増加（クラン分節）／母村—分村関係 集落間ネットワークの発達（内的）
III 期（中期後半）以降	（別の石材原産地の開発）	鍛冶技術の導入・鉄素材の入手（外的）

南部から入手される。ただし，そうした鉄素材をもとに製作された農工具などの鍛造鉄器は各集落で生産・消費され，階層的に上位の人々に独占されるものではなかった（野島 2010）。鉄素材の入手には長距離交易ネットワークの発達，朝鮮半島南部の政治的な変動が影響した。また鉄素材とともに，鉄器を仕上げるために使用されたと考えられる青灰色泥岩製定形砥石も広域的に流通した。「鉄器の研磨に特化」した極細粒の仕上砥の必要性が増大し，III 期以降，新たにその石材産地が開発されたと考えられる。鉄器の消費を前提とするような器物の生産・消費システムへと変化したといえよう。

　以上の内容をもとに，III 期以降の石器生産・消費システムについて図 5-10 のようにモデル化した。北部九州地域のなかに集落群で構成される「国」が存在し，鉄器あるいは石器の生産・消費の単位となっている。集落群には個別に鍛冶工房が存在しており，ここで生産された鍛造鉄器は集落群を単位として分配され消費される。鉄素材は朝鮮半島南部との長距離交易によってもたらされた。半島南部において，福岡平野で生産されたとみられる中広形・広形銅矛や小形仿製鏡が出土していることや，鉄素材が福岡平野を中心に分布することから「奴国」が

その入手の主体であった可能性が考えられる[8]。鉄素材は列島の外部から長距離交易を通じて入手されるものであり，偶発的な交渉で入手することはできなかっただろう。また物財の価値体系，カテゴリーも石器とはまったく異なるものである。こうした列島内で調達できないものが社会の維持に不可欠になり，その入手を安定的におこなうため集団内の代表者的機能が促進された結果，首長層が形成されていったと考える。III 期以降の器物の生産・消費システムの質的な変化はこのような過程に呼応するものであり，部族社会から首長制社会への変化を示している。

最後に北部九州における石器生産・消費システムの変遷について表 5-4 のようにまとめた。

---

8)「奴国」と「伊都国」の優劣や連合関係については，対等もしくは「奴国」優位（下條 1986・1991；髙倉 1995），弥生後期のなかで「奴国」優位から「伊都国」優位へと変化（小田 1987），「伊都国」優位（柳田 2002）と見解が分かれる。岡村秀典（1999）は，「奴国」と「伊都国」の両者が漢王朝との交渉のチャンネルをもち，それぞれが地方エリートへの鏡の再分配をおこなっていたというモデルを提示している。ただし，弥生後期後半から終末期の朝鮮半島系土器の出土傾向からは，「原の辻＝三雲貿易」（久住 2007）とされ，交易の主導権は三雲・井原遺跡群を中心とする糸島地域，すなわち「伊都国」が握っていたと考えられている。半島系土器と青銅器，鉄素材・鉄器，玉類など，扱う器物ごとにレベルの異なる対外交渉を捉えている可能性がある。今後は北部九州において鉄素材がどのように入手・分配されたかについて，朝鮮半島系土器の出土傾向も把握しつつ，弥生時代の後半期の集落動態などを総合的に検討する必要がある。これらの点については今後の課題としたい。

終　章

石器生産と消費形態からみた北部九州弥生社会の展開過程

　本章では本書で明らかになった点をまとめ，結論とする。

　本書の目的は大きく2点ある。1点目は，弥生時代の北部九州における石器生産・消費形態について，石製農工具を対象として通時的かつ実証的に明らかにすることである。2点目はこうした石器生産・消費形態の変遷の背景や地域的な特質について，朝鮮半島南部の青銅器時代，鉄器化との比較を通じて明らかにすることである。

　上記2点の目的を達成するために，研究史の整理から具体的に以下4点の問題点を抽出し，それらの解決を図ることにした。

　　問題点 1　通時的な検討の欠如
　　問題点 2　朝鮮半島南部との比較が未検討（第2章）
　　問題点 3　器種を横断した検討の欠如（第3章）
　　問題点 4　石器生産・消費形態と鉄器化の関連性が不明（第4章）

　弥生時代における石器生産・消費形態について通時的に検討した結果，以下のことを指摘した。

　まず，青銅器時代後期に朝鮮半島南部ですでに形成されていた重点生産型（原産地直下型）の石器生産・消費システムは，列島の弥生時代開始期には移転されず，弥生時代の前半期を通じて漸移的に変化したことが明らかになった。つまり道具のみが半島南部から伝播しており，それを体系的に生み出すシステム（石器生産・消費システム）は弥生時代開始期には存在しなかった。このような石器生産・消費システムの変化にかかる時間は，北部九州において次第に部族社会的な結合が強化され，集落間を取り結ぶネットワークが整備されていった過程を示している。そして，石器生産の側面においては地域内部の分業化の過程とみることができる。

　先行研究では，自家消費を超える量の石器の生産とその製品としての広域的な流通は，『魏志』倭人伝にいう「国」のような地域的なまとまりや「首長層」の成長の基礎となっていた，と先験的に考えられる傾向にあった。しかし，本書による通時的な分析の結果，弥生時代の前半期における人口増加とそれに伴う集落の拡大（母村―分村関係）・土地開発，木工活動など，かかる必要性に応じて石器の生産がなされ，互酬的交換により入手・消費されていたことを指摘した。両刃石斧，片刃石斧，石庖丁などのほぼすべての石器を，集落群の外部からの供給に依存する二日市地峡帯地域などの状況は，相互扶助の性格が非常に強く，部族社会的な在り方

を示していよう。生産・消費の盛行期において，多様な器物を大量かつ集中的に入手された状況のみをみた場合，社会の成層化が列島のなかでいちはやく一定程度進展していたと考えたくなる。しかし，Ⅱ期前半頃の石器の生産・消費形態は，Ⅰ期を通じて形成された集団間関係を基礎とした，量的な拡大とその安定化の過程と捉えられよう。

　第3章では弥生時代の北部九州地域における石器の生産・消費形態について，木工具である両刃石斧・片刃石斧，収穫具である石庖丁を対象として検討した。その結果，石器の器種により生産・消費のシステムが異なっていたことが明らかとなった。あらためて石器器種ごとにまとめ比較する。

　伐採斧である今山系石斧は，Ⅰ期前半に石材原産地近郊の集落による自給型の石斧生産が開始され，Ⅱ期前半に大量に生産されるようになる。Ⅱ期前半以降に今山系石斧の幅や厚さの規格性が高まり，地域間の変異変動も小さくなることから，石斧の製作者は通時的に「特定化」したといえる。Ⅱ期前半に重点生産型（原産地直下型）の石斧生産が出現したのである。玄界灘沿岸部の集落は今山から距離が離れるほど石斧を使い込む傾向が認められ，その消費形態が「石材原産地からの距離」に最も影響を受けている。また，二日市地峡帯地域などは弥生前期後半以降，大規模な土地開発に際し大量の石斧が必要となり，同時的にきわめて大量に入手された。

　木材加工斧である層灰岩製片刃石斧は，Ⅱ期前半に長崎県壱岐市原の辻遺跡で大量に生産された。原の辻遺跡で製作されている片刃石斧の製作技法（葉理方向）は「縦目」で占められるが，これは在来の石器製作の伝統に認められず，朝鮮半島南部の青銅器時代から初期鉄器時代に系譜をもつ。したがって片刃石斧の生産には渡来人の関与が考えられる。未成品の分布状況から，粗加工品が原の辻遺跡に搬入され，原の辻遺跡で製作された完成品が北部九州へと広域的に流通したと考える。層灰岩製片刃石斧の消費形態の特徴として，今山系石斧とは異なり汎地域的に使用限界まで使い込まれる点が挙げられる。日常的なコミュニケーションの範囲の外部から石斧が入手されたことが「遠来」という付加価値を与え，使用が長期間になったといえる。

　収穫具である立岩系石庖丁は，Ⅱ期前半から立岩遺跡群の複数の居住集団を単位として生産された。「首長」が一括して石材を入手し居住集団に分配したとするモデル（首長介在型モデル）は，石材入手力を反映する敲打後穿孔技法の採用率の遺跡間比較から否定される。Ⅱ期は北部九州の各地における石庖丁の需要に応じて，石庖丁生産が複数の居住集団を基盤としておこなわれたと考えられる。Ⅲ期の立岩遺跡群での石庖丁生産の状況は不明だが，北部九州で最も多量かつ広域的に立岩系石庖丁が出土する時期であることから，生産も盛行していたといえる。

　このように系譜，石材原産地からの距離などによって石器に与えられる価値が異なっており，それゆえに調達方法に差異が発現したことを示している。石器器種に応じて石材原産地がそれぞれ分散して存在しており，固有の道具体系を有していたという点が，北部九州の弥生時代における石器生産の特質である。

終章　石器生産と消費形態からみた北部九州弥生社会の展開過程　　199

　一方，朝鮮半島南部の嶺南地域では，中西部地域からの松菊里文化の伝播を契機として，青
銅器時代後期に石器生産・消費システムが大きく転換したことが明らかになった。朝鮮半島南
部の場合，多くの石器器種が青銅器時代前期から後期へと継承されている点で，列島の弥生時
代開始期とは異なる。本書で検討した片刃石斧についても機能的に共通する柱状片刃石斧が青
銅器時代前期に存在し，松菊里文化の影響により有溝石斧が出現したのである。

　北部九州と比較して石器生産・消費システムの変化が短期間であったのは，このように石器
器種が継承された点に加え，有節柄式石剣や副葬品（玉類）など埋葬儀礼に関わる側面で集団
間の関係（相互作用網）が取り結ばれていたことが影響したと考えられる。さらに，磨製石剣
や磨製石鏃などのリーダー間でやりとりされる器物の素材と，片刃石斧という日常的に用いら
れる木材加工斧の石材が高霊・義鳳山周辺のホルンフェルスで共通している。青銅器時代前期
から後期にかけての石器生産・消費システムにみられる分業化は，半島南部においては社会内
部の階層化の進展と連動しながら発現したといえ，この点は弥生時代と大きく異なる点であ
る[1]。すなわち，副葬用の貴重財と日常用の消費財という異なるカテゴリーに属する器物が，
同じ遺跡で同じ石材を用いて大量に生産されたのである。

　ただし半島南部の青銅器時代においては，遼寧式銅剣を副葬する墓が階層的には最も高く
（宮本2009b），ホルンフェルス製磨製石剣の入手・副葬はその下位に属する。このことは青銅
器あるいは青銅原料の入手が困難な状況下において，石器により貴重財を生み出し集団間関係
を安定化させようとした無文土器社会の特質とみることもできよう。

　第4章では砥石および木製斧柄の分析に基づいて，弥生時代の後半期における農工具の鉄器
化の過程について検討した。その結果，III期に工具類の鉄器化が進行し，弥生前期から中期
前半にかけて形成された石器石材と器種の固定，完成品の流通関係が断ち切られたことが明ら
かになった。III期における鍛冶技術の導入を画期として，鉄器の消費を前提とする生産・消
費システムへと変化した。鉄斧の柄は石斧の柄に比べ，形態的に多様であり，IV期以降はそ
れが顕著になる。装着部の法量から，着柄される鉄斧のバリエーションも増加したといえる。
様々な法量の鉄斧が使用されるようになることは，斧柄との関連でいえば鉄斧の生産・消費の
単位が縮小したことを示唆している。

　鉄という共通の素材を用いて，伐採斧・加工斧・収穫具など異なるカテゴリーに含まれる器
物が生産されはじめたことは，石器の価値体系を根本から動揺させたといえる。鉄器生産が進
展するIV期以降，器物の生産・消費の単位が縮小していくが，I期からII期にかけて発達し
た石器の生産・消費システム（分業化・共同性志向）は，鉄器の出現により断絶したと考えら
れよう。

　ところで，鉄器の生産において最も重要なのは朝鮮半島南部からの鉄素材の入手である。鉄
素材を安定的かつ恒常的に入手するために，長距離交易ネットワークの拡大と整備が図られ，

---

　1) 副葬用の磨製石剣や磨製石鏃といった武器形石製品を大量に生産した遺跡は弥生時代にはみられない。
　列島では弥生時代開始期から，工具などの実用的な石器の生産を最優先し弥生時代の前半期を通じて分業化
　につながった点は，半島南部の青銅器時代と大きく異なる点であり，弥生社会の特質といえる。

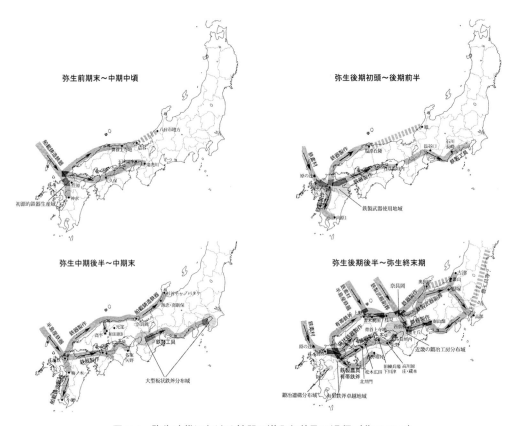

図 6-1 弥生時代における鉄器の導入と普及の過程（北口 2012）

統一化された尺度・交換レートの合意が必要となっただろう（野島 2009 参照）。

　以上のように本書では石製農工具の生産・消費形態の通時的な分析によって，北部九州の弥生社会の展開過程を具体的に明らかにした。弥生時代は朝鮮半島南部からの影響のみならず，弥生時代の集団が自律的に，共同性を志向しつつ展開した時代であった。資源の偏在性や限界を克服するために共同性を最大限に高め，集落間のネットワークを発達させたことこそが，北部九州の初期農耕社会の特質といえよう。

　そして III 期以降は前 108 年の楽浪郡の成立を大きな画期として，長距離交易がはじまり，鍛冶技術が導入された。

　IV 期以降次第に III 期以前の集落間ネットワークが縮小し，器物の生産・消費システムが質的に変化した。鍛冶技術の導入により道具の価値体系が動揺し，分業化・共同性志向の集団間関係を根本から変質させたのである。

　このような段階に，朝鮮半島南部から北部九州をつなぐ長距離交易ネットワークの媒介者として，首長の役割が顕現したといえる。列島内で調達できないものが社会の維持に不可欠になり，その入手を安定的におこなうため集団内の代表者的機能が促進された結果，首長層が形成されていったと考える。北部九州の弥生社会において，石器生産・消費システムが変質してい

く過程が首長制社会の幕開けを示しているのである。

　最後に本書における課題と展望について述べておきたい。

　まず，現状では石器と鉄器の双方から鉄器化を捉えた研究が少ないため，地域間の比較は困難な状況であった。こうした研究状況のなか，2015 年 2 月に開催された第 24 回考古学研究会東海例会では「木製品からみた鉄器化の諸問題」と題して，木製品（斧柄など）の出土傾向や木製品に残る加工痕跡から，農工具の鉄器化について議論され，研究の新たな方向性が提示された。今後こうした取り組みを参照し，各地域で比較検討を進めていくことが必要である。

　近年，北口聡人は，日本列島の各地域における鉄器や鍛冶技術の導入過程を総合的に把握し（北口 2012）（図 6-1），杉山和徳は東日本における鉄器の流入ルートについて丹念な集成作業から提示している（杉山 2015）。南関東地方は，石器生産・流通のシステムが発達していなかったがゆえに，鉄器化が早く進行した可能性も指摘されている（安藤 1997）。そのほか，列島の各地域における鉄器の導入については検討が進んでいる状況である（佐藤賢 2004；櫻井 2011b など）。鉄器の普及と石器の消滅は表裏の関係にあるわけではなく，社会を支える生産・消費のシステムの枠組みにおいて関係性が理解される。具体的な分析は今後の課題である。

　鉄素材の入手や鉄器の導入と社会変化の関係性，特に階層化の問題は弥生時代に後続する古墳時代開始期を射程に入れた分析が不可欠である。今後は瀬戸内以東の地域についても，本書で対象とした北部九州の分析成果と各地域の先行研究を参照しながら，比較検討を進めていきたい。

　また，鉄器の普及の背景（前史）となる列島各地の弥生中期以前の石器生産・消費形態については，本書で問題視したのと同様，盛行期や特定の石器の分布範囲のみが取り扱われる傾向が強く，その縮小・消滅の過程やメカニズムなどについては不明な点が多い。

　さらに本書で提示したモデルについても，異なる物質文化や周辺諸分野の様々な研究成果をもとに検証作業をおこなうとともに，必要性に応じて修正していく必要があると考えている。これら多くの課題について今後も引き続き検討を進めていきたい。

参考文献

日本語（五十音順）

足立達朗・田尻義了・中野伸彦・小山内康人 2017「今津遺跡および今宿遺跡群出土玄武岩製石斧の地球科学的高精度分析」『平成 29 年度九州考古学会総会研究発表資料集』九州考古学会，pp. 136-137

足立達朗・田尻義了・渡部芳久・石田智子・中野伸彦・小山内康人・田中良之 2014「地球科学的高精度分析に基づく今山系石斧の新たな原産地」『平成 26 年度九州考古学会総会研究発表資料集』九州考古学会，pp. 88-89

穴沢咊光 1995「世界史のなかの日本古墳文化」古代オリエント博物館（編）『文明学原論　江上波夫先生米寿記念論集』山川出版社，pp. 401-421

安在晧 2006（端野晋平訳 2008）「韓国青銅器時代の時代区分」『九州考古学』第 83 号，九州考古学会，pp. 47-63

安在晧 2009（村松洋介訳 2009）「②松菊里文化成立期の嶺南社会と弥生文化」設楽博己・藤尾慎一郎・松木武彦（編）『弥生文化誕生』（弥生時代の考古学 2），pp. 73-89

安藤広道 1997「南関東地方石器～鉄器移行期に関する一考察」『横浜市歴史博物館紀要』第 2 号，横浜市歴史博物館，pp. 1-32

飯尾　要 1991『変革期の社会と技術　権力の終焉に向かって』日本評論社

五十嵐俊雄 2006『考古資料の岩石学』パリノ・サーヴェイ株式会社

池淵俊一 2012「山陰の鉄器生産と流通」髙倉洋彰・三阪一徳（編）『一般社団法人日本考古学協会 2012 年度福岡大会　研究発表資料集』日本考古学協会 2012 年度福岡大会実行委員会，pp. 82-98

井澤洋一（編）1984『今山遺跡現地説明会パンフレット』福岡市教育委員会

井澤洋一（編）2015『今山遺跡第 6 次調査』福岡市埋蔵文化財調査報告書第 1254 集，福岡市教育委員会

石川日出志 1996「3　弥生時代（2）石器」『考古学雑誌』第 82 巻第 2 号，日本考古学会，pp. 81-93

石原道博（編訳）1951『新訂魏志倭人伝・後漢書倭伝・宋書倭国伝・隋書倭国伝—中国正史日本伝（1）』岩波書店

石母田正 1963「日本古代における分業の問題—一つの予備的考察—」石母田正ほか（編）『古代史講座』第 9 巻，学生社，pp. 311-345

磯　望・下山正一 2005「今山遺跡第 8 次調査地点の地形と地質」米倉秀紀（編）『今山遺跡第 8 次調査—石斧製作址と縄文時代前期から平安時代までの遺構・遺物の調査—』福岡市埋蔵文化財調査報告書第 835 集，福岡市教育委員会，pp. 173-176

板倉有大 2006「磨製石斧からみた九州縄文時代前期以降の生業・居住動態」『日本考古学』第 21 号，日本考古学協会，pp. 1-19

板倉有大 2008「縄文時代石器からみた日韓交流—磨製石斧を中心として—」『韓日文化交流—その新しい歴史の幕を開く—』2008 年釜山博物館国際学術シンポジウム，釜山博物館，pp. 87-105

伊東隆夫・山田昌久（編）2012『木の考古学　出土木製品用材データベース』海青社

伊藤　眞 1987「分業」石川栄吉・梅棹忠夫・大林太良・蒲生正男・佐々木高明・祖父江孝男（編）『文化人類学事典』弘文堂，p. 678

井上主税 2012「勒島遺跡衰退の歴史的背景—朝鮮半島南部における後 1 世紀代の交易体系について—」『古代文化』第 64 巻第 2 号，財団法人古代学協会，pp. 80-97

井上主税 2014『朝鮮半島の倭系遺物からみた日朝関係』学生社

井上繭子（編）2001『比恵 30—比恵遺跡群第 69・70・71 次発掘調査報告—』福岡市埋蔵文化財調査報告書第 671 集，福岡市教育委員会

井上裕弘・藤瀬禎博・石橋新次 1978「（3）土器からみた前期末の地域性について」井上裕弘（編）『山陽新幹線関係埋蔵文化財調査報告』第 7 集下巻，福岡県教育委員会，pp. 318-345

猪木幸男（編）1995『日本地質図大系　九州地方』朝倉書店

岩永省三 1991「日本における階級社会形成に関する学説史的検討序説」『古文化談叢』第 24 集，九州古文化研究会，pp. 135-168

岩永省三 1992「日本における階級社会形成に関する学説史的検討序説（II）」『古文化談叢』第 27 集，九州古文化研究会，pp. 105-123

岩永省三 2002「分業・専業」田中　琢・佐原　真（編）『日本考古学事典』三省堂，pp. 779-781

岩永省三 2013「東アジアにおける弥生文化」『原始・古代 1』（岩波講座日本歴史第 1 巻），岩波書店，pp. 101-134

上田健太郎 2005「近畿地方における直線刃半月形石庖丁の成立」『待兼山考古学論集―都出比呂志先生退任記念―』大阪大学考古学研究室，pp. 149-174

上野千鶴子 1996「贈与交換と文化変容」『贈与と市場の社会学』（岩波講座現代社会学第 17 巻），岩波書店，pp. 155-178

上野平優紀 2005「縄文時代における蛇紋岩製磨製石斧の消長について」『石器原産地研究会第 6 回研究集会発表要旨』石器原産地研究会

上原真人（編）1993『木器集成図録　近畿原始篇（解説）』奈良国立文化財研究所史料第 36 冊，奈良国立文化財研究所

梅﨑惠司 1998「東北部九州における高槻型伐採石斧の生産と流通」『網干喜教先生古稀記念考古学論集』上巻，網干喜教先生古稀記念会，pp. 167-186

梅﨑惠司 1999「福岡県北九州市の弥生時代石器の素材」『研究紀要』第 13 号，北九州市教育文化事業団埋蔵文化財調査室，pp. 19-30

梅﨑惠司 2000「弥生時代北部九州の今山型と高槻型伐採石斧の生産と流通」『大塚初重先生頌寿記念考古学論集』頌寿記念会，pp. 673-684

梅﨑惠司 2004「無文土器時代と弥生時代の石器生産」『文化の多様性と比較考古学　考古学研究会 50 周年記念論文集』考古学研究会，pp. 49-56

梅﨑惠司 2005「第 7 章田手二本黒木地区 II 区 SD0001 環濠出土石器の石材」細川金也・梅﨑惠司（編）『吉野ヶ里遺跡―田手二本黒木地区弥生時代前期環濠出土の土器と石器―』佐賀県文化財調査報告書第 163 集，佐賀県教育委員会，pp. 102-107

遠藤　茜・上田龍児 2009「九州地方の弥生時代後期集落―玄界灘沿岸地域を中心に―」『弥生時代後期の社会変化』第 58 回埋蔵文化財研究集会発表要旨・資料集，埋蔵文化財研究会，pp. 11-26

大澤正己 1996「比恵遺跡第 51 次調査出土の二条凸帯鋳造鉄斧の金属学的調査」白井克也（編）『比恵遺跡群 21―第 51 次調査の報告―』福岡市埋蔵文化財調査報告書第 452 集，福岡市教育委員会，pp. 47-58

大澤正己 1997「比恵遺跡第 57 次調査出土鉄製品の金属学的調査～板状鉄製品：鉄素材，袋状鉄斧～」長屋　伸（編）『比恵遺跡群（24）―第 57 次調査報告―』福岡市埋蔵文化財調査報告書第 530 集，福岡市教育委員会，pp. 83-100

大澤正己 2014「比恵遺跡群第 125 次調査出土板状鉄製品の金属学的調査」荒牧宏行（編）『比恵 66―比恵遺跡群第 125 次調査の報告―』福岡市埋蔵文化財調査報告書第 1237 集，福岡市教育委員会，pp. 1-10

大澤正己・鈴木瑞穂 2013「カラカミ遺跡出土鉄関連遺物の金属学的調査」宮本一夫（編）『壱岐カラカミ遺跡 IV―カラカミ遺跡第 5～7 地点の発掘調査（1977・2011 年）―』九州大学大学院人文科学研究院考古学研究室，pp. 139-162

大島隆之 2003「韓国　無文土器時代磨製石器の時期差と地域差」『古文化談叢』第 50 号（上），九州古文化研究会，pp. 143-175

太田正道・藤井厚志 1985「下稗田遺跡の地形と地質および石器の石種について」長嶺正秀・末永弥義（編）『下稗田遺跡』行橋市文化財調査報告書第 17 集，行橋市教育委員会，pp. 508-510

岡村秀典 1999『三角縁神獣鏡の時代』（歴史文化ライブラリー 66），吉川弘文館

岡本康則・飯島周平・竹田雄太・宮本竜太朗・吉田企貴 2009「2007 年度カシを対象とした石斧と鉄斧の効力比較実験」『人類誌集報 2006・2007　飛騨山峡の人類誌・遺跡資料の人類誌』首都大学東京人類誌調査グループ，pp. 98-132

小澤佳憲 2000a「弥生集落の動態と画期―福岡県春日丘陵域を対象として―」『古文化談叢』第 44 集，九州古文化研究会，pp. 1-37

小澤佳憲 2000b「集落動態からみた弥生時代前半期の社会―玄界灘沿岸域を対象として―」『古文化談叢』第 45 集，九州古文化研究会，pp. 1-42

小澤佳憲 2002「弥生時代における地域集団の形成」『究班』II, 埋蔵文化財研究集会 25 周年記念論文集編集委員会, pp. 135-151

小澤佳憲 2008「①集落と集団 1―九州―」設楽博己・藤尾慎一郎・松木武彦（編）『集落からよむ弥生社会』（弥生時代の考古学 8), 同成社, pp. 17-35

小澤佳憲 2009「北部九州の弥生時代集落と社会」藤尾慎一郎（編）『国立歴史民俗博物館研究報告』第 149 集, 国立歴史民俗博物館, pp. 165-195

小澤佳憲 2013「弥生時代の集落の変遷と社会」福岡市史編集委員会（編）『新修福岡市史―特別編　自然と遺物からみた福岡の歴史』福岡市, pp. 163-183

小田富士雄 1987「初期筑紫王権形成史論―中国史書にみえる北部九州の国々―」岡崎敬先生退官記念事業会（編）『東アジアの考古と歴史　中　岡崎敬先生退官記念論集』同朋舎, pp. 755-803

小田富士雄 1988「中山平次郎論」金関　恕・佐原　真（編）『研究の歩み』（弥生文化の研究 10), 雄山閣, pp. 53-63

小畑弘己 1995「3. 各区出土石器」松村道博（編）『雀居遺跡 3』福岡市埋蔵文化財調査報告書第 407 集, 福岡市教育委員会, pp. 119-131

小畑弘己 2005「石斧製作の構造的理解に向けて―民族学・考古学の接点を探る―」『石器原産地研究会会誌 Stone Sources』No. 5, 石器原産地研究会, pp. 71-92

小畑弘己・角縁　進 2005「白玄武・黒玄武仮説の化学的検証」『石器原産地研究会第 7 回研究集会発表要旨』石器原産地研究会

折尾　学（編）1981『今山・今宿遺跡―玄海自動車道建設に伴う遺跡の調査―』福岡市埋蔵文化財調査報告書第 75 集, 福岡市教育委員会

かくまつとむ 1998『鍛冶屋の教え　横山祐弘職人ばなし』小学館

柏原孝俊 2002「北部九州における弥生時代磨製石斧の一様相―集落遺跡出土の「今山系石斧」とその供給形態―」『環瀬戸内海の考古学　上　平井勝氏追悼論文集』古代吉備研究会, pp. 521-537

加藤　徹 2008「弥生時代における鋳造鉄斧の流通について」野島　永・加藤　徹（編）『弥生時代における初期鉄器の舶載時期とその流通構造の解明』平成 17 年度～平成 19 年度科学研究費補助金（基盤研究（C））研究成果報告書, pp. 41-75

鐘ヶ江賢二 2007『胎土分析からみた九州弥生土器文化の研究』九州大学出版会

川越哲志 1975「金属器の製作と技術」金関　恕・佐原　真（編）『稲作の始まり』（古代史発掘 4), 講談社, pp. 104-116

川越哲志 1978「1977 年の歴史学界―回顧と展望―　日本（考古）III」『史学雑誌』第 87 編第 5 号, 史学会, pp. 19-27

川越哲志 1984「弥生時代農工具鉄器化の諸段階」『たたら研究』第 26 号, たたら研究会, pp. 45-48

川越哲志 1993『弥生時代の鉄器文化』雄山閣

河野摩耶・南　武志・今津節生 2014「九州北部地方における朱の獲得とその利用―硫黄同位体比分析による朱の産地推定―」『古代』第 132 号, 早稲田大学考古学会, pp. 27-38

川畑　誠 1999「須恵器貯蔵具の消費痕跡試論―使用実態の復元に向けて―」『北陸古代土器研究』第 8 号, 北陸古代土器研究会, pp. 53-74

R. M. キージング 1975（小川正恭・笠原政治・河合利光訳 1982）『親族集団と社会構造』未来社

北口聡人 2012「鉄の道の終着駅―弥生時代の鉄器普及―」『みずほ』第 43 号, 大和弥生文化の会, pp. 126-141

木村幾多郎 1973「石材と石器未製品について」髙倉洋彰（編）『鹿部山遺跡―福岡県粕屋郡古賀町所在遺跡群の調査報告―』日本住宅公団, pp. 235-239

金想民 2010「韓半島南部地域における鉄器生産の動向―初期鉄器時代から三国時代までを中心として―」『季刊考古学』第 113 号, 雄山閣, pp. 70-74

金想民・禹炳喆・金銀珠 2012「韓半島南部地域における鉄器文化の成立と発展」『みずほ』第 43 号, 大和弥生文化の会, pp. 93-125

久住猛雄 1999「北部九州における庄内式併行期の土器様相」『庄内式土器研究 XIX―庄内式併行期の土器生産とその動き―』庄内式土器研究会, pp. 62-143

久住猛雄 2007「「博多湾貿易」の成立と解体―古墳時代初頭前後の対外交易機構―」『考古学研究』第 53 巻第 4 号, 考古学研究会, pp. 20-36

久住猛雄 2010「弥生時代後期の福岡平野周辺における集落動態（1）―近年の研究動向の批判的検討から―」

『市史研究ふくおか』第 5 号，福岡市史編さん室，pp. 102-117

黒住耐二 2002「イガイ科」奥谷喬司（編）『日本近海産貝類図鑑』東海大学出版会，pp. 863-877

児島隆人 1969『立岩』学生社

児玉洋志 2005「唐津地域における弥生時代の石器の石材と製作―大江前遺跡を中心に―」『弥生石器研究会佐賀大会発表資料集』弥生石器検討会，pp. 17-21

児玉洋志 2006「大江前遺跡出土石器群の考察」小松　譲ほか（編）『大江前遺跡』佐賀県文化財調査報告書第167 集，佐賀県教育委員会，pp. 394-398

児玉洋志 2008「有明海北岸地域における弥生時代開始期の磨製石器の展開」『地域・文化の考古学―下條信行先生退任記念論文集―』下條信行先生退任記念事業会，pp. 157-178

後藤　直 2009「弥生時代の倭・韓交渉　倭製青銅器の韓への移出」『国立歴史民俗博物館研究報告』第 151 集，国立歴史民俗博物館，pp. 307-341

近藤義郎 1959「共同体と単位集団」『考古学研究』第 6 巻第 1 号，考古学研究会，pp. 13-20

近藤義郎 1960「鉄製工具の出現」『日本 II　弥生時代』（世界考古学大系 2），平凡社，pp. 34-41

近藤義郎 1966「V　弥生文化における諸問題　1　弥生文化の発達と社会関係の変化」和島誠一（編）『弥生時代』（日本の考古学 III），河出書房新社，pp. 442-459

近藤義郎 1983『前方後円墳の時代』岩波書店

近藤義郎・今井　堯 1972「前方後円墳の時代について」『考古学研究』第 19 巻第 1 号，考古学研究会，p. 5

E. サーヴィス 1971（松園万亀雄訳 1979）『未開の社会組織―進化論的考察―』（人類学ゼミナール 12），弘文堂

酒井龍一 1974「石庖丁の生産と消費をめぐる二つのモデル」『考古学研究』第 21 巻第 2 号，考古学研究会，pp. 23-36

酒井龍一 1980「亀井遺跡の石器生産―畿内・弥生集落における一様相―」『亀井・城山―寝屋川南部流域下水道事業長吉ポンプ場築造工事関連埋蔵文化財発掘調査報告書―　本文編』財団法人大阪文化財センター，pp. 352-366

坂口圭太郎（編）2007『島田遺跡』熊本県文化財調査報告第 241 集，熊本県教育委員会

櫻井拓馬 2011a「伊勢湾沿岸における弥生時代磨製石斧の製作技法とその評価」『研究紀要』第 20 号，三重県埋蔵文化財センター，pp. 1-14

櫻井拓馬 2011b「伊勢湾沿岸における弥生後期の石器と鉄器」『伊勢湾岸域の後期弥生社会』伊勢湾岸弥生社会シンポジウム・後期篇，伊勢湾岸弥生社会シンポジウムプロジェクト，pp. 207-219

櫻井拓馬 2013a「鉄器加工痕を有する砥石―弥生時代後期以降の砥石の変化に関する予察―」『研究紀要』第 22 号，三重県埋蔵文化財センター，pp. 1-8

櫻井拓馬 2013b「弥生時代開始期における石包丁製作技法の地域性―穿孔技法の分析を中心として―」『立命館大学考古学論集 VI　和田晴吾先生定年退職記念論集』立命館大学考古学論集刊行会，pp. 103-110

佐々木猛智 2010『貝類学』東京大学出版会

笹田朋孝 2013『北海道における鉄文化の考古学的研究―鉄ならびに鉄器の生産と普及を中心として―』北海道出版企画センター

笹田朋孝 2014「朝鮮半島 / 韓半島初期鉄器文化の日本列島における受容と変容」『平成 26 年度瀬戸内海考古学研究会第 4 回公開大会予稿集』瀬戸内海考古学研究会，pp. 31-40

佐藤一郎（編）1987『青木遺跡』福岡市埋蔵文化財調査報告書第 169 集，福岡市教育委員会

佐藤浩司 2008「北部・東部九州」『季刊考古学』第 104 号，雄山閣，pp. 19-25

佐藤寛介 2004「吉備における弥生時代の鉄器文化―岡山県域を中心に―」考古学研究会岡山例会委員会（編）『激動の七世紀と古代山城・吉備の鉄』（シンポジウム記録 4），考古学研究会，pp. 97-115

佐原　真 1975「農業の開始と階級社会の形成」『原始および古代 1』（岩波講座日本歴史 1），岩波書店，pp. 112-182

佐原　真 1985「分布論」『研究の方法』（岩波講座日本考古学第 1 巻），岩波書店，pp. 115-160

佐原　真 1994『斧の文化史』（UP 考古学選書 6），東京大学出版会

M. サーリンズ 1972（山内　昶訳 1984）『石器時代の経済学』（叢書・ウニベルシタス 133），法政大学出版局

澤田　敦 2003「石器のライフヒストリー研究と使用痕分析」『古代』第 113 号，早稲田大学考古学会，pp. 41-55

潮見　浩 1982『東アジアの初期鉄器文化』吉川弘文館

篠田謙一・國貞隆弘 1993「隈・西小田地区遺跡群出土人骨の DNA 分析」草場啓一（編）『隈・西小田遺跡群』

筑紫野市埋蔵文化財調査報告書第 38 集，筑紫野市教育委員会，pp.1-25

柴田書店（編）1999『包丁と砥石』柴田ブックス

嶋田光一（編）2011『飯塚市歴史資料館開館 30 周年記念展　立岩遺跡を掘った人々』飯塚市歴史資料館

下條信行 1975a「石器の製作と技術」佐原　真・金関　恕（編）『稲作の始まり』（古代史発掘 4），講談社，pp.
138-148

下條信行 1975b「北九州における弥生時代の石器生産」『考古学研究』第 22 巻第 1 号，考古学研究会，pp. 7-21

下條信行 1975c「未製石器よりみた弥生時代前期の生産体制」福岡考古学研究会（編）『九州考古学の諸問題』
東出版，pp. 181-209

下條信行 1976「弥生商工集団の活動」森　貞次郎（編）『北部九州の古代文化』明文社，pp. 94-109

下條信行 1977a「九州における大陸系磨製石器の生成と展開―石器の組合・型式の連関性と文化圏の設定―」
『史淵』第 114 輯，九州大学文学部，pp. 179-215

下條信行 1977b「石器」福岡県飯塚市立岩遺蹟調査委員会（編）『立岩遺蹟』河出書房新社，pp. 171-190

下條信行 1983「弥生時代石器生産体制の評価―福岡県立岩遺跡を中心として―」『角田文衞博士古稀記念古代
学叢論』角田文衞博士古稀記念事業会，pp. 77-95

下條信行 1985a「交通」「交易」岩崎卓也・菊池徹夫・茂木雅博（編）『考古学調査研究ハンドブックス』第 3
巻　研究編，雄山閣，pp. 48-57

下條信行 1985b「弥生時代の石器製造所址」岡崎　敬（編）『中山平次郎集』（日本考古学選集 11），築地書館，
pp. 242-249

下條信行 1985c「伐採石斧（太型蛤刃石斧）」金関　恕・佐原　真編『道具と技術 I』（弥生文化の研究 5），雄山
閣，pp. 43-47

下條信行 1986a「日本稲作受容期の大陸系磨製石器の展開」『九州文化史研究紀要』第 31 号，九州大学九州文
化史研究施設，pp. 103-140

下條信行 1986b「弥生時代の九州」『文化と地域性』（岩波講座日本考古学 5），岩波書店，pp. 125-156

下條信行 1989「村と工房」下條信行（編）『弥生農村の誕生』（古代史復元 4），講談社，pp. 113-124

下條信行 1991「北部九州弥生中期の「国」家間構造と立岩遺跡」『古文化論叢　児島隆人先生喜寿記念論集』
児島隆人先生喜寿記念事業会，pp. 77-106

下條信行（編）1994『弥生時代・大陸系磨製石器の編年網の作製と地域間の比較研究』平成 5 年度科学研究費
補助金（一般研究 C）研究成果報告書

下條信行 1996「扁平片刃石斧について」『愛媛大学人文学会創立二十周年記念論集』愛媛大学人文学会，pp.
141-164

下條信行 1997「柱状片刃石斧について」『伊達先生古稀記念　古文化論叢』伊達先生古稀記念論集刊行会，pp.
72-87

下條信行 1998「石器の盛衰」下條信行（編）『日本における石器から鉄器への転換形態の研究』平成 7 年度〜
平成 9 年度科学研究費補助金（基盤研究 B）研究成果報告書，pp. 5-62

下條信行 2000「遼東形伐採石斧の展開」村上恭通（編）『東夷世界の考古学』青木書店，pp. 29-54

下條信行 2002a「片刃石斧の型式関係からみた初期稲作期の韓日関係の展開について」『清渓史学』16・17 合
輯，韓国精神文化研究院・清渓史学会，pp. 263-286

下條信行 2002b「北東アジアにおける伐採石斧の展開―中国東北・朝鮮半島・日本列島を繋ぐ文化回路を巡っ
て―」西谷　正（編）『韓半島考古学論叢』すずさわ書店，pp. 125-156

下條信行 2003「弥生時代における縄文的生産流通と弥生的生産流通」『道具の生産流通と地域関係の形成―古
代学協会中国四国支部合同大会研究発表要旨―』古代学協会四国支部，pp. 65-83

下條信行 2009「鑿形石斧について―韓半島と北部九州の関係―」『考古学と地域文化　一山典還暦記念論集』
一山典還暦記念論集刊行会，pp. 59-68

下條信行 2010a「初期鉄斧と石斧」『季刊考古学』第 111 号，雄山閣，pp. 30-32

下條信行 2010b「石斧の弥生的生産と流通」『季刊考古学』第 111 号，雄山閣，pp. 33-35

下條信行 2011「考古学史に見る列島初期稲作農耕の荷担者―大陸系磨製石器の視点から―」『平成 23 年度瀬戸
内海考古学研究会公開大会予稿集』瀬戸内海考古学研究会，pp. 55-64

下條信行 2014「生産具（磨製石斧）からみた初期稲作の担い手」公益財団法人古代学協会（編）『列島初期稲
作の担い手は誰か』すいれん舎，pp. 175-228

下條信行・佐田　茂・髙倉洋彰 1972「工人集団とその生活」『奴国展―稲と青銅の弥生王国―』夕刊フクニチ

208

新聞社

庄田慎矢 2004「韓国嶺南地方南西部の無文土器時代編年」『古文化談叢』第 50 集（下），九州古文化研究会，pp. 157-175

庄田慎矢 2009a「朝鮮半島南部青銅器時代の編年」『考古学雑誌』第 93 巻第 1 号，日本考古学会，pp. 1-31

正林　護 1976「里田原遺跡出土木器の復原的考察」『古代学研究』第 79 号，古代学研究会，pp. 22-28

正林　護・村川逸朗（編）1988『里田原』田平町文化財調査報告書第 3 集，田平町教育委員会

白井克也 1996「2. 比恵遺跡群をめぐる国際環境―燕，衛氏朝鮮，真番郡，楽浪郡，韓―」白井克也（編）『比恵遺跡群 21―第 51 次調査の報告―』福岡市埋蔵文化財調査報告書第 452 集，福岡市教育委員会，p. 45

白井克也 2001「勒島貿易と原の辻貿易―粘土帯土器・三韓土器・楽浪土器からみた弥生時代の交易―」『弥生時代の交易』第 49 回埋蔵文化財研究集会発表要旨集，埋蔵文化財研究会，pp. 157-176

杉山和徳 2015「東日本における鉄器の流通と社会の変革」西川修一・古屋紀之（編）『列島東部における弥生後期の変革～久ヶ原・弥生町式期の現在と未来～』（考古学リーダー 24），六一書房，pp. 161-169

鈴木淑夫 2005『岩石学辞典』朝倉書店

孫晙鎬 2010（中村大介訳 2010）「遼東・韓半島の石斧」『季刊考古学』第 111 号，雄山閣，pp. 17-21

孫晙鎬 2014（中村大介訳 2014）「韓半島青銅器時代における集落の石器組成比較と生業」『考古学研究』第 61 巻第 1 号，pp. 72-92

大工道具研究会（編）2010『鑿大全―ノミの使いこなしを網羅した決定版―』誠文堂新光社

大工道具研究会（編）2011『大工道具・砥石と研ぎの技法』誠文堂新光社

高木恭二 1983「宇土半島基部の弥生資料（一）―境目遺跡出土の石器―」『宇土市史研究』第 4 号，宇土市史研究会・宇土市教育委員会，pp. 27-36

高木芳史 1999「畿内地方の石庖丁の生産と流通」『国家形成期の考古学―大阪大学文学研究科 10 周年記念論集―』大阪大学文学部考古学研究室，pp. 95-114

髙倉洋彰 1973「墳墓からみた弥生時代社会の発展過程」『考古学研究』第 20 巻第 2 号，考古学研究会，pp. 7-24・64

髙倉洋彰 1975「弥生時代の集団組成」福岡考古学研究会（編）『九州考古学の諸問題』東出版，pp. 211-242

髙倉洋彰 1992「弥生時代における国・王とその構造」『九州文化史研究所紀要』第 37 号，九州大学九州文化史研究施設，pp. 1-33

髙倉洋彰 1995『金印国家群の時代』青木書店

髙倉洋彰 2011「交差年代決定法による弥生時代中期・後期の実年代」髙倉洋彰・田中良之（編）『AMS 年代と考古学』学生社，pp. 203-232

高島忠平 1973「嘉穂地方の弥生文化」児島隆人・藤田　等（編）『嘉穂地方史　先史編』嘉穂地方史編纂委員会，pp. 127-160

高橋信武（編）1992『下郡桑苗遺跡 II』大分県文化財調査報告書第 89 輯，大分県教育委員会

高橋　学 1995「平野の微地形変化と開発」吉野正敏・安田喜憲（編）『歴史と気候』（講座文明と環境第 6 巻），朝倉書店，pp. 214-231

武末純一 1985「石器の生産と流通」北九州市史編さん委員会（編）『北九州市史　総論　先史・原始』北九州市，pp. 393-414

武末純一 1987a「北九州市長行遺跡の孔列土器」『記録』第 24 冊，小倉郷土史学会，pp. 15-21

武末純一 1987b「石庖丁の計測値―北九州市域出土例を中心に―」岡崎敬先生退官記念事業会（編）『東アジアの考古と歴史　中　岡崎敬先生退官記念論集』同朋舎，pp. 385-420

武末純一 1988「佐賀県安永田遺跡の石庖丁―石庖丁の計測値（2）―」『古文化談叢』第 19 集，九州古文化研究会，pp. 27-32

武末純一 1993「交易はどのように行なわれたか」鈴木公雄・石川日出志（編）『新視点日本の歴史　第 1 巻原始編』新人物往来社，pp. 244-249

武末純一 1998「北部九州の初期精錬・鍛冶遺構―福岡県内を中心に―」善端　直（編）『奥原峠遺跡』七尾市埋蔵文化財調査報告第 23 集，七尾市教育委員会，pp. 90-93

武末純一 2001「石器の生産と流通―石庖丁と蛤刃石斧を中心に―」『筑紫野市史　資料編（上）考古資料』筑紫野市史編纂委員会，pp. 528-555

武末純一 2002『弥生の村』（日本史リブレット 3），山川出版社

武末純一 2004「弥生時代前半期の暦年代―九州北部と朝鮮半島南部の併行関係から考える―」『福岡大学考古

学論集―小田富士雄先生退職記念―』小田富士雄先生退職記念事業会，pp. 131-156

武末純一 2008a「北部九州の弥生時代生産遺跡」『日韓集落の研究―生産遺跡と集落遺跡―』第 4 回共同研究会，日韓集落研究会，pp. 88-117

武末純一 2008b「茶戸里遺跡と日本」『茶戸里遺跡　発掘 成果와 課題』昌原 茶戸里遺跡発掘 20 周年国際シンポジウム，国立中央博物館，pp. 258-307

武末純一 2009「三韓と倭の交流―海村の視点から―」『国立歴史民俗博物館研究報告』第 151 集，国立歴史民俗博物館，pp. 285-306

武末純一 2010「韓国・金海亀山洞遺跡 A1 地区の弥生系土器をめぐる諸問題」『古文化談叢』第 65 集発刊 35 周年・小田富士雄先生喜寿記念号（1），九州古文化研究会，pp. 145-173

武末純一 2011a「弥生時代前半期の暦年代再論」『AMS 年代と考古学』学生社，pp. 89-130

武末純一 2011b「1 章　石包丁一つ，なにを語る」武末純一・森岡秀人・設楽博己『列島の考古学　弥生時代』河出書房新社，pp. 15-29

武末純一 2012「原三国時代年代論の諸問題―北部九州の資料を中心に―」『原三国・三国時代 歴年代論』（世宗文化財研究院学術叢書 3），학연문화사，pp. 73-127

武末純一 2013「弥生時代の権―青谷上寺地遺跡例を中心に―」『福岡大学考古学論集 2―考古学研究室開設 25 周年記念―』福岡大学考古学研究室，pp. 11-23

田崎博之 1985「須玖式土器の再検討」『史淵』第 122 輯，九州大学文学部，pp. 167-202

田崎博之 1998「福岡地方における弥生時代の土地環境の利用と開発」小林　茂・佐伯弘次・磯　望・髙倉洋彰（編）『福岡平野の古環境と遺跡立地―環境としての遺跡との共存のために―』九州大学出版会，pp. 113-137

田崎博之 2004『土器焼成・石器製作残滓からみた弥生時代の分業と集団間交流システムの実証的研究』平成 13-平成 15 年度科学研究費補助金基盤研究（C）（2）研究成果報告書

田崎博之 2008「弥生集落の集団関係と階層性」『考古学研究』第 55 巻第 3 号，考古学研究会，pp. 60-75

田尻義了 2012『弥生時代の青銅器生産体制』九州大学出版会

田尻義了・足立達朗・渡部芳久・石田智子・中野伸彦・小山内康人・田中良之 2013「地球科学的高精度分析に基づくいわゆる今山系石斧と今山玄武岩の対比」『平成 25 年度九州考古学会総会研究発表資料集』九州考古学会，pp. 96-97

田中　謙 2014「弥生時代後期における鉄製工具の機能分化―中九州・下扇原遺跡を対象として―」『九州考古学』第 89 号，九州考古学会，pp. 1-22

田中　琢 1991『倭人争乱』（日本の歴史②），集英社

田中良之 1986「縄紋土器と弥生土器　西日本」金関　恕・佐原　眞（編）『弥生土器 I』（弥生時代の研究 3），雄山閣，pp. 115-125

田中良之 1991「いわゆる渡来説の再検討」『日本における初期弥生文化の成立　横山浩一先生退官記念論文集 II』横山浩一先生退官記念事業会，pp. 482-505

田中良之 1995『古墳時代親族構造の研究―人骨が語る古代社会―』柏書房

田中良之 2000「墓地から見た親族・家族」都出比呂志・佐原　真（編）『女と男，家と村』（古代史の論点 2），小学館，pp. 131-152

田中良之 2008『骨が語る古代の家族　親族と社会』（歴史文化ライブラリー 252），吉川弘文館

田中良之 2011「AMS 年代測定法の考古学への適用に関する諸問題」髙倉洋彰・田中良之（編）『AMS 年代と考古学』学生社，pp. 131-161

田中良之・小山内康人・中野伸彦・李ハヤン 2011「人骨歯牙 Sr 同位体比分析による弥生時代通婚の研究」『一般社団法人日本考古学協会第 77 回総会研究発表要旨』一般社団法人日本考古学協会，pp. 48-49

田中良之・小沢佳憲 2001「II. 渡来人をめぐる諸問題」田中良之（編）『弥生時代における九州・韓半島交流史の研究』平成 12 年度韓国国際交流財団助成事業共同研究プロジェクト研究報告書，九州大学大学院比較社会文化研究院基層構造講座，pp. 3-27

田辺昭三 1956「生産力発展の諸段階―弥生式時代における鉄器をめぐって―」『私たちの考古学』第 11 号，考古学研究会，pp. 5-13

田辺昭三 1961「文化の黎明」日本史研究会（編）『講座日本文化史』第 1 巻，三一書房，pp. 37-94

田辺昭三 1980「手工業生産の芽生え」坪井清足（編）『日本生活文化史』第 1 巻，河出書房新社，pp. 61-84

田村憲美 2003「入会地　いりあいち」尾形 勇（編）『身分と共同体』（歴史学事典第 10 巻），弘文堂，pp. 38-39

V. G. チャイルド 1936（ねずまさし訳 1951）『文明の起源』（上）（下），岩波書店

辻田淳一郎 2006「威信財システムの成立・変容とアイデンティティ」田中良之・川本芳昭（編）『東アジア古代国家論―プロセス・モデル・アイデンティティ―』すいれん舎，pp. 31-64

土屋みづほ 2004「弥生時代における石器生産と流通の変遷過程―東北部九州を中心として―」『考古学研究』第 50 巻第 4 号，考古学研究会，pp. 34-54

土屋みづほ 2010「砥石からみた弥生時代の社会変化」『遠古登攀　遠山昭登君追悼考古学論集』『遠古登攀』刊行会，pp. 401-423

土屋了介 2014「中原遺跡出土鉄製品・鉄片に関するまとめ」小松　譲ほか（編）『中原遺跡 VIII　9・10 区の調査と鍛冶関連遺物』佐賀県文化財調査報告書第 203 集，佐賀県教育委員会，pp. 422-437

都出比呂志 1968「考古学からみた分業の問題」『考古学研究』第 15 巻第 2 号，考古学研究会，pp. 43-54

都出比呂志 1970「農業共同体と首長権」『古代国家』（講座日本史第 1 巻），東京大学出版会，pp. 29-66

都出比呂志 1989『日本農耕社会の成立過程』岩波書店

都出比呂志 1996「国家形成の諸段階―首長制・初期国家・成熟国家」『歴史評論』551 号，歴史科学協議会，pp. 3-16

鶴間和幸 2004『ファーストエンペラーの遺産　秦漢帝国』（中国の歴史 3），講談社

寺沢　薫 2000『王権誕生』（日本の歴史 2），講談社

寺前直人 2001「弥生時代開始期における磨製石斧の変遷―中部瀬戸内地域と大阪湾沿岸地域を中心として―」『古文化談叢』第 46 号，九州古文化研究会，pp. 27-52

寺前直人 2002「工具―石斧」北條芳隆・禰冝田佳男（編）『弥生・古墳時代　石器・石製品・骨角器』（考古資料大観第 9 巻），小学館，pp. 190-194

寺前直人 2006「生産と流通からみた畿内弥生社会」『畿内弥生社会像の再検討・「雄略朝」期と吉備地域・古代山陽道をめぐる諸問題』（シンポジウム記録 5），考古学研究会，pp. 105-122

寺前直人 2011a「石器の生産と流通」甲元眞之・寺沢　薫（編）『弥生時代（上）』（講座日本の考古学 5），青木書店，pp. 618-650

寺前直人 2011b「倭国内の生産流通機構とその変化」設楽博己・藤尾慎一郎・松木武彦（編）『多様化する弥生文化』（弥生時代の考古学 3），同成社，pp. 129-146

藤間生大 1949「政治的社会の成立」渡部義通（編）『日本社会構成の発展』（社会構成史体系第 1 部），日本評論社

藤間生大 1950『埋もれた金印―女王卑弥呼と日本の黎明―』岩波書店

藤間生大 1951『日本民族の形成―東亜諸民族との連関において―』岩波書店

独立行政法人産業技術総合研究所地質調査総合センター（編）2002　EOSCIENTIFIC MAPS OF SOUTHERN PART OF KOREA, WESTERN PART OF JAPAN AND THEIR ADJOINING SEAS 1:4,000,000（CD-ROM Version）

外山秀一 2006『遺跡の環境復原―微地形分析，花粉分析，プラント・オパール分析とその応用―』古今書院

中島茂夫 1980「弥生時代の手工業の実態―特に北部九州の石器生産からみて―」『考古学研究』第 27 巻第 1 号，考古学研究会，pp. 81-88

中園　聡 1991「墳墓にあらわれた意味―とくに弥生時代中期後半の甕棺墓にみる階層性について―」『古文化談叢』第 25 集，九州古文化研究会，pp. 51-92

中園　聡 2004『九州弥生文化の特質』九州大学出版会

中園　聡 2009「2　墓と階層　①九州」設楽博己・藤尾慎一郎・松木武彦（編）『弥生社会のハードウェア』（弥生時代の考古学 6），同成社，pp. 127-140

長友朋子 2009「土器の規格度―弥生時代の土器生産体制の復元にむけて―」『日本考古学』第 27 号，日本考古学協会，pp. 79-96

長友朋子 2013「近畿地方における弥生時代の鉄器生産―北部九州との比較を通して―」『立命館大学考古学論集 VI　和田晴吾先生定年退職記念論集』立命館大学考古学論集刊行会，pp. 111-122

中橋孝博 1993「墓の数で知る人口爆発」『原日本人　弥生人と縄文人のナゾ』（朝日ワンテーママガジン⑭），朝日新聞社，pp. 30-46

長嶺正秀・末永弥義（編）1985『下稗田遺跡』行橋市文化財調査報告書第 17 集，行橋市教育委員会

中村修身 1972「弥生時代石器製作所址に関する一考―福岡県下の例について―」『速見考古』第 2・3 号，九州先史研究会，pp. 9-13

中村修身 1990「遠賀川流域の縄文時代晩期資料」『地域相研究』第 19 号，地域相研究会，pp. 3-20

中村大介 2015a「楽浪郡以南における鉄とガラスの流通と技術移転」『物質文化』95，物質文化研究会，pp.

33-48

中村大介 2015b「朝鮮半島における石器から鉄器への転換」『埼玉大学紀要（教養学部）』第 51 巻第 1 号，埼玉大学教養学部，pp. 97-112

中谷治宇二郎 1929『日本石器時代提要』岡書院

中山平次郎 1916「筑前國糸島郡今津の貝塚」『考古学雑誌』第 6 巻第 6 号，考古学会，pp. 25-32

中山平次郎 1924「筑前糸島郡今山に於る石斧製造所址」『考古学雑誌』第 14 巻第 14 号，考古学会，pp. 39-52

中山平次郎 1925「筑前糸島郡今山に於る石斧製造所址（下）」『考古学雑誌』第 15 巻第 1 号，考古学会，pp. 13-26

中山平次郎 1931「今山の石斧製造所址」『福岡県史蹟名勝天然記念物調査報告書』第 6 輯，福岡県，pp. 67-82

中山平次郎 1932「両系統弥生式民族の石斧製作法に現はれたる民族性の相違（今津の石斧と今山の石斧）」『考古学雑誌』第 22 巻第 4 号，考古学会，pp. 1-11

中山平次郎 1934a「飯塚市立岩字焼ノ正の石庖丁製作址」『福岡県史蹟名勝天然記念物調査報告』第 9 輯，福岡県，pp. 57-69

中山平次郎 1934b「石庖丁製造所址—筑前飯塚市大字立岩字焼ノ正遺蹟—」『考古学』第 5 巻第 5 号，東京考古学会，pp. 121-127

中　勇樹 2008「弥生時代における片刃石斧の変遷と技法について—西日本を中心に—」『地域・文化の考古学—下條信行先生退任記念論文集—』下條信行先生退任記念事業会，pp. 179-200

中　勇樹 2010「加工石斧」『季刊考古学』第 111 号，雄山閣，pp. 48-51

西秋良宏 2000「工芸の専業化と社会の複雑化—西アジア古代都市出現期の土器生産—」『西アジア考古学』第 1 号，日本西アジア考古学会，pp. 1-9

西岡常一 2003『木に学べ—法隆寺・薬師寺の美—』小学館

西口陽一 2004「菊川石製片刃石斧」『山口考古』第 24 号，山口考古学会，pp. 1-5

西嶋定生 1985『日本歴史の国際環境』（UP 選書 235），東京大学出版会

西　拓巳・藤島志考 2010「篠栗町西浦池表採の扁平片刃石斧の検討—日韓出土資料の検討を通して—」『七隈史学会第 12 回大会ポスターセッション』七隈史学会

西谷　正・下條信行・木村幾多郎・島津義昭 1972「九州考古学の諸問題」『考古学研究』第 19 巻第 1 号，考古学研究会，pp. 18-44

日本の地質『九州地方』編集委員会（編）1992『九州地方』（日本の地質 9），共立出版

禰冝田佳男 1998「石器から鉄器へ」都出比呂志（編）『古代国家はこうして生まれた』角川書店，pp. 51-102

禰冝田佳男 1999「伐採石斧の柄」『国家形成期の考古学—大阪大学考古学研究室 10 周年記念論集—』大阪大学考古学研究室，pp. 69-94

禰冝田佳男 2013「弥生時代の近畿における鉄器製作遺跡—「石器から鉄器へ」の再検討の前提として—」『日本考古学』第 36 号，日本考古学協会，pp. 85-94

L. ネスプルス 2014「ヨーロッパにおける鉄器時代と鉄器化の意義」『季刊考古学』第 127 号，雄山閣，pp. 49-52

野島　永 1992「破砕した鋳造鉄斧」『たたら研究』第 32・33 号，たたら研究会，pp. 20-30

野島　永 2000「鉄器からみた諸変革—初期国家形成期における鉄器流通の様相—」『国家形成過程の諸変革』（シンポジウム記録 2），考古学研究会，pp. 75-102

野島　永 2009『初期国家形成過程の鉄器文化』雄山閣

野島　永 2010「弥生時代における鉄器保有の一様相—九州・中国地方の集落遺跡を中心として—」『京都府埋蔵文化財論集』第 6 集，財団法人京都府埋蔵文化財調査研究センター，pp. 41-54

能登原孝道 2004「北部九州における今山産玄武岩製太形蛤刃石斧の流通とその意味について」『平成 16 年度九州史学会考古学部会発表資料集』九州史学会

能登原孝道 2005a「第 5 章第 1 節　大陸系磨製石器類」細川金也・梅﨑惠司（編）『吉野ヶ里遺跡—田手二本黒木地区弥生時代前期環濠出土の土器と石器—』佐賀県文化財調査報告書第 163 集，佐賀県教育委員会，pp. 54-80

能登原孝道 2005b「吉野ヶ里遺跡出土の弥生時代前期磨製石器類とそこから派生する諸問題について—石庖丁を中心に—」『弥生石器研究会佐賀大会発表資料集』弥生石器検討会

能登原孝道 2005c「今山系太形蛤刃石斧についての岩石学的考察」『石器原産地研究会第 7 回研究集会発表要旨』石器原産地研究会

能登原孝道 2012「菫青石ホルンフェルス製石鎌の生産と流通」『西海考古』第 8 号，西海考古同人会，pp. 83-92

能登原孝道 2014「北部九州における石庖丁の生産と流通」髙倉洋彰（編）『東アジア古文化論攷』2，中国書店，pp. 83-102

能登原孝道・中野伸彦・小山内康人 2007「いわゆる「頁岩質砂岩」の原産地について」『九州考古学』第 82 号，九州考古学会，pp. 1-19

野村憲一（編）2001『五徳畑ヶ田遺跡（概報）』香春町文化財調査報告書第 11 集，香春町教育委員会

野村憲一（編）2002『五徳畑ヶ田遺跡 II・III・IV 区（概報）』香春町文化財調査報告書第 13 集，香春町教育委員会

野村憲一・福本　寛・松浦幸一・八木健一郎・杉原敏之　2003「田川地域における弥生文化の動向」『九州考古学』第 78 号，九州考古学会，pp. 23-38

橋口達也 1974「初期鉄製品をめぐる 2・3 の問題」『考古学雑誌』第 60 巻第 1 号，日本考古学会，pp. 1-17

橋口達也 1983「ふたたび初期鉄製品をめぐる 2・3 の問題について」『日本製鉄史論集』たたら研究会，pp. 1-42

橋口達也 1987「聚落立地の変遷と土地開発」岡崎敬先生退官記念事業会（編）『東アジアの考古と歴史　中　岡崎敬先生退官記念論集』同朋社，pp. 703-754

橋口達也 1988「九州における縄文と弥生の境」『季刊考古学』第 23 号，雄山閣，pp. 17-22

橋口達也 1993「大宰府史跡出土の特異な柱状片刃石斧」『九州歴史資料館研究論集』18 号，九州歴史資料館，pp. 61-75

橋口達也 1999「首長権の発生と展開」『弥生文化論』雄山閣，pp. 119-196

端野晋平 2008a「松菊里型住居の伝播とその背景」『九州と東アジアの考古学—九州大学考古学研究室 50 周年記念論文集—』上巻，九州大学考古学研究室 50 周年記念論文集刊行会，pp. 45-72

端野晋平 2008b「計測的・非計測的属性と型式を通じた石包丁の検討—韓半島南部と北部九州を素材として—」『日本考古学』第 26 号，日本考古学協会，pp. 41-67

端野晋平 2009「無文土器文化からの影響—松菊里文化と弥生文化の形成—」『古代文化』第 61 巻第 2 号，財団法人古代学協会，pp. 83-93

畑中健一 1984「北部九州の自然環境」『季刊考古学』第 6 号，雄山閣，pp. 27-30

畑中幸子 2013『ニューギニアから石斧が消えていく日—人類学者の回想録』明石書店

馬場聖美（編）2001『里田原遺跡』田平町文化財調査報告書第 8 集，田平町教育委員会

馬場聖美・冨永百合子（編）2003『里田原遺跡』田平町文化財調査報告書第 9 集，田平町教育委員会

林田和人（編）2007『八ノ坪遺跡 III』熊本市教育委員会

H. ハーラー 1963（近藤　等・植田重雄訳 1964）『石器時代への旅　秘境ニューギニアを探る』新曜社

原田大六 1954「流通経済の開始」『日本古墳文化—奴国王の環境—』東京大学出版会，pp. 9-34

原田大六 1963a「抉入片刃石斧の再検討」『古代学研究』第 34 号，古代学研究会，pp. 1-7

原田大六 1963b「抉入片刃石斧の再検討（2）」『古代学研究』第 35 号，古代学研究会，pp. 1-5

原田大六 1976「氏族制度を強力化していったもの」『日本国家の起源』（下），三一書房，pp. 9-61

樋上　昇 2011「木工技術と地域社会」甲元眞之・寺沢　薫（編）『弥生時代（上）』（講座日本の考古学 5），青木書店，pp. 731-755

比佐陽一郎 2007「福岡市飯倉 D 遺跡出土鉄器の再検討」『九州考古学』第 82 号，九州考古学会，pp. 119-130

広瀬和雄 1997「分業生産と流通を掌握した首長」広瀬和雄（編）『縄紋から弥生への新歴史像』角川書店，pp. 159-179

深澤芳樹 1986「弥生時代の近畿」『文化と地域性』（岩波講座日本考古学 5），岩波書店，pp. 157-186

福島日出海 2010「福岡県宮若市笠置山麓における磨製石器の石材産出地について」『古文化談叢』第 65 集，九州古文化研究会，pp. 39-50

福島日出海 2013「弥生時代の石材産出地と石器製作遺跡の関係—笠置山と立岩間の距離から見えてくるもの—」『福岡地方史研究』第 51 号，福岡地方史研究会，pp. 115-128

福田一志 2005「原の辻遺跡の石器について」『石器原産地研究会第 7 回研究集会発表要旨』石器原産地研究会

藤木　聡 2005「宮崎県域における縄文時代の石斧製作と石材」『石器原産地研究会会誌 Stone Sources』No. 5，石器原産地研究会，pp. 47-56

藤田　等 1956「農業の開始と発展—特に石器の生産をめぐる問題—」『私たちの考古学』9，考古学研究会，pp.

参考文献　213

4-11・19

藤田　等 1979「分業論」『日本考古学を学ぶ』(2)，有斐閣，pp. 192-207

藤森栄一 1943「弥生式文化に於ける摂津加茂の石器群の意義について」『古代文化』第 14 巻第 7 号，日本古代
文化学会，pp. 1-15

古澤義久 2010「壱岐における韓半島系土器の様相」『日本出土の朝鮮半島系土器の再検討─弥生時代を中心
に─』第 59 回埋蔵文化財研究集会発表要旨集，埋蔵文化財研究会，pp. 1-25

裵眞晟 2012「韓半島南部における初期農耕文化の動態」『列島における初期稲作の担い手は誰か─発表要旨─』
財団法人古代学協会共同研究還元事業，財団法人古代学協会

裵眞晟 2014（金想民訳 2014）「韓半島南部における初期農耕文化の動態─石製工具を通して─」公益財団法人
古代学協会（編）『列島における初期稲作の担い手は誰か』すいれん舎，pp. 49-77

前田義人・武末純一 1994「北九州市貫川遺跡の縄文晩期の石庖丁」『九州文化史研究所紀要』第 39 号，九州文
化史研究施設，pp. 65-90

町田　章 1975「木工技術の展開」佐原　真・金関　恕（編）『稲作の始まり』（古代史発掘 4），講談社，pp.
117-127

松井和幸 1982「大陸系磨製石器の消滅とその鉄器化をめぐって」『考古学雑誌』第 68 巻第 2 号，日本考古学
会，pp. 1-42

松井和幸 1983「第 3，石庖丁の製作工程について」浜田信也（編）『焼ノ正遺跡』飯塚市文化財調査報告書第 7
集，飯塚市教育委員会，pp. 44-48

松井和幸 2001『日本古代の鉄文化』雄山閣

松井和幸 2013「弥生時代初期鉄器資料の紹介─福岡県田川郡香春町五徳畑ケ田遺跡─」『たたら研究』第 52
号，たたら研究会，pp. 101-108

松尾奈緒子 2014「5．SC08 出土板状鉄製品について」荒牧宏行（編）『比恵 66─比恵遺跡群第 125 次調査の報
告─』福岡市埋蔵文化財調査報告書第 1237 集，福岡市教育委員会，pp. 138-139

松木武彦 1995「弥生時代の戦争と日本列島社会の発展過程」『考古学研究』第 42 巻第 3 号，考古学研究会，pp.
33-47

松木武彦 1996「日本列島の国家形成」植木　武（編）『国家の形成　人類学・考古学からのアプローチ』三一
書房，pp. 233-276

松木武彦 2004「専業　せんぎょう」安斎正人（編）『現代考古学事典』同成社，pp. 296-299

松木武彦 2011「石器から鉄器へ」設楽博己・藤尾慎一郎・松木武彦（編）『古墳時代への胎動』（弥生時代の考
古学 4），同成社，pp. 155-170

松原正毅 1971「弥生式時代の系譜についての実験考古学的試論─抉入片刃石斧をめぐって─」『季刊人類学』
第 2 巻第 2 号，京都大学人類学研究会，pp. 144-192

松本徰夫・山縣茂樹・板谷徹丸 1992「北部九州および下関市産玄武岩類の K-Ar 年代と主化学成分」『火山と岩
石の探求─日本から中国・南極へ─　松本徰夫教授記念論文集』松本徰夫教授記念事業会，pp. 247-264

三上徹也 1990「縄文石器における「完形品」の概念について─石鏃を例とした考古学的史料批判の試論的実
践─」『縄文時代』第 1 号，縄文時代文化研究会，pp. 105-132

三阪一徳 2010「日本列島出土孔列土器の製作技術─北部九州地域を対象に─」『考古学は何を語れるか』（同志
社大学考古学シリーズ X），同志社大学考古学シリーズ刊行会，pp. 175-194

溝口孝司 2000「墓地と埋葬行為の変遷」北條芳隆・溝口孝司・村上恭通『古墳時代像を見なおす　成立過程と
社会変革』青木書店，pp. 201-273

溝口孝司 2001「弥生時代の社会」髙橋龍三郎（編）『村落と社会の考古学』（現代の考古学 6），朝倉書店，pp.
135-160

溝口孝司 2006「西からの視点」考古学研究会例会委員会（編）『畿内弥生社会像の再検討・「雄略朝」期と吉備
地域・古代山陽道をめぐる諸問題』（シンポジウム記録 5），考古学研究会，pp. 29-58

溝口孝司 2008「弥生社会の組織とカテゴリー」設楽博己・藤尾慎一郎・松木武彦（編）『集落からよむ弥生社
会』（弥生時代の考古学 8），同成社，pp. 74-95

溝口孝司 2010a「弥生社会の組織とその成層化─コミュニケーション・偶発性・ネットワーク─」『考古学研
究』第 57 巻第 2 号，考古学研究会，pp. 22-37

溝口孝司 2010b「福岡県飯塚市立岩掘田遺跡の再検討」『平成 22 年度九州史学会考古学部会発表要旨』九州史
学会

宮﨑貴夫 2001「原の辻遺跡における歴史的契機について」『西海考古』第 4 号，西海考古同人会，pp. 53-79

宮﨑貴夫 2008『原の辻遺跡—壱岐に甦る弥生の海の王都—』（日本の遺跡 32），同成社

宮原晋一 1988「石斧，鉄斧のどちらで加工したか—弥生時代の木製品に残る加工痕について—」『研究の歩み』（弥生文化の研究 10），雄山閣，pp. 193-201

宮本一夫 2008「弥生時代における木製農具の成立と東北アジアの磨製石器」『九州と東アジアの考古学—九州大学考古学研究室 50 周年記念論文集—』上巻，九州大学考古学研究室 50 周年記念論文集刊行会，pp. 25-44

宮本一夫 2009a『農耕の起源を探る　イネの来た道』（歴史文化ライブラリー 276），吉川弘文館

宮本一夫 2009b「②直接伝播地としての韓半島農耕文化と弥生文化」設楽博己・藤尾慎一郎・松木武彦（編）『弥生文化の輪郭』（弥生時代の考古学 1），同成社，pp. 35-51

宮本一夫 2011「カラカミ遺跡から見た弥生時代の壱岐—2005 年〜2008 年調査のまとめ—」宮本一夫（編）『壱岐カラカミ遺跡 III—カラカミ遺跡第 1 地点の発掘調査（2005〜2008 年）—』九州大学大学院人文科学研究院考古学研究室，pp. 164-177

宮本一夫 2012「北部九州の鉄器生産と流通」髙倉洋彰・三阪一徳（編）『一般社団法人日本考古学協会 2012 年度福岡大会　研究発表資料集』日本考古学協会 2012 年度福岡大会実行委員会，pp. 51-64

宮本一夫 2013「環境の変遷と遺跡からみた福岡の歴史」福岡市史編集委員会（編）『新修福岡市史—特別編　自然と遺跡からみた福岡の歴史』福岡市，pp. 405-436

宮本一夫 2016「弥生時代北部九州の鍛冶と交易—カラカミ遺跡の事例を中心に—」『広島大学大学院文学研究科　考古学研究室 50 周年記念論文集・文集』広島大学大学院文学研究科考古学研究室，pp. 213-230

三好　玄 2013「集落から見た古墳時代成立過程」『新資料で問う古墳時代成立過程とその意義』考古学研究会関西例会 30 周年記念シンポジウム発表要旨集，考古学研究会，pp. 11-22

村上恭通 1992「中九州における弥生時代鉄器の地域性」『考古学雑誌』第 77 巻第 3 号，日本考古学会，pp. 63-88

村上恭通 1994「弥生時代における鍛冶遺構の研究」『考古学研究』第 41 巻第 3 号，考古学研究会，pp. 60-87

村上恭通 1998a「鉄器普及の諸段階」下條信行（編）『日本における石器から鉄器への転換形態の研究』平成 7 年度〜平成 9 年度科学研究費補助金（基盤研究 B）研究成果報告書，pp. 63-142

村上恭通 1998b『倭人と鉄の考古学』（シリーズ日本史のなかの考古学），青木書店

村上恭通 2000「鉄と社会変革をめぐる諸問題—弥生時代から古墳時代への移行に関連して—」北條芳隆・溝口孝司・村上恭通『古墳時代像を見なおす—成立過程と社会変革—』青木書店，pp. 49-74

村上恭通 2007『古代国家成立過程と鉄器生産』青木書店

村上恭通 2011「弥生時代の鉄文化」甲元眞之・寺澤　薫（編）『弥生時代（上）』（講座日本の考古学 5），青木書店，pp. 651-678

村上恭通 2012「鉄鍛冶」一瀬和夫・福永伸哉・北條芳隆（編）『時代を支えた生産と技術』（古墳時代の考古学 5），同成社，pp. 142-153

村上由美子 2011「遺跡出土木製品からみた資源利用の歴史」湯本貴和（編）『環境史をとらえる技法』（シリーズ日本列島の三万五千年—人と自然の環境史第 6 巻），文一総合出版，pp. 125-141

村上由美子 2014「弥生時代における木材利用の変化」『季刊考古学』第 127 号，雄山閣，pp. 64-68

村田裕一 1999「北部九州地域の石庖丁をめぐって—立岩石庖丁製作技法の検討—」『山口大学文学会志』第 49 巻，山口大学文学会，pp. 243-262

村田裕一 2002「工具—砥石」北條芳隆・禰宜田佳男（編）『弥生・古墳時代　石器・石製品・骨角器』（考古資料大観第 9 巻），小学館，pp. 197-200

村松貞次郎 1973『大工道具の歴史』岩波書店

森岡秀人 2002「分業と流通—縄紋・古墳時代との比較」佐原　真（編）『古代を考える　稲・金属・戦争—弥生—』吉川弘文館，pp. 167-208

森　貴教 2010「弥生時代北部九州における石斧生産—今山系石斧の製作技法と規格性の検討—」『九州考古学』第 85 号，九州考古学会，pp. 1-19

森　貴教 2011a「カラカミ遺跡出土鍛冶関係石器の検討」宮本一夫（編）『壱岐カラカミ遺跡 III—カラカミ遺跡第 1 地点の発掘調査（2005〜2008 年）—』九州大学大学院人文科学研究院考古学研究室，pp. 144-156

森　貴教 2011b「弥生時代北部九州における両刃石斧の消費形態—今山系石斧を中心として—」『考古学研究』第 57 巻第 4 号，考古学研究会，pp. 50-70

森　貴教 2011c「北部九州における弥生時代の石器流通」『石材の流通とその背景—弥生〜古墳時代を中心

に一」第 60 回埋蔵文化財研究集会発表要旨集，埋蔵文化財研究会，pp. 23-44

森　貴教 2013a「今宿五郎江遺跡第 3 次調査出土剥片石器について」小林義彦・谷　直子（編）『今宿五郎江 12―今宿五郎江遺跡第 3 次調査報告―』福岡市埋蔵文化財調査報告書第 1180 集，福岡市教育委員会，pp. 49-50

森　貴教 2013b「カラカミ遺跡出土砥石の検討」宮本一夫（編）『壱岐カラカミ遺跡 IV―カラカミ遺跡第 5～7 地点の発掘調査（1977・2011 年）―』九州大学大学院人文科学研究院考古学研究室，pp. 169-182

森　貴教 2013c「弥生時代北部九州における片刃石斧の生産・流通とその背景―「層灰岩」製片刃石斧を中心に一」『古文化談叢』第 69 集，九州古文化研究会，pp. 95-116

森　貴教 2014a「水稲農耕開始期以前の片刃石斧をめぐって―韓半島南部青銅器時代との比較検討から―」『先史学・考古学論究 VI―熊本大学文学部考古学研究室創設 40 周年記念論文集―』龍田考古会，pp. 101-111

森　貴教 2014b「弥生時代における砥石使用形態の変化―石器から鉄器へ―」『季刊考古学』第 127 号，雄山閣，pp. 45-48

森　貴教 2016「砥石の消費形態からみた鉄器化とその意義―弥生時代北部九州を対象として―」田中良之先生追悼論文集編集委員会（編）『考古学は科学か　田中良之先生追悼論文集』上，中国書店，pp. 467-485

森　貴教 2017「弥生時代における斧柄の変遷と工具鉄器化―北部九州を対象として―」考古学研究会東海例会（編）『木製品からみた鉄器化の諸問題』（シンポジウム記録 10），考古学研究会，pp. 119-128

森　貞次郎 1942「古期弥生式文化に於ける立岩文化期の意義」『古代文化』第 13 巻第 7 号，日本古代文化学会，pp. 1-39

森　貞次郎 1966「II　弥生文化の発展と地域性　1　九州」和島誠一（編）『弥生時代』（日本の考古学 III），河出書房新社，pp. 32-80

森本幹彦 2008「福岡市西区今宿五郎江・大塚遺跡群」『日・韓交流の考古学』嶺南考古学会・九州考古学会第 8 回合同考古学大会，嶺南考古学会・九州考古学会，pp. 245-261

森本幹彦 2010a「玄界灘沿岸地域における朝鮮半島系土器の様相 2―弥生時代後期前後の楽浪系土器と三韓系土器の様相―」『日本出土の朝鮮半島系土器の再検討―弥生時代を中心に―』第 59 回埋蔵文化財研究集会発表要旨集，埋蔵文化財研究会，pp. 45-66

森本幹彦 2010b「今宿五郎江遺跡の成立とその背景―弥生時代後半期の環濠集落とその対外交流の様相―」『福岡考古』第 22 号，福岡考古懇話会，pp. 11-24

森本幹彦 2011「②集落空間の変化，集落フォーメーションの展開」設楽博己・藤尾慎一郎・松木武彦（編）『古墳時代への胎動』（弥生時代の考古学 4），同成社，pp. 211-226

森本幹彦 2015「外来系土器からみた対外交流の様相―弥生時代終焉にむけての北部九州―」『古代文化』第 66 巻第 4 号，公益財団法人古代学協会，pp. 44-65

安田博幸 1979「砥石と鉄器の関係」菅原正明（編）『東山遺跡』大阪府文化財調査報告書，大阪府教育委員会，pp. 62-64

柳田康雄 1987「高三潴式と西新町式土器」金関　恕・佐原　眞（編）『弥生土器 II』（弥生文化の研究 4），雄山閣，pp. 34-44

柳田康雄 2002『九州弥生文化の研究』学生社

八幡浩二 2004「鉄器生産における研磨工程」『たたら研究』第 44 号，たたら研究会，pp. 19-39

八幡一郎 1966「挟入石斧を繞ぐる諸問題」『信濃』第 18 巻第 8 号，信濃史学会，pp. 30-35

八幡一郎 1968「大陸系の磨製石器」『日本文化のあけぼの』（日本歴史叢書 20），吉川弘文館，pp. 139-171

山口譲治 1978「神松寺遺跡出土の石庖丁をめぐって―弥生時代後期の石庖丁―」山崎純男（編）『神松寺遺跡』福岡市埋蔵文化財調査報告書第 45 集，福岡市教育委員会，pp. 59-62

山口譲治 1995「北部九州の大陸系磨製石器」『考古学ジャーナル』No. 391，ニュー・サイエンス社，pp. 4-8

山口譲治 2000「弥生時代の木製農具―韓国新昌洞遺跡出土農具から―」『尹世英教授停年記念論叢　韓国古代文化의 変遷과 交渉』尹世英教授停年記念論叢刊行委員会，pp. 587-622

山口譲治 2007「農耕土木具の変遷」『木器研究最前線！　出土木器が語る考古学　発表資料集』財団法人大阪府文化財センター

山口譲治 2012a「九州・沖縄（1）―古代以前―」伊東隆夫・山田昌久（編）『木の考古学』海青社，pp. 300-311

山口譲治 2012b「日本木製農具の系譜」『新昌洞遺跡의 木器와 漆器―中国및 日本과 比較―』国立光州博物館，pp. 47-73

山崎純男 2002「第二節　一　開拓のはじまった時代（弥生時代）」『五和町史』五和町，pp. 206-224

山崎頼人 2008「収穫具（穂摘具・鎌）」『季刊考古学』第 104 号，雄山閣，pp. 67-71

山崎頼人 2010「環濠と集団―筑紫平野北部三国丘陵からみた弥生前期環濠の諸問題―」『古文化談叢』第 65 集発刊 35 周年・小田富士雄先生喜寿記念号（2），九州古文化研究会，pp. 1-37

山崎頼人 2015a「九州の環濠と弥生社会」石黒立人（編）『《論集》環濠集落の諸問題 2015』《環濠（壕）論集》刊行会，pp. 173-212

山崎頼人 2015b「日韓青銅斧の研究―三沢北中尾遺跡出土銅斧片の意義―」『古文化談叢』第 74 集，九州古文化研究会，pp. 131-161

山崎頼人・比嘉えりか・坂井貴志・渡邉隆行・金民善・西江幸子・佐々木由香 2014「北部九州における弥生時代植物利用研究 1―現状と課題の整理―」『古文化談叢』第 71 集，九州古文化研究会，pp. 73-122

山田昌久（編）2003『弥生・古墳時代　木・繊維製品』（考古資料大観第 8 巻），小学館

山田昌久 2012「木工技術と森林利用」伊東隆夫・山田昌久（編）『木の考古学』海青社，pp. 328-336

山内清男 1932「磨製片刃石斧の意義」『人類学雑誌』第 47 巻第 7 号，東京人類学会，pp. 244-251

余語琢磨 1995「（3）石器について」中村　浩・池田榮史（編）『飯倉 D 遺跡』福岡市埋蔵文化財調査報告書第 440 集，福岡市教育委員会，pp. 114-115

米倉秀紀（編）2005『今山遺跡第 8 次調査―石斧製作址と縄文時代前期から平安時代までの遺構・遺物の調査―』福岡市埋蔵文化財調査報告書第 835 集，福岡市教育委員会

李昌熙 2007「勒島住居址の祭祀長―B 地区カ-245 号住居址出土遺物検討―」『第 17 回考古学国際交流研究会　韓国の最新発掘調査報告会』財団法人大阪府文化財センター，pp. 1-22

李昌熙 2009「在来人と渡来人」『弥生文化誕生』（弥生時代の考古学 2），同成社，pp. 204-224

苓北町史編さん委員会（編）1984『苓北町史』苓北町，株式会社ぎょうせい

若林邦彦 2001「弥生～古墳時代における製作途上木製品の出土傾向―鉄器普及との関連―」『大阪文化財研究』第 20 号，財団法人大阪府文化財調査研究センター，pp. 41-50

和島誠一 1948「原始聚落の構成」『日本歴史学講座』学生書房，pp. 1-32

渡辺堯志　2007「砥石から見た弥生時代鉄器化への諸様相―比恵・那珂遺跡群出土資料より―」『九州考古学』第 82 号，九州考古学会，pp. 77-88

渡部芳久 2008「大陸系磨製石斧からみた木工活動の変遷とその背景―北部九州地域の場合―」『平成 20 年度九州史学会考古学部会発表要旨』九州史学会

渡部芳久・能登原孝道・米村和紘・足立達朗・小山内康人 2011「北部九州における弥生時代後期の石庖丁生産と流通―玄武岩質安山岩製石庖丁を中心に―」『平成 23 年度九州史学会考古学部会発表資料集』九州史学会

渡部義通・三澤　章・伊豆公夫・早川次郎 1936『原始社会の崩壊まで』（日本歴史教程第 1 冊），白揚社

韓国語（カナダラ順，便宜のためできるだけ漢字に直した）

高旻延 2010「南江流域　青銅器時代　後期　集落構造와　性格」『嶺南考古学』54 号，嶺南考古学会，pp. 5-42

高旻延・Martin T. Bale 2008「青銅器時代後期　手工業生産과　社会分化―晋州　大坪里遺跡을　中心으로―」『韓国青銅器学報』2 号，韓国青銅器学会，pp. 82-115

權伍吉・朴甲萬・李俊相 1993『原色韓国貝類図鑑』アカデミー書籍

裵成爀・金慶守・朴性均ほか（編）2011『高霊鳳坪里 601-3 遺跡』大東文化財研究院学術調査報告第 23 輯，財団法人大東文化財研究院

裵眞晟 2001「柱状片刃石斧의　変化와　画期―有溝石斧의　発生과　無文土器時代中期社会의　性格―」『韓国考古学報』第 44 輯，韓国考古学会，pp. 19-65

裵眞晟 2007『無文土器文化의　成立과　階層社会』書景文化社

裵眞晟 2013「柱状片刃石斧의　再検討」『韓国上古史学報』第 82 号，韓国上古史学会，pp. 5-25

徐姈男・裵眞晟 2000「蔚山地域에서　採集된　無文土器와　石器」『鶴山金廷鶴博士頌壽紀念論叢　韓国古代史와　考古学』学研文化社，pp. 65-134

孫晙鎬 2006『青銅器時代　磨製石器　研究』書景文化社

孫晙鎬 2010「青銅器時代　石器生産体系에　대한　初歩的検討」『湖南考古学報』36 輯，湖南考古学会，pp. 37-62

庄田慎矢 2009b『青銅器時代의　生産活動과　社会』学研文化社

李盛周 2006「韓国　青銅器時代'社会'考古学의　問題」『古文化』第 68 号，韓国大学博物館協会，pp. 7-24

李秀鴻 2012『青銅器時代　検丹里類型의　考古学的　研究』釜山大学校大学院博士学位論文

李印學 2010「青銅器時代 集落内石器製作様相 検討」『韓国青銅器学報』6 号, 韓国青銅器学会, pp. 90-116

尹容鎭・洪淳光・柳志煥 2011「大邱燕岩山遺蹟出土石斧」『慶北大学校考古人類学科 30 周年紀年考古学論叢』慶北大学校出版部, pp. 15-76

張龍俊・平郡達哉 2009「有節柄式石剣으로 본 無文土器時代 埋葬儀礼의 共有」『韓国考古学報』72 輯, 韓国考古学会, pp. 36-71

全眞賢 2012『南江流域 無文土器時代 扁平片刃石斧 研究』慶南大学校大学院碩士学位論文

韓国考古学会(編)2011『韓国考古学講義』社会評論

黄昌漢 2007「岩石의 分析方法과 考古学的 適用」『東亞文化』特輯号(2・3 号合輯), 財団法人東亞細亞文化財研究院, pp. 781-806

黄昌漢 2011「青銅器時代 혼펠스製磨製石剣의 産地推定」『考古廣場』9 号, 釜山考古学研究会, pp. 25-49

英語(アルファベット順)

Clarke, D. L., 1978, *Analytical Archaeology* (second edition), J. W. Arrowsmith Ltd, Bristol.

Costin, C. L., 2001, "Craft Production System", in: G. M. Feinman and T. D. Price (ed.), *Archaeology at the millennium: a sourcebook*, pp. 273-327, Kluwer Academic/Plenum Publishers, New York.

Friedman, J., and M. J. Rowlands, 1977, "Notes towards an epigenetic model of evolution of 'civilization'", in: J. Friedman and M. J. Rowlands (ed.), *The evolution of social systems*, pp. 201-276, Duckworth, London.

Hampton, O. W., 1999, *Culture of Stone: Sacred and Profane Uses of Stone among the Dani*, Texas A&M University Press, Texas.

Hodder, I., 1984, "Archaeology in 1984", *Antiquity* 222: 25-32.

Hodder, I., and P. Lane, 1982, "A Contextual Examination of Neolithic Axe Distribution in Britain", in: J. Ericson and T. Earle (ed.), *Contexts for prehistoric exchange*, pp. 213-235, Academic Press, New York.

Hodder, I., and C. Orton, 1976, *Spacial analysis in archaeology*, Cambridge University Press, Cambridge.

Mizoguchi, K., 2002, *An Archaeological History of Japan. 30,000B.C. to A.D.700*, University of Pennsylvania Press, Philadelphia.

Mizoguchi, K., 2013, *The Archaeology of Japan: From the Earliest Rice Farming Villages to the Rise of the State*, Cambridge University Press, New York.

Renfrew, C., 1975, "Trade as Action at a Distance: Questions of Integration and Communication", in: J. Sabloff and C. C. Lamberg-Karlovsky (ed.), *Ancient civilization and trade*, pp. 3-59, University of New Mexico Press, Albuquerque.

Salisbury, R. F., 1962, *From Stone to Steel: Economic Consequences of a Technological Change in New Guinea*, Cambridge University Press, London and New York.

Schiffer, M., 1972, "Archaeological context and systemic context", *American Antiquity* 37: 149-155.

Townsend, W. H., 1969, "Stone and Steel Tool Use in a New Guinea Society", *Ethnology* 8 (1): 199-205.

Vial, L. G., 1940, "Stone Axes of Mount Hagen, New Guinea", *Oceania* 11 (2): 158-163.

White, J. P., and N. Modjeska, 1978, "Where do all the stone tools go? Some examples and problems in their social and spatial distribution in the Papua New Guinea highlands", in: I. Hodder (ed.), The spatial organization of culture, pp. 25-38, Duckworth, London.

初出一覧

第2章第4節　「水稲農耕開始期以前の片刃石斧をめぐって―韓半島南部青銅器時代との比較検討から―」『先史学・考古学論究 VI―熊本大学文学部考古学研究室創設40周年記念論文集―』龍田考古会，pp. 101-111，2014年2月　をもとに加筆・修正。

第3章第1節　「弥生時代北部九州における石斧生産―今山系石斧の製作技法と規格性の検討―」『九州考古学』第85号，九州考古学会，pp. 1-19，2010年11月　をもとに加筆・修正。

第3章第2節　「弥生時代北部九州における両刃石斧の消費形態―今山系石斧を中心として―」『考古学研究』第57巻第4号，考古学研究会，pp. 50-70，2011年3月　をもとに加筆・修正。

第3章第3節　「弥生時代北部九州における片刃石斧の生産・流通とその背景―「層灰岩」製片刃石斧を中心に―」『古文化談叢』第69集，九州古文化研究会，pp. 95-116，2013年8月　をもとに加筆・修正。

第3章第4節　「弥生時代北部九州における石庖丁の消費形態―立岩系石庖丁を中心として―」『古文化談叢』第79集，九州古文化研究会，pp. 39-55，2017年11月　をもとに加筆・修正。

第4章第2節　「砥石の消費形態からみた鉄器化とその意義―弥生時代北部九州を対象として―」田中良之先生追悼論文集編集委員会（編）『考古学は科学か　田中良之先生追悼論文集』上，中国書店，pp. 467-485，2016年5月　をもとに加筆・修正。

第4章第3節　「弥生時代における斧柄の変遷と工具鉄器化―北部九州を対象として―」考古学研究会東海例会（編）『木製品からみた鉄器化の諸問題』（シンポジウム記録10），考古学研究会，pp. 119-128，2017年1月　をもとに加筆・修正。

そのほかの章・節はすべて博士論文として執筆した原稿に加筆・修正したものである。

あとがき

　本書は，2016 年 1 月に九州大学大学院人文科学府に提出した，博士学位論文『石器生産と消費形態からみた北部九州弥生社会の展開過程』をもとに，加筆・修正を加えたものである。博士論文の執筆にあたり，指導教員で論文審査の主査を務めていただいた宮本一夫先生をはじめ，田中良之先生（故人），岩永省三先生，溝口孝司先生，中橋孝博先生（現・九州大学名誉教授），佐藤廉也先生（現・大阪大学大学院文学研究科教授），瀬口典子先生，辻田淳一郎先生，田尻義了先生，舟橋京子先生，足立達朗先生に総合演習での発表などを通じて懇切に御指導を賜った。論文審査の口頭試問では坂上康俊先生，遠城明雄先生からも違った角度からの貴重な御意見，御指摘を頂戴した。先生方の御指導にあらためて厚く御礼申し上げたい。

　九州大学大学院人文科学府・比較社会文化学府（現・地球社会統合科学府），文学部人文学科考古学研究室の研究員・大学院生・学部生の方々からも様々な御助言と御協力をいただいた。研究上の関心を共有する先輩・同輩・後輩が数多く在籍し，日夜議論を交わしたり，悩みを相談しあったりできる環境に身を置けたことは，筆者にとって本当に僥倖だった。特に，博士後期課程在学中に苦楽を共にした金想民（現・韓国国立全州博物館），主税英徳（現・基山町教育委員会），三阪一徳（現・九州大学埋蔵文化財調査室）の同輩諸氏からの研究上の刺激は計り知れないほど大きい。彼らの惜しみない援助なくして，筆者が韓国へと研究の対象を拡げていくことは間違いなく不可能だった。いつもながらの交誼に心から感謝したい。

　熊本大学在学中には甲元眞之先生（現・熊本大学名誉教授），木下尚子先生，小畑弘己先生，杉井健先生に御指導いただき，卒業後も学会などの機会に応じてあたたかい御助言をいただいている。2012 年 9 月から翌年 3 月まで，長期間の資料調査のため訪韓した折には申敬澈先生（現・釜山大学校名誉教授），裴眞晟先生をはじめとする釜山大学校人文大学考古学科・釜山大学校博物館の諸先生方・研究員・大学院生諸氏に大変御世話になった。先生方の御配慮により韓国内の数多くの資料を実見することができ，博士論文がより充実したものになったと思う。また，不自由なく韓国での生活を送ることができたのは，日韓両国の諸先学の長年にわたる御尽力があったからこそであり，心から敬意を表したい。

　2014 年 4 月から翌年 11 月まで勤務した大野城市教育委員会ふるさと文化財課の諸氏からは，激励の言葉をいただくとともに，発掘調査や報告書作成などの日頃の業務を通じて様々な御教示を賜った。2015 年 12 月から勤務している九州大学埋蔵文化財調査室では，福田正宏氏，石川健氏，谷直子氏から日常的に多くの御協力をいただいている。

　この他にも御世話になった方々はあまりにも多いためすべての方の御芳名は挙げられないが，特に以下の諸先生・諸氏には本研究に関して多くの御指摘と御教示，様々な御協力を賜った。さらに資料調査では日韓の多くの所蔵機関・担当者の方々に便宜を図っていただき，本研

究に関する知見を深めることができた。御世話になった皆様に深く感謝申し上げる。

　石井若香菜，石田智子，板倉有大，上田健太郎，牛嶋　茂，梅﨑惠司，小澤佳憲，金武重，久住猛雄，齊藤　希，櫻井拓馬，佐藤由紀男，嶋田光一，下條信行，孫晙鎬，宋永鎮，髙倉洋彰，武末純一，趙鎭先，全眞賢，寺前直人，禰冝田佳男，野島　永，能登原孝道，端野晋平，原田　幹，平郡達哉，黄昌漢，藤井恵美，村上恭通，村田裕一，村野正景，森岡秀人，森本幹彦，山崎頼人，吉留秀敏（故人），渡部芳久（敬称略・五十音順）。

　生来の計画性の無さにより，本書のもととなる博士論文の提出が大幅に遅れてしまった。その間，吉留秀敏氏，田中良之先生という筆者が研究者としてきわめて大きな影響を受け，常に真摯に向き合っていただいた先生方が鬼籍に入られてしまった。本書をお見せし，お教えを乞うことが叶わないのは無念でならない。先生方の御霊前に本書を捧げ，今後の研究の研鑽を誓いたいと思う。

　本書の内容は以下の研究助成の交付を受け，遂行した研究成果を含んでいる。関係機関に御礼申し上げる。2009 年度〜2010 年度九州大学大学院人文科学府博士後期課程奨学金，2011 年度〜2012 年度日本学術振興会科学研究費補助金・特別研究員奨励費（JP11J02191），2013 年度九州大学韓国研究ディプロマプログラム（KS-DP）フェローシップ，2013 年度韓国国際交流財団フェローシップ（韓国学中央研究院 AKS-2012-BAZ-2102），2013・2015 年度公益財団法人高梨学術奨励基金。

　なお本書は，平成 29 年度九州大学人文学叢書の出版助成に選出していただき刊行が可能となった。九州大学出版会の尾石理恵さんには，図版や文章が煩雑な本書の編集作業で大変御世話になった。また，本書の内容について丹念に査読していただいた 2 名の匿名の研究者にも厚く御礼申し上げる。
　最後に私事ではあるが，筆者のことをいつもあたたかく見守り応援してくれている両親，祖母に感謝を捧げたい。

　2017 年 12 月

森　貴教

索　引

事　項

あ行

威信財，威信財システム　149, 165, 190

伊都，伊都国　4, 13, 22, 73, 149, 190, 194-195

今山系石斧　4, 13-14, 16-18, 20-23, 26, 30-32, 48, 57-70, 73-76, 78-80, 82-87, 105-106, 108, 116, 130-131, 159, 166, 172-173, 177, 181, 192, 198

か行

笠置山　18-19, 33, 121, 174

鍛冶，鍛冶技術，鍛冶炉　127-128, 139, 144, 148-149, 160, 162-167, 169, 173, 180-185, 193-194, 199-201

カテゴリー　100, 105, 110, 167, 169, 173, 182, 195, 199

義鳳山　48, 56, 172, 175, 199

共同体　6-9, 12, 24, 35-36, 55-56, 70, 72, 129, 131, 181, 191-193

菫青石ホルンフェルス　23, 124

原産地近郊型　55-56, 176, 194

玄武岩　12, 14, 16-17, 20, 30-32, 57, 60, 70-71, 74, 76, 78, 82-83, 105, 142, 145, 166, 172, 181

交換レート　167, 183-184, 200

敲打後穿孔技法　19, 113-115, 129-130, 198

互恵，互酬　10, 23, 25, 72-73, 86, 130-131, 179, 197

さ行

自給型　55-56, 171, 176, 194, 198

システム論　37

下関亜層群　96, 98

重点生産型（原産地直下型）　55-56, 171-172, 175-176, 194, 197-198

首長，首長制社会　3, 7-10, 13, 18, 20, 22-24, 37-38, 72-73, 106, 129-130, 149, 165, 167, 184, 189-191, 195, 197-198, 200-201

首長介在型流通モデル　20, 24, 129, 198

松菊里文化　10, 47, 55-56, 171, 176, 199

新進化主義　8-9, 35, 37-38, 72, 190

青灰色泥岩，青灰色泥岩製砥石　142, 145-148, 165, 194

製作者　12-14, 18, 33, 36, 55, 57-59, 63, 66-67, 70-73,

192, 194, 198

生産・消費形態　11, 26-27, 34, 37, 39, 41, 57, 105, 129, 131, 133, 135, 160, 167, 169, 175-176, 185, 197-198, 200-201

専業　12-13, 18, 33, 36-37, 57, 59, 71-72

戦争モデル　9

層灰岩，層灰岩製片刃石斧　88-99, 101, 103-110, 131, 166, 173, 192, 198

た行

対州層群　17, 107

大陸系磨製石器　1, 15-16, 25-26, 76, 88, 105, 173-174, 181, 191

高槻型石斧　16, 23, 66, 96

立岩系石庖丁　17-22, 24, 26, 30-31, 33, 110, 115-118, 121-122, 124-125, 127-131, 147, 174, 192, 198

単位集団　7-9, 13, 35

鍛造鉄器　149, 185, 189, 191, 194

柱状片刃石斧　10-11, 15, 39-41, 43-44, 47-48, 50-56, 88, 91, 93, 95-96, 105, 150, 155, 165-166, 173, 175, 181, 191, 199

鋳造鉄器　106, 110, 166, 173-174, 181-183, 189, 192

長距離交易　3, 25, 135, 148-149, 169, 181-183, 190-191, 193-195, 199-200

直接穿孔技法　113, 115

定形砥石　135, 138-140, 145-149, 165, 182, 194

鉄器化　2, 24-25, 27-28, 76, 128, 131, 133-137, 139, 147-151, 156, 159-160, 163, 165-166, 169, 173, 181-183, 185-186, 193, 197, 199, 201

鉄素材　3, 10, 25, 136, 148-149, 162-163, 165-167, 169, 173, 180-189, 191, 193-195, 199, 201

砥石，砥石目　11, 27-28, 30, 83, 102, 133-150, 165-166, 169, 174, 182-183, 194, 199

な行

奴，奴国　4, 24, 149, 165, 180, 184, 190, 194-195

二重経済構造　183

は行

広形銅矛　149, 165, 194

部族，部族社会　3, 8-9, 22, 24, 37, 72, 87, 179, 190, 192, 195, 197

二日市地峡帯地域　29, 68-69, 78-80, 82-84, 86, 92-94, 104-106, 118, 121, 124, 130, 167, 177, 181

分業　1, 12, 18, 20, 26, 33, 35, 37, 55-57, 70, 72, 108, 129, 131, 162-163, 169, 172, 175, 178-181, 192-193, 197, 199-200

弁辰狗邪国　149, 182

扁平片刃石斧　11, 15-16, 18, 44, 50, 52-54, 56, 88, 91, 93-101, 103-106, 110, 155-156, 165-166, 173, 181, 189, 191

ホルンフェルス　11, 47-48, 52-53, 56, 108, 175, 199

ま行

マルクス主義　7-9, 25, 35, 37, 190

や行

有溝石斧　10-11, 39, 41, 43-44, 47-48, 50, 55-56, 171-172, 175, 199

有節柄式石剣　175, 199

ら行

ライフ・ヒストリー　34-35, 73-74, 84, 102

洛東層群　108

楽浪郡　3, 149, 168, 181-182, 190, 200

わ行

脇野亜層群　17-18, 90-91, 95-96, 98, 107, 173

遺跡（国内）

あ行

青木遺跡（福岡県福岡市西区今宿青木）　71

赤井手遺跡（福岡県春日市小倉）　149, 163, 165, 180, 184, 187

飯倉D遺跡（福岡県福岡市城南区七隈3丁目）　121, 147

板付遺跡（福岡県福岡市博多区板付）　23, 74, 78-79

一ノ口遺跡I地点（福岡県小郡市三沢）　22-23, 78, 104

今宿五郎江遺跡（福岡県福岡市西区今宿）　70-71, 121, 159, 172

今津貝塚（福岡県福岡市西区今津）　12, 14-15, 20, 31

今山遺跡（福岡県福岡市西区横浜）　12-15, 20, 27-28, 31-32, 57-64, 66, 70-72, 74, 76, 78, 83, 92, 159, 172-173, 181, 191-192

大江前遺跡（佐賀県唐津市浜玉町）　50-52

大久保遺跡（愛媛県西条市小松町）　105-106

か行

貝元遺跡（福岡県筑紫野市古賀）　94, 98, 104, 118, 130

カラカミ遺跡（長崎県壱岐市勝本町立石東触）　28, 135, 138-139, 144, 147, 162-163, 182

唐古・鍵遺跡（奈良県磯城郡田原本町唐古・鍵）　19

隈・西小田遺跡群（福岡県筑紫野市隈・西小田）　6, 23, 29, 87, 118, 130

石匂遺跡（福岡県大野城市曙町）　127-128

五徳畑ケ田遺跡（福岡県田川郡香春町）　66-67

さ行

佐賀貝塚（長崎県対馬市峰町）　140, 142, 147

雀居遺跡（福岡県福岡市博多区雀居）　23, 50-51, 74, 78-79, 91-92, 108, 155

里田原遺跡（長崎県平戸市田平町）　15, 82-85, 105, 107

鹿部山東町遺跡（福岡県古賀市鹿部）　92

下七見遺跡（山口県下関市菊川町七見）　107

下ノ方遺跡（福岡県飯塚市立岩）　18, 112, 129

下稗田遺跡（福岡県行橋市下稗田）　82, 94, 96, 98, 105, 117-118, 127, 130, 134

須玖遺跡群（福岡県春日市）　24, 127, 148-149, 163, 180-181, 184

須玖岡本遺跡（福岡県春日市岡本）　6, 190

砂山遺跡（福岡県中間市垣生）　50, 52

た行

高津尾遺跡（福岡県北九州市小倉南区高津尾）　96, 98-99

高槻遺跡（福岡県北九州市八幡東区松尾町）　95-96

立岩遺跡群（福岡県飯塚市立岩）　12, 18-19, 24, 28, 30-31, 33, 92, 110-118, 127, 129-130, 174, 192, 198

立岩堀田遺跡（福岡県飯塚市立岩）　6, 24, 112, 129-130

辻田西遺跡（福岡県北九州市八幡西区馬場山）　96

な行

中桑野遺跡（福岡県築上郡上毛町）　105

中原遺跡（佐賀県唐津市中原）　144, 147, 184

索　引　　223

仁王手遺跡（福岡県春日市小倉）127, 163, 180
西川津遺跡（島根県松江市西川津町）105
西山ノ上遺跡（福岡県八女市室岡）163, 184
野方遺跡群（福岡県福岡市西区野方）164-165

は行
土師地区遺跡群（福岡県嘉穂郡桂川町土師）130
八ノ坪遺跡（熊本県熊本市南区護藤町）87
原の辻遺跡（長崎県壱岐市芦辺町・石田町）15, 28,
　82-83, 91-93, 95, 104-105, 107-109, 118, 166, 173,
　179, 183, 192, 195, 198
比恵・那珂遺跡群（福岡県福岡市博多区）23, 92,
　108, 121, 134-135, 166, 180, 184

ま行
松本遺跡（福岡県北九州市八幡西区永犬丸）96-98
三雲南小路遺跡（福岡県糸島市三雲）6, 13, 73, 190

や行
焼ノ正遺跡（福岡県飯塚市立岩）18-19, 112, 114,
　129, 174
柚比遺跡群（佐賀県鳥栖市柚比町）31, 118, 130
横隈鍋倉遺跡（福岡県小郡市横隈）92, 95
吉野ヶ里遺跡（佐賀県神埼市・神埼郡吉野ヶ里町）
　30-32, 74, 78, 80, 92, 104, 118, 130, 179, 181

遺跡（韓国）

あ行
燕岩山遺跡（大邱広域市北区）56, 88, 108, 172

か行
快賓里遺跡（慶尚北道高霊郡高霊邑）48
亀山洞遺跡（慶尚南道金海市）136, 139, 162, 182

さ行
召南里遺跡（慶尚南道山清郡丹城面）48, 56, 172
西邊洞遺跡（大邱広域市北区）47, 55

た行
大興里遺跡（慶尚北道高霊郡星山邑）48
大清遺跡（慶尚南道金海市長有面）88

大成洞古墳群（慶尚南道金海市）149, 165
大坪里遺跡（慶尚南道晋州市大坪面）40, 53
達川遺跡（蔚山広域市北区）139

は行
梅川洞遺跡（大邱広域市北区）47, 55-56
ハンピン遺跡（慶尚南道山清郡生比良面）48, 172
鳳坪里遺跡（慶尚北道高霊郡雲水邑）48, 108
本村里遺跡（慶尚南道泗川市昆明面）44, 53

ら行
良洞里古墳群（慶尚南道金海市酒村面）149, 165
勒島遺跡（慶尚南道泗川市）136, 149, 162, 182-183

著者紹介

森　貴教（もり　たかのり）

1984 年，愛知県生まれ。

熊本大学文学部卒業。九州大学大学院人文科学府修士課程修了。九州大学大学院人文科学府博士後期課程単位取得退学。大野城市教育委員会ふるさと文化財課嘱託職員，九州大学大学院人文科学研究院助教を経て，現在，新潟大学研究推進機構超域学術院特任助教。博士（文学）（九州大学）。

主な論文に「弥生時代北部九州における石斧生産—今山系石斧の製作技法と規格性の検討—」（『九州考古学』第 85 号，2010 年），「弥生時代北部九州における両刃石斧の消費形態—今山系石斧を中心として—」（『考古学研究』第 57 巻第 4 号，2011 年），「弥生時代北部九州における片刃石斧の生産・流通とその背景—「層灰岩」製片刃石斧を中心に—」（『古文化談叢』第 69 集，2013 年）などがある。

九州大学人文学叢書 13

石器の生産・消費からみた弥生社会

2018 年 3 月 20 日　初版発行

著　者　森　　貴　教

発行者　五十川　直　行

発行所　一般財団法人　九州大学出版会
　　　　〒 814-0001　福岡市早良区百道浜 3-8-34
　　　　九州大学産学官連携イノベーションプラザ 305
　　　　電話　092-833-9150
　　　　URL　http://kup.or.jp/

印刷・製本／大同印刷㈱

© Takanori MORI 2018　　　　　　　ISBN978-4-7985-0223-6

「九州大学人文学叢書」刊行にあたって

九州大学大学院人文科学研究院は，人文学の研究教育拠点としての役割を踏まえ，一層の研究促進と研究成果の社会還元を図るため，出版助成制度を設け，「九州大学人文学叢書」として研究成果の公刊に努めていく。

1 王昭君から文成公主へ──中国古代の国際結婚──
  藤野月子（九州大学大学院人文科学研究院・専門研究員）

2 水の女──トポスへの船路──
  小黒康正（九州大学大学院人文科学研究院・教授）

3 小林方言とトルコ語のプロソディー──一型アクセント言語の共通点──
  佐藤久美子（長崎外国語大学外国語学部・講師）

4 背表紙キャサリン・アーンショー──イギリス小説における自己と外部──
  鵜飼信光（九州大学大学院人文科学研究院・准教授）

5 朝鮮中近世の公文書と国家──変革期の任命文書をめぐって──
  川西裕也（日本学術振興会特別研究員PD）　〈第4回三島海雲学術賞受賞〉

6 始めから考える──ハイデッガーとニーチェ──
  菊地惠善（九州大学大学院人文科学研究院・教授）

7 日本の出版物流通システム──取次と書店の関係から読み解く──
  秦　洋二（流通科学大学商学部・准教授）　〈第7回地理空間学会賞学術賞受賞〉

8 御津の浜松一言抄──『浜松中納言物語』を最終巻から読み解く──
  辛島正雄（九州大学大学院人文科学研究院・教授）

9 南宋の文人と出版文化──王十朋と陸游をめぐって──
  甲斐雄一（日本学術振興会特別研究員PD）

10 戦争と平和，そして革命の時代のインタナショナル
  山内昭人（九州大学大学院人文科学研究院・教授）

11 On Weak-Phases: An Extension of Feature-Inheritance
  大塚知昇（九州共立大学共通教育センター・講師）

12 A Grammar of Irabu: A Southern Ryukyuan Language
  下地理則（九州大学大学院人文科学研究院・准教授）

13 石器の生産・消費からみた弥生社会
  森　貴教（新潟大学研究推進機構超域学術院・特任助教）

（著者の所属等は刊行時のもの，以下続刊）

九州大学大学院人文科学研究院